W0044249

Ertragsteuern

Grundlagen

5., aktualisierte Auflage

PROF. DR. BRUNO RAUENBUSCH

STEUERBERATER

SHAKER VERLAG
AACHEN 2018

**Bibliografische Information der
Deutschen Nationalbibliothek**

Die Deutsche Nationalbibliothek verzeichnet diese
Publikation in der Deutschen Nationalbibliografie;
detaillierte bibliografische Daten sind im Internet
über http://dnb.d-nb.de abrufbar.

Copyright Shaker Verlag 2018
Alle Rechte, auch das des auszugsweisen Nachdruckes,
der auszugsweisen oder vollständigen Wiedergabe,
der Speicherung in Datenverarbeitungsanlagen und
der Übersetzung, vorbehalten.

Printed in Germany.

5., aktualisierte Auflage 2018
ISBN 978-3-8440-5847-5
ISSN 0948-4345

Shaker Verlag GmbH • Postfach 101818 • 52018 Aachen
Telefon: 02407 / 95 96 - 0 • Telefax: 02407 / 95 96 - 9
Internet: www.shaker.de • E-Mail: info@shaker.de

VORWORT ZUR 5. AUFLAGE

In der fünften Auflage wurde das Lehrbuch erneut aktualisiert. Es basiert nunmehr auf dem Gesetzesstand zum 1. März 2018. Eingearbeitet wurde, neben diversen anderen Gesetzesänderungen, der Einkommensteuertarif für Veranlagungszeiträume ab 2018.

Bochum, im März 2018   Bruno Rauenbusch

VORWORT ZUR 1. AUFLAGE

Wer sich mit dem deutschen Steuerrecht beschäftigen muss, ist nicht zu beneiden: Die Steuermaterie ist komplex, steuerliche Regelungen werden häufig verändert und die Lesbarkeit der Steuergesetze lässt nicht selten zu wünschen übrig. Wer sich davon aber nicht abschrecken lässt und fundierte steuerliche Grundkenntnisse erwirbt, wird feststellen, dass die praktische Anwendung dieser Kenntnisse durchaus sehr interessant und anregend ist.

Das vorliegende Lehrbuch soll denjenigen, die sich noch nicht mit steuerlichen Fragen befasst haben, einen Einstieg in die sogenannten Ertragsteuerarten bieten (Einkommensteuer, Körperschaftsteuer und Gewerbesteuer). Ziel des Buches ist es nicht, auf jede ertragsteuerliche Frage eine entsprechende Antwort zu geben. Vielmehr werden in überschaubaren Abschnitten die grundlegenden Strukturen der Ertragsteuern dargestellt. Die Ausführungen werden durch zahlreiche

Beispiele und einige Übersichten veranschaulicht. Stichworte weisen auf wesentliche Inhalte der jeweils behandelten Themen hin. Unverzichtbar für ein gutes Grundverständnis der einzelnen Steuerarten ist allerdings, dass der Leser die angegebenen Gesetzesvorschriften möglichst gewissenhaft und kritisch selber studiert und sich nicht allein auf „Übersetzungen" der Gesetzesformulierungen im Buch verlässt.

Im Interesse einer möglichst verständlichen Darstellung und zur Vermeidung einer inhaltlichen Überfrachtung erschien es mir notwendig, den Stoffumfang und den „Tiefgang" der dargestellten Themen zu begrenzen. Unter anderem wurde auf die Darstellung der steuerlichen Übergangsregelungen zur Unternehmensteuerreform 2008 verzichtet. Das Buch basiert auf dem Gesetzesstand September 2012. Steuerlich geplante Gesetzesänderungen, die in ihrer Umsetzung nicht sicher erschienen, wurden nicht berücksichtigt.

Bei den Überlegungen zum Layout des Buches und zur Benutzerführung wurde ich unterstützt von Anja Rauenbusch, Studentin im Studiengang Kommunikationsdesign an der Fachhochschule Aachen. Für die zahlreichen anregenden Diskussionen zur Optik eines Lehrbuches und den zeitintensiven gestalterischen Arbeitseinsatz bin ich ihr sehr dankbar.

Bochum, im September 2012   Bruno Rauenbusch

INHALTSVERZEICHNIS

BENUTZERHINWEISE

Die Darstellung der einzelnen Themen bei der Einkommensteuer, der Körperschaftsteuer und der Gewerbesteuer erfolgt in **Abschnitten**, welche jeweils fortlaufend nummeriert sind. Steuerart, Abschnittsnummer sowie der zugehörige vollständige „Pfad" des Inhaltsverzeichnisses sind stets im oberen, äußeren Randbereich der Seiten ersichtlich.

Innerhalb eines Abschnitts wird, soweit relevant, durch **Symbole** auf vorhandene Beispiele, auf eine „Stichwort-Sammlung" sowie auf Übersichten hingewiesen. Die Symbole befinden sich im seitlichen Außenbereich der Seiten.

Bei **Beispielen** ist zur besseren Unterscheidbarkeit auf dem Symbol die jeweilige Beispielnummer angegeben. Die **Stichwort-Sammlung** kann als „Gedächtnis-Stütze" für eine eventuell notwendige Aufarbeitung des Stoffes genutzt werden. Individuelle Abänderungen bzw. Ergänzungen der Stichworte zwecks eigener Lernoptimierung werden ausdrücklich begrüßt. Sämtliche **Übersichten**, auf die in den einzelnen Abschnitten verwiesen wird, sind hinter dem Textteil des Buches angeordnet, da sie zum Teil mehrere Abschnitte betreffen.

Inhaltliche Verbindungen zwischen den einzelnen Abschnitten werden durch **Querverweise** kenntlich gemacht, welche sich neben den entsprechenden Textstellen befinden. Ein **Sachverzeichnis** ermöglicht den unmittelbaren Zugriff auf die Inhalte des Lehrbuches.

Teil I

Einkommensteuer
(ESt)

ALLGEMEINES UND RECHTSQUELLEN

Natürliche Personen unterliegen mit ihren Einkünften, die sie während eines Jahres erzielen, der ESt. Die ESt ist eine Steuerart unter vielen in der BRD, wenn auch (neben der Umsatzsteuer) die mit dem höchsten Steueraufkommen. Es gibt zahlreiche Ansatzpunkte, die in der BRD existierenden **Steuerarten systematisch zu ordnen**. Das soll für die ESt ansatzweise aufgezeigt werden durch die Zuordnung dieser Steuerart zur Gruppe der direkten Steuern einerseits und zur Gruppe der Ertragsteuern andererseits.

Bei den direkten Steuern ist der Schuldner der Steuer identisch mit demjenigen, der die Steuer wirtschaftlich tragen soll. Da dies bei der ESt jeweils die einkünfteerzielende natürliche Person ist, gehört die ESt zur Gruppe der direkten Steuern. In Abweichung dazu sind bei den indirekten Steuern der Steuerschuldner und derjenige, der mit der Steuer letztlich belastet werden soll, unterschiedliche Personen. Zu den indirekten Steuern zählt etwa die Umsatzsteuer, die zwar nach dem Gesetz vom Unternehmer geschuldet, in der Regel aber als Preisbestandteil der erbrachten Leistungen auf den Leistungsempfänger überwälzt wird.

Unterscheidet man die in der BRD existierenden zahlreichen Steuerarten nach dem „Besteuerungsgrund", wird die ESt der Gruppe der Ertragsteuern zugerechnet, da sie an einer „Ertragsgröße" anknüpft, dem vom Steuerpflichtigen erzielten Einkommen. Neben der ESt gehören auch die Körperschaftsteuer und die Gewerbesteuer zu den Ertragsteuern. Weitere Steuerarten knüpfen an völlig anderen Kriterien an, unter anderem am Wert von erbrachten Unternehmerleistungen (Umsatzsteuer), am Wert von übertragenen Wirtschaftgütern (z.B. Schenkungsteuer) oder am Besitz (z.B. Grundsteuer).

Vom gesamten **Steueraufkommen** 2016 der BRD in Höhe von ca. 706 Mrd. € entfallen etwa 264 Mrd. €, d.h. ca. 37%, auf die ESt. 185 Mrd. € des ESt-Aufkommens (ca. 70%) resultieren aus einer besonderen Erhebungsform der ESt, der vom Arbeitslohn der Arbeitnehmer einbehaltenen Lohnsteuer (Quelle: Statistisches Bundesamt, www.destatis.de).

Wesentliche **Rechtsquellen** der ESt sind das Einkommensteuergesetz (EStG), die Einkommensteuer-Durchführungsverordnung (EStDV) und die Lohnsteuer-Durchführungsverordnung (LStDV), aber auch die Rechtsprechung (z.B. Bundesverfassungsgericht und Bundesfinanzhof). Die Bundesregierung hat zusätzlich Einkommensteuer-Richtlinien (EStR) nebst Einkommensteuer-Hinweisen (EStH) veröffentlicht, die eine einheitliche Anwendung der Rechtsvorschriften gewährleisten sollen.

Einige der im EStG verwendeten Begriffe sind nicht dort, sondern in der Abgabenordnung (AO) definiert. Die AO enthält neben Begrifflichkeiten insbesondere Vorschriften zum Besteuerungsverfahren (z.B. zur Abgabe von Steuererklärungen sowie zu anderen Mitwirkungspflichten der Steuerpflichtigen, zum Einsatz von Zwangsmitteln und zum Einspruchsverfahren). Diese Vorschriften sind nicht nur für die ESt, sondern auch für die anderen Steuerarten relevant.

Ordnung der Steuerarten, Steueraufkommen, Rechtsquellen der ESt

PERSÖNLICHE STEUERPFLICHT

Die zu den Personensteuern zählende ESt betrifft natürliche Personen, also Menschen. Die ESt-Pflicht von natürlichen Personen ist in § 1 EStG geregelt. Sie beginnt frühestens mit der Geburt und endet spätestens mit dem Tod einer natürlichen Person. Da die ESt eine Jahressteuer ist, muss die **persönliche Steuerpflicht** in jedem Steuerjahr (Kalenderjahr) geprüft werden.

In § 1 EStG wird zwischen der **unbeschränkten** und der **beschränkten Steuerpflicht** unterschieden. Die Vorschrift regelt einerseits den „Normalfall" der unbeschränkten bzw. beschränkten Steuerpflicht, andererseits einige davon abweichende Sonderfälle.

Gemäß § 1 Abs. 1 EStG sind natürliche Personen, die ihren **Wohnsitz** (§ 8 AO) oder **gewöhnlichen Aufenthalt** (§ 9 AO) im Inland haben, in der BRD unbeschränkt ESt-pflichtig. Die unbeschränkte Steuerpflicht umfasst sämtliche Einkünfte, welche von diesen Personen im Inland und Ausland erzielt werden, das sog. „Welteinkommen" (§ 2 Abs. 1 Satz 1 EStG). Besteuerungsrelevant sind dabei die Einkünfte aus insgesamt sieben **Einkunftsarten**, welche in § 2 Abs. 1 EStG abschließend aufgezählt sind. Der weite Umfang der unbeschränkten Steuerpflicht ergibt sich aus dem Umstand, dass § 2 Abs. 1 Satz 1 EStG keine gebietsmäßige Eingrenzung vorsieht.

ESt (6)

BEISPIEL | Frau A wohnt in einer Mietwohnung in Aachen. Sie hat im Jahr 2018 inländische Einkünfte aus Gewerbebetrieb (350.000 €) und ausländische Einkünfte aus der Vermietung ihres Ferienhauses in Spanien (50.000 €) erzielt.

Da A einen Wohnsitz im Inland hat, ist sie unbeschränkt ESt-pflichtig in der BRD. Sie muss ihr Welteinkommen im Inland versteuern (400.000 €). Ob die von A erzielten Mieteinkünfte zusätzlich der Besteuerung in Spanien unterworfen werden, ist für die persönliche Steuerpflicht in der BRD nicht relevant. Allerdings sorgen nationale Regelungen des Wohnsitzstaates bzw. Doppelbesteuerungsabkommen zwischen den beteiligten Staaten dafür, dass eine Doppelbesteuerung der Einkünfte von A vermieden bzw. abgemildert wird.

Nach § 1 Abs. 4 EStG sind natürliche Personen, welche nicht der unbeschränkten Steuerpflicht unterliegen, beschränkt ESt-pflichtig, wenn sie inländische Einkünfte im Sinne des § 49 EStG erzielen. Die beschränkte Steuerpflicht erstreckt sich lediglich auf die in § 49 EStG aufgeführten inländischen Einkünfte dieser Personen (§ 2 Abs. 1 Satz 1 EStG, § 49 Abs. 1 EStG). Letztlich findet man in § 49 EStG die bereits in § 2 EStG aufgeführten sieben Einkunftsarten wieder. Die steuerrelevanten Sachverhalte sind in § 49 EStG allerdings sehr viel differenzierter dargestellt als in § 2 EStG. Eine intensive Beschäftigung mit den zahlreichen Details des § 49 EStG ist an dieser Stelle nicht vorgesehen.

BEISPIEL | Frau B wohnt in einer Mietwohnung in Barcelona. Sie hat im Jahr 2018 in Spanien Einkünfte aus Gewerbebetrieb (350.000 €) und in der BRD Einkünfte aus der Vermietung eines Ferienhauses in Düsseldorf (50.000 €) erzielt.

Da B einen Wohnsitz in Spanien hat, ist sie in Spanien vermutlich unbeschränkt steuerpflichtig mit ihrem Welteinkommen (400.000 €). In der BRD hat sie weder einen Wohnsitz (eine Eigennutzung des Ferienhauses sei im Bsp. ausgeschlossen) noch ihren gewöhnlichen Aufenthalt. B könnte aber in der BRD beschränkt steuerpflichtig sein, wenn die Vermietungseinkünfte inländische Einkünfte im Sinne des § 49 EStG wären. Da dies zutrifft (§ 49 Abs. 1 Nr. 6 EStG), muss B ihre Mieteinkünfte (50.000 €) im Rahmen der beschränkten ESt-Pflicht in der BRD versteuern. Ob die von B erzielten Mieteinkünfte der Besteuerung in Spanien unterworfen werden, ist für den Umfang der persönlichen Steuerpflicht in der BRD nicht relevant. Allerdings sorgen nationale Regelungen des Wohnsitzstaates bzw. Doppelbesteuerungsabkommen zwischen den beteiligten Staaten dafür, dass eine Doppelbesteuerung der Einkünfte von B vermieden bzw. abgemildert wird.

In den Fällen des § 1 Abs. 2 und 3 EStG wird (auf Grund eines anderweitigen starken Inlandsbezugs) eine unbeschränkte ESt-Pflicht angenommen, obwohl die Voraussetzungen des § 1 Abs. 1 EStG nicht erfüllt sind (Fälle der sog. erweiterten unbeschränkten Steuerpflicht). Auf diese Sonderfälle sowie auf einen im Außensteuergesetz (AStG) geregelten Sonderfall der beschränkten Steuerpflicht (sog. erweiterte beschränkte Steuerpflicht gemäß § 2 AStG) wird an dieser Stelle nicht weiter eingegangen.

Unterliegt eine natürliche Person im Inland weder der unbeschränkten noch der beschränkten ESt-Pflicht, ist diese Person für Zwecke der deutschen ESt „nicht existent".

 BEISPIEL | Frau V wohnt in einer Mietwohnung in Venlo. Sie hat im Jahr 2018 in den Niederlanden Einkünfte aus Gewerbebetrieb (350.000 €) und überdies in der Türkei Einkünfte aus der Vermietung eines Ferienhauses in Ankara (50.000 €) erzielt.

Da V weder einen Wohnsitz noch ihren gewöhnlichen Aufenthalt im Inland (BRD) hat und auch keine inländischen Einkünfte im Sinne des § 49 EStG vorliegen, ist V in der BRD nicht ESt-pflichtig. Der deutsche Staat hat in diesem Fall (natürlich) auch kein Besteuerungsrecht hinsichtlich der von V erzielten Einkünfte.

Persönliche Steuerpflicht, unbeschränkte Steuerpflicht, beschränkte Steuerpflicht, Wohnsitz, gewöhnlicher Aufenthalt, Einkunftsarten

Übersicht 1: Persönliche Steuerpflicht bei der ESt

ERMITTLUNG DER BEMESSUNGSGRUNDLAGE

Bei der ESt handelt es sich um eine **Jahressteuer** (§ 2 Abs. 7 EStG), welche auf das in einem Kalenderjahr (sog. Veranlagungszeitraum) erzielte zu versteuernde Einkommen erhoben wird.

§ 2 EStG lässt schon recht genau erkennen, wie die konkrete **Bemessungsgrundlage** der ESt, das zu versteuernde Einkommen, grundsätzlich zu ermitteln ist. Noch mehr Details zur Ermittlung des zu versteuernden Einkommens sind in R 2 Abs. 1 EStR enthalten.

Dass im nachfolgenden Ermittlungsschema (siehe rechte Abbildung) einige Zeilen grau gedruckt sind, ignorieren Sie bitte bei der ersten Durchsicht. Die Erläuterungen hierzu erfolgen anschließend.

Aus dem Ermittlungsschema ist ersichtlich, dass für die Ermittlung des zu versteuernden Einkommens nicht nur die erzielten Einkünfte aus verschiedenen Einkunftsarten, sondern auch noch andere Größen relevant sind, insbesondere private Ausgaben bzw. persönliche Merkmale des Steuerpflichtigen. Von der Summe der Einkünfte („**Einkünftebereich**") werden noch diverse Abzüge vorgenommen, die zum großen Teil Sachverhalte betreffen, welche nicht unmittelbar mit den erzielten Einkünften im Zusammenhang stehen, sondern den „**Privatbereich**" des Steuerpflichtigen betreffen, z.B. **Sonderausgaben** oder **außergewöhnliche Belastungen**.   EST (20)
EST (21)
EST (22)

Für den „Einstieg" in die ESt sei es erlaubt, eine etwas „eigenwillige" Einkunftsart (Einkünfte aus Land- und Forstwirtschaft) sowie einige der dem Privatbereich zuzurechnenden Abzugsbeträge, bei denen es sich teilweise um komplexe Einzelregelungen für bestimmte Gruppen von Steuerpflichtigen handelt, weitgehend zu

	1. Einkünfte aus Land- und Forstwirtschaft (§§ 13 – 14a EStG)
+	2. Einkünfte aus Gewerbebetrieb (§§ 15 – 17 EStG)
+	3. Einkünfte aus selbständiger Arbeit (§ 18 EStG)
+	4. Einkünfte aus nichtselbständiger Arbeit (§ 19 EStG)
+	5. Einkünfte aus Kapitalvermögen (§ 20 EStG)
+	6. Einkünfte aus Vermietung und Verpachtung (§ 21 EStG)
+	7. sonstige Einkünfte (§§ 22, 23 EStG)

=	**Summe der Einkünfte (§ 2 Abs. 3 EStG)**
–	Altersentlastungsbetrag (§ 24a EStG)
–	Entlastungsbetrag für Alleinerziehende (§ 24b EStG)
–	Freibetrag für Land- und Forstwirtschaft (§ 13 Abs. 3 EStG)

=	**Gesamtbetrag der Einkünfte (§ 2 Abs. 3 EStG)**
–	Verlustabzug (§ 10d EStG)
–	Sonderausgaben (§§ 10, 10a – 10c EStG)
–	außergewöhnliche Belastungen (§§ 33 – 33b EStG)

=	**Einkommen (§ 2 Abs. 4 EStG)**
–	Freibeträge für Kinder (§§ 31, 32 EStG)
–	sonstige Abzüge (z.B. § 46 Abs. 3 EStG)

=	**zu versteuerndes Einkommen (§ 2 Abs. 5 EStG)**

vernachlässigen. Die betreffenden Zeilen im Ermittlungsschema sind grau gedruckt.

Im Vorfeld der Ermittlung des zu versteuernden Einkommens muss die Frage nach der **persönlichen Steuerpflicht** der jeweils betrachteten Person beantwortet werden, da der Umfang der in die Besteuerung einzubeziehenden Einkünfte (und auch der Umfang der im Privatbereich abziehbaren Beträge) davon abhängt, ob jemand unbeschränkt oder beschränkt steuerpflichtig ist.

EST (2)

BEISPIEL | Der ledige N wohnt in München. Im Jahr 2018 hat er als Rechtsanwalt mit eigener Praxis in München Einkünfte aus selbständiger Arbeit im Sinne von § 18 EStG erzielt (200.000 €). In Spanien besitzt N ein Ferienhaus, dessen Vermietung in 2018 zu Einkünften aus Vermietung und Verpachtung im Sinne von § 21 EStG geführt hat (12.000 €). N hat in 2018 erhebliche Beiträge (30.000 €) zu diversen privaten Versicherungen entrichtet (etwa Krankenversicherung, Rentenversicherung, Haftpflichtversicherung). Er fragt sich, wie hoch sein zu versteuerndes Einkommen 2018 ist.

N ist unbeschränkt steuerpflichtig im Sinne von § 1 Abs. 1 EStG (Wohnsitz im Inland). Er muss sein Welteinkommen versteuern. Deshalb umfasst der Einkünftebereich sämtliche Einkünfte von N. Die Versicherungsbeiträge haben mit den Einkünften nicht unmittelbar zu tun; sie betreffen den Privatbereich. Im Rahmen gesetzlich bestimmter Höchstbeträge, die teilweise nicht einfach zu ermitteln sind, können die Versicherungsbeiträge als sog. Sonderausgaben (vgl. die entsprechende Zeile im Ermittlungsschema) abgezogen werden. Nimmt man an, von den 30.000 € Versicherungsbeiträgen könnten im Jahr 2018 14.000 € als Sonderausgaben geltend gemacht werden, ergäben sich für N im Jahr 2018 folgende systematischen Werte: Summe der Einkünfte 212.000 €, Gesamtbetrag der Einkünfte 212.000 €, Einkommen 198.000 €, zu versteuerndes Einkommen 198.000 €. Dabei wurde vereinfachend unterstellt, dass bei N keine zusätzlichen Abzüge „unterhalb" der Summe der Einkünfte zu berücksichtigen sind, z.b. ein Altersentlastungsbetrag oder Kinderfreibeträge (vgl. die entsprechenden Zeilen im Ermittlungsschema).

Im Grundsatz wird bei der ESt jeder Steuerpflichtige einzeln betrachtet. Jeder muss das von ihm erzielte zu versteuernde Einkommen allein versteuern. Eine Ausnahme gibt es lediglich bei Ehegatten/Lebenspartnern, für welche unter Umständen ein gemeinsames zu versteuerndes Einkommen ermittelt wird. Dieser Fall
ESt (5)   wird als **Zusammenveranlagung** bezeichnet.

BEISPIEL | Bei der Ermittlung des zu versteuernden Einkommens des ledigen Herrn N wurden im Bsp. 1 allein seine Einkünfte und seine privaten Ausgaben berücksichtigt. Wäre Herr N verheiratet mit Frau N und würden sich die beiden zulässigerweise für eine gemeinsame Besteuerung entscheiden, müssten im Rahmen der „Abarbeitung" des Ermittlungsschemas auch die Einkünfte und die privaten Ausgaben von Frau N einbezogen werden. Für die Eheleute N würde dann ein gemeinsames zu versteuerndes Einkommen ermittelt.

Jahressteuer, Bemessungsgrundlage, Summe der Einkünfte, Gesamtbetrag der Einkünfte, Einkommen, zu versteuerndes Einkommen, Einkünftebereich, Privatbereich, Zusammenveranlagung

Übersicht 2: Systematik der ESt-Ermittlung

STEUERTARIF UND STEUERZAHLUNG

Der Begriff des Steuertarifs kann beschrieben werden als tabellarische oder formelmäßige „Arbeitsanweisung", mittels derer sich für jede Höhe der Bemessungsgrundlage einer Steuerart die Steuerschuld berechnen lässt.

Die **Bemessungsgrundlage** der ESt ist gemäß § 2 Abs. 5 EStG das vom Steuerpflichtigen im Kalenderjahr (Veranlagungszeitraum) erzielte zu versteuernde Einkommen. Dieses beinhaltet die Einkünfte einer Einzelperson oder aber, bei Ehegatten/Lebenspartnern, unter Umständen auch die Einkünfte von zwei Personen.

§ 32a Abs. 1 EStG enthält eine ESt-Tarifformel, welche für fünf Tarifbereiche unterschiedlich ausgestaltet ist und in unregelmäßigen Abständen aktualisiert wird (sog. **ESt-Grundtarif**). Die aktuelle Tarifvorschrift ab 2018 umfasst den Grundfreibetrag (für zu versteuernde Einkommen bis 9.000 €), eine erste Progressionszone (für zu versteuernde Einkommen von 9.001 € bis 13.996 €), eine zweite Progressionszone (für zu versteuernde Einkommen von 13.997 € bis 54.949 €), eine erste Proportionalzone mit 42% Steuersatz (für zu versteuernde Einkommen von 54.950 € bis 260.532 €) und eine zweite Proportionalzone mit einem Steuersatz von 45% (für zu versteuernde Einkommen ab 260.533 €).

EST (3)

BEISPIEL | Der Student S übt neben seinem Studium diverse Nebentätigkeiten aus. Im Jahr 2018 erzielt er ein zu versteuerndes Einkommen von 18.248 €. Da Formelberechnungen nicht zu seinen Lieblingsbeschäftigungen gehören, freut er sich, als ihm jemand erklärt, dass man beim Grundtarif gemäß § 32a Abs. 1 EStG für die Berechnung immer nur ein einziges Teilstück der Formel benötigt, nämlich nur das Stück, in welches das ermittelte zu versteuernde Einkommen hineinpasst. S muss also „seine" tarifliche ESt mittels des dritten Teilstückes der Tarifformel ermitteln. Pech für S, dass er nicht eines der leicht zu berechnenden Teilstücke erwischt hat. Er muss § 32a Abs. 1 EStG ziemlich genau lesen, um die korrekte Steuer zu berechnen. Am Ende glaubt er, dass seine nach § 32a Abs. 1 EStG ermittelte tarifliche ESt für 2018 exakt bei 2.007,00 € liegt. (Sie könnten ja einmal überprüfen, ob Sie zum selben Ergebnis wie S gelangen!)

Der ESt-Tarif verläuft in einigen Teilabschnitten progressiv. Das bedeutet, dass die tarifliche ESt bei steigendem Einkommen formelbedingt überproportional ansteigt. Vereinfacht lässt sich das wie folgt formulieren: Wer sein zu versteuerndes Einkommen verdoppelt, zahlt nicht nur doppelt so viel ESt, sondern mehr. In der ersten Tarifzone, innerhalb derer gar keine tarifliche ESt anfällt, gilt dies natürlich nur eingeschränkt. Der **progressive ESt-Tarif** wird damit gerechtfertigt, dass die finanzielle Leistungsfähigkeit von steuerpflichtigen Personen mit höherem Einkommen überproportional ansteigt und somit von diesen Personen ein entsprechend größerer Beitrag zum Steueraufkommen geleistet werden kann.

BEISPIEL | Der ledige Arbeitnehmer A hat in 2018 ein zu versteuerndes Einkommen von 60.000 €. Die darauf gemäß § 32a Abs. 1 EStG anfallende tarifliche ESt beträgt 16.578 €. Bei einem doppelt so hohen zu versteuernden Einkommen (120.000 €) würde die tarifliche ESt bei 41.778 € liegen. Das ist mehr als das Doppelte der ESt auf ein zu versteuerndes Einkommen von 60.000 € (Mehrbetrag 8.622 €).

Setzt man die tarifliche ESt ins Verhältnis zum zu versteuernden Einkommen, ergibt sich die durchschnittliche Steuerbelastung je Euro des zu versteuernden Einkommens (**Durchschnittssteuersatz**). Die ESt-Mehrbelastung bei marginaler Erhöhung des zu versteuernden Einkommens (z.B. Erhöhung um einen Euro) zeigt den individuellen **Spitzensteuersatz** an, der auch als Grenzsteuersatz bezeichnet wird. Die Kenntnis dieser „Steuerbelastungs-Anzeiger" ist bei der Anwendung besonderer, von § 32a EStG abweichender Tarifvorschriften und im Rahmen von betriebswirtschaftlichen Fragestellungen mit steuerlichem Bezug gelegentlich nützlich.

BEISPIEL | Der ledige Arbeitnehmer A hat in 2018 ein zu versteuerndes Einkommen von 60.000 €. Die darauf gemäß § 32a Abs. 1 EStG anfallende tarifliche ESt beträgt 16.578 €. A stöhnt, dass sich seine vielen Überstunden in 2018 für ihn finanziell überhaupt nicht gelohnt hätten, da er ja nach § 32a Abs. 1 Nr. 4 EStG 42% von jedem Euro Verdienst an den Staat abgeben müsse. Sein Bekannter B wundert sich darüber, denn nach seinen Berechnungen wird A steuerlich nur mit ca. 28% ESt belastet.

Die unterschiedliche Einschätzung der Belastung des A resultiert daraus, dass A von seinem Spitzensteuersatz spricht (jeder zusätzlich verdiente Euro des A löst, innerhalb des vierten Formel-Teilstücks, eine zusätzliche ESt von 0,42 € aus, wenn man die Abrundung in § 32a Abs. 1 EStG vernachlässigt), während B die auf das zu versteuernde Einkommen gleichmäßig verteilte, durchschnittliche Steuerbelastung des A meint, die wegen des Abzugsbetrags im vierten Formelstück deutlich unter 42% liegt (16.578 € tarifliche ESt / 60.000 € zu versteuerndes Einkommen = 0,2763).

ESt (23) Die Ermittlung der tariflichen ESt erfolgt anhand von § 32a EStG, sofern keine davon abweichenden, **speziellen Tarifvorschriften** anzuwenden sind.

§ 2 EStG enthält nicht nur eine recht präzise Systematik zur Ermittlung des zu versteuernden Einkommens, sondern auch systematische Hinweise zur Ermittlung der festzusetzenden ESt. Ein genaues Schema zur Berechnung der festzusetzenden ESt findet sich in R 2 Abs. 2 EStR.

Die festzusetzende ESt ergibt sich aus der tariflichen ESt, welche gegebenenfalls noch um verschiedene Beträge erhöht bzw. vermindert wird (§ 2 Abs. 6 EStG).

ESt (27) So werden z.B. die sog. **Steuerermäßigungen** von der tariflichen ESt abgezogen. Steuerermäßigungen mindern in den vom Gesetzgeber vorgesehenen Fällen unmittelbar die ESt-Schuld des Steuerpflichtigen.

Auf die festzusetzende ESt werden die für das betreffende Jahr bereits geleisteten Steuervorauszahlungen angerechnet (vgl. § 36 Abs. 2 EStG). In Abhängigkeit von der Höhe der schon geleisteten Vorauszahlungen ergibt sich für das betrachtete Jahr regelmäßig eine ESt-Abschlusszahlung oder ein ESt-Erstattungsbetrag. Die Details zu den Steuervorauszahlungen und zur Anrechnung vorausgezahlter Steuerbeträge gehören

ESt (26) inhaltlich zum Bereich der **Steuererhebung**.

BEISPIEL | Der ledige Arbeitnehmer A hat in 2018 ein zu versteuerndes Einkommen von 60.000 €. A erfüllt die Voraussetzungen für eine Steuerermäßigung in Höhe von 1.000 € und hat für das Jahr 2018 bereits 14.000 € ESt an das Finanzamt vorausgezahlt. A fragt sich, welche Steuerzahlung er für 2018 noch zu leisten hat oder ob er vielleicht sogar eine Rückerstattung erhält. Die auf das zu versteuernde Einkommen des A gemäß § 32a Abs. 1 EStG anfallende tarifliche ESt beträgt 16.578 €, die festzusetzende ESt 15.578 € und die Abschlusszahlung 1.578 €.

Das nachfolgende Schema schließt unmittelbar an das Schema zur Ermittlung des zu versteuernden Einkommens an. Für den ersten „Einstieg" in die ESt sei es erlaubt, auch im „Steuerteil" der ESt-Systematik einige Details weitgehend zu vernachlässigen. Die betreffenden Zeilen im Ermittlungsschema sind grau gedruckt.

---

tarifliche ESt (§ 2 Abs. 6 EStG, Tarifvorschriften)
- Steuermäßigungen (§ 2 Abs. 6 EStG, Ermäßigungsvorschriften)
+ Kindergeld (§ 2 Abs. 6 EStG, Kindergeldvorschriften)
+/- sonstige Zu- und Abrechnungen (§ 2 Abs. 6 EStG)

= **festzusetzende ESt (§ 2 Abs. 6 EStG)**
- anrechenbare Steuerbeträge (§ 36 Abs. 2 EStG)

= **ESt-Abschlusszahlung oder ESt-Erstattungsbetrag**

ESt-Grundtarif, progressiver ESt-Tarif, Durchschnittssteuersatz, Spitzensteuersatz, tarifliche ESt, festzusetzende ESt, ESt-Abschlusszahlung, ESt-Erstattungsbetrag

Übersicht 2: Systematik der ESt-Ermittlung

VERANLAGUNGSFORMEN UND SPLITTINGTARIF

Nach Ablauf eines Kalenderjahres (**Veranlagungs-zeitraum**) wird gemäß § 25 EStG eine ESt-Veranlagung durchgeführt, soweit diese im Einzelfall nicht unter-bleiben kann. Unterbleiben kann eine Veranlagung z.B. insoweit, als die **Steuererhebung** bereits durch ausrei-chend hohe Steuerabzüge an der Einkunftsquelle erfolgt ist.

EST (26)

Im Rahmen der Veranlagung ermittelt das Finanz-amt auf der Grundlage einer vom Steuerpflichtigen jährlich abzugebenden ESt-Erklärung das zu versteu-ernde Einkommen und setzt die Steuer durch einen schriftlichen Steuerbescheid fest. Wird eine einzelne Person veranlagt, findet eine **Einzelveranlagung** statt. Ehegatten (lt. § 2 Abs. 8 EStG auch Lebenspartner) kön-nen unter bestimmten Voraussetzungen gemäß § 26 EStG zwischen einer Einzelveranlagung (§ 26a EStG) und einer **Zusammenveranlagung** (§ 26b EStG) wählen.

BEISPIEL | Herr und Frau G, beide mit Wohnsitz im Inland, sind zwar noch miteinander verheiratet, leben aber seit Jahren getrennt. Herr G wohnt und lebt seit mehreren Jahren mit einer anderen (unverheirateten) Dame zusammen.

Für sämtliche Beteiligten ist nur eine Einzelveranlagung nach § 25 EStG möglich. Das in § 26 EStG aufgeführte Wahlrecht für Ehegatten steht Herrn und Frau G nicht zu, da die Ehegatten hier-für nicht dauernd getrennt leben dürfen (§ 26 Abs. 1 Nr. 2 EStG). Da das Wahlrecht nur für Ehegatten gilt, kann Herr G es auch nicht für sich und seine aktuelle Lebensgefährtin nutzen.

Im Fall der Zusammenveranlagung wird ein gemein-sames zu versteuerndes Einkommen ermittelt und der

Steuertarif in der Form des sog. **Splittingtarifs** angewendet (§ 32a Abs. 5 EStG). Hierbei wird das gemeinsam erzielte zu versteuernde Einkommen halbiert und die darauf anfallende tarifliche ESt verdoppelt. Durch dieses Verfahren wird erreicht, dass ungleiche Einkommen von Ehegatten/Lebenspartnern gleichmäßig auf beide verteilt werden, woraus häufig Progressionsvorteile resultieren.

BEISPIEL | Herr und Frau F erfüllen im Jahr 2018 die Voraussetzungen des § 26 EStG; sie können zwischen der Einzel- und der Zusammenveranlagung wählen. Die Einkünfte von Herrn F betragen in 2018 120.000 €, die Einkünfte von Frau F 0 €. Der Abzug privater Ausgaben bei der Ermittlung des zu versteuernden Einkommens soll vereinfachend unberücksichtigt bleiben.

Im Fall der Einzelveranlagung würde für Frau F keine ESt festgesetzt, für Herrn F ESt in Höhe von 41.778 € (tarifliche ESt bei einem zu versteuernden Einkommen von 120.000 €). Wählen die Eheleute F hingegen die Zusammenveranlagung, würde ihr gemeinsames zu versteuerndes Einkommen (im vorliegenden Fall ebenfalls 120.000 €) zur Anwendung des Splittingtarifs gedanklich aufgeteilt und jedem Ehegatten zur Hälfte zugerechnet (60.000 €). Die tarifliche ESt auf 60.000 € beträgt 16.578 €. Da jeder der beiden Ehegatten die Hälfte des zu versteuernden Einkommens versteuern muss, ist der Steuerbetrag noch zu verdoppeln. Hieraus ergibt sich eine ESt-Gesamtbelastung gemäß § 32a Abs. 5 EStG in Höhe von insgesamt 33.156 €. Der Vorteil der Zusammenveranlagung gegenüber der Einzelveranlagung (sog. Splittingvorteil) beträgt im Bsp. 8.622 €.

Veranlagungszeitraum, Einzelveranlagung, Zusammenveranlagung, Splittingtarif

STRUKTUREN

§ 2 Abs. 1 EStG führt zwei Kategorien von **Einkunfts-arten** auf:

Gewinneinkunftsarten

1. Einkünfte aus Land- und Forstwirtschaft (§§ 13 – 14a EStG)
2. Einkünfte aus Gewerbebetrieb (§§ 15 – 17 EStG)
3. Einkünfte aus selbständiger Arbeit (§ 18 EStG)

Überschusseinkunftsarten

4. Einkünfte aus nichtselbständiger Arbeit (§ 19 EStG)
5. Einkünfte aus Kapitalvermögen (§ 20 EStG)
6. Einkünfte aus Vermietung und Verpachtung (§ 21 EStG)
7. sonstige Einkünfte (§§ 22, 23 EStG)

Die insgesamt sieben Einkunftsarten können inhalt-lich mehr oder weniger präzise voneinander abgegrenzt werden. Die Zugehörigkeit von Einkünften zu einer der Einkunftsarten bestimmt sich im Wesentlichen nach den §§ 13 – 23 EStG. Ohne Detailkenntnisse dieser Vorschrif-ten ist eine korrekte Zuordnung zu einer bestimmten Einkunftsart in vielen Fällen sehr schwierig.

Gemäß § 2 Abs. 2 EStG ergeben sich die jeweiligen Einkünfte bei den Gewinneinkunftsarten (häufig auch als betriebliche Einkunftsarten bezeichnet) durch die Er-

EST (7)   mittlung eines **Gewinns** (Berücksichtigung von **Betriebs-**
EST (8)   **einnahmen** und **Betriebsausgaben**), bei den Überschuss-

einkunftsarten durch die Ermittlung eines **Einnahmen-Überschusses** (Überschuss der **Einnahmen** über die **Werbungskosten**).

ESt (7)
ESt (8)

Abgesehen von Begrifflichkeiten unterscheiden sich Gewinneinkunftsarten und Überschusseinkunftsarten vor allem durch unterschiedliche „Spielregeln" bei der konkreten Ermittlung der Einkünfte (Ermittlung des Gewinns, Ermittlung des Überschusses der Einnahmen über die Werbungskosten). Bedeutsam ist in diesem Zusammenhang die **zeitliche Erfassung von Einnahmen und Ausgaben**, also die Frage, in welchem Kalenderjahr eine steuerlich relevante Einnahme (einkünfteerhöhend) oder Ausgabe (einkünftemindernd) anzusetzen ist. § 2 Abs. 2 Nr. 1 und 2 EStG enthalten Hinweise auf die bei der Einkünfteermittlung zu beachtenden Vorschriften.

ESt (10)

Einige Einkunftsarten sind „stärker" als andere. Falls sich ein Sachverhalt inhaltlich sowohl einer schwächeren als auch einer stärkeren Einkunftsart zuordnen lässt, ist für die Besteuerung allein die stärkere Einkunftsart relevant (sog. **Nachrangigkeit** bzw. Subsidiarität der schwächeren Einkunftsarten). Welche Einkunftsarten nachrangig sind gegenüber anderen, ergibt sich aus den Gesetzesvorschriften zu der konkreten (schwächeren) Einkunftsart. Im Zusammenhang mit dieser Thematik werden die schwächeren Einkunftsarten (Einkünfte aus Kapitalvermögen, Einkünfte aus Vermietung und Verpachtung, sonstige Einkünfte) häufig auch als **Nebeneinkunftsarten**, die drei Gewinneinkunftsarten und die Einkünfte aus nichtselbständiger Arbeit als **Haupteinkunftsarten** bezeichnet. Haupteinkunftsarten sind vorrangig gegenüber den Nebeneinkunftsarten.

BEISPIEL | Der gewerbliche Einzelunternehmer E legt betriebliches Geldvermögen auf einem betrieblichen Festgeldkonto an und erzielt aus dieser Kapitalanlage Zinsen in Höhe von 3.000 €. Er fragt sich, ob diese Zinsen zu seinen Einkünften aus Kapitalvermögen gehören, da er ja Kapital verzinslich angelegt hat, oder ob die Zinsen seinen Einkünften aus Gewerbebetrieb zuzurechnen sind, da es sich um Kapital aus einem gewerblichen Betrieb handelt.

Die Erzielung von Erträgen aus der verzinslichen Anlage von Geldvermögen würde grundsätzlich unter die Einkunftsart „Einkünfte aus Kapitalvermögen" passen. Da die Geldanlage aber im Rahmen des gewerblichen Einzelunternehmens erfolgt, könnten die Zinsen auch der betrieblichen Einkunftsart „Einkünfte aus Gewerbebetrieb" zugeordnet werden. In dieser „Konkurrenzsituation" bestimmt § 20 Abs. 8 Satz 1 EStG, dass die betriebliche Einkunftsart vorrangig ist. Sie ist stärker als die Nebeneinkunftsart „Einkünfte aus Kapitalvermögen". Die erzielten Zinserträge sind somit von E steuerlich bei den Einkünften aus Gewerbebetrieb (Haupteinkunftsart) zu erfassen.

Einkunftsarten, Gewinneinkunftsarten, Überschusseinkunftsarten, Gewinn, Einnahmen-Überschuss, Nachrangigkeit von Einkunftsarten, Haupteinkunftsarten, Nebeneinkunftsarten

Übersicht 3: Einkünfteermittlung

7

E
S
t

BETRIEBSEINNAHMEN / EINNAHMEN

Betriebseinnahmen sind definiert als Zugänge von Wirtschaftsgütern in Form von Geld oder Geldeswert, die durch den Betrieb veranlasst sind. Diese Definition ist im EStG nicht enthalten, sondern wurde durch die Rechtsprechung entwickelt. Der Begriff der Betriebseinnahmen wird ausschließlich bei den betrieblichen Einkunftsarten, also bei den Gewinneinkunftsarten, verwendet.

BEISPIEL | Der freiberuflich tätige Rechtsanwalt R (Freiberufler erzielen Einkünfte aus selbständiger Arbeit) hat einem Mandanten für durchgeführte Beratungen ein Honorar in Höhe von 10.000 € in Rechnung gestellt. Der Mandant bezahlt 8.000 € und übereignet dem R zusätzlich ein Gemälde mit einem aktuellen Wert von 2.000 €. R ist mit dieser Art der Rechnungsbegleichung einverstanden.

R hat bei den Einkünften aus selbständiger Arbeit Betriebseinnahmen von 10.000 € anzusetzen. Es ist für Zwecke der ESt unerheblich, ob die Bezahlung der Beratungsleistungen des R in Geld oder in Geldeswert erfolgt.

Für die Überschusseinkunftsarten existiert eine gesetzliche Einnahmen-Definition. Nach § 8 Abs. 1 EStG sind **Einnahmen** alle Güter, die in Geld oder Geldeswert bestehen und dem Steuerpflichtigen im Rahmen einer Überschusseinkunftsart zufließen. Die Bewertung von Einnahmen in Geld ist in der Regel unproblematisch. Die Wertermittlung von Einnahmen in Geldeswert (sog. **Sachbezüge**) kann hingegen im Einzelfall durchaus komplex sein.

Die Gewährung von Sachbezügen kommt in der Praxis insbesondere bei den Einkünften aus nichtselbständiger Arbeit vor. Arbeitnehmer erhalten gelegentlich als Gegenleistung für ihre Arbeitsleistung vom Arbeitgeber neben einem vereinbarten Barlohn auch noch andere Leistungen, welche steuerlich zu bewerten sind und als zusätzlicher Arbeitslohn behandelt werden.

Die Bewertung von nicht in Geld bestehenden Einnahmen ist (abgesehen vom praktisch bedeutsamen Sonderfall des § 8 Abs. 3 EStG) grundsätzlich in § 8 Abs. 2 EStG geregelt. Sachbezüge, die keinen nennenswerten Vorteil darstellen, bleiben beim Empfänger allerdings steuerlich außer Ansatz (§ 8 Abs. 2 Satz 11 EStG).

BEISPIEL | Nach Abschluss seines Studiums in Bochum tritt E seine erste Stelle als Arbeitnehmer in einem Großkonzern in München an. Er erhält ein anständiges Anfangsgehalt. Da die Wohnungssuche in München problematisch ist, wird mit dem Arbeitgeber vereinbart, dass E in den ersten 6 Monaten nach Arbeitsantritt in einer durch den Arbeitgeber angemieteten Wohnung in München wohnt und sich bis zum Ablauf dieser Zeit selbst um eine andere Wohnung kümmern muss. Eine Mietzahlung des E an den Arbeitgeber für die ersten 6 Monate ist nicht vorgesehen.

E hat als Arbeitnehmer Einkünfte aus nichtselbständiger Arbeit zu versteuern. Hierzu zählen sein Gehalt und der Nutzungsvorteil der ihm vom Arbeitgeber ohne gesonderte Bezahlung überlassenen Wohnung. Gemäß § 8 Abs. 2 Satz 1 EStG ist für die Bewertung des Nutzungsvorteils der übliche Endpreis der Wohnung am Abgabeort heranzuziehen. Dieser Wert wird vermutlich den Mietaufwendungen des Arbeitgebers für die Wohnung des E entsprechen. E wird also steuerlich letztlich so behandelt, als hätte er vom Arbeitgeber in den ersten 6 Monaten seiner Tätigkeit zusätzliches Geld in Höhe der Wohnungsmiete erhalten.

Sachbezüge sind, abweichend von § 8 Abs. 2 EStG, gemäß § 8 Abs. 3 EStG zu bewerten, wenn ein Arbeitgeber seinen Arbeitnehmern Waren bzw. Dienstleistungen aus der eigenen Produktpalette zu günstigeren Konditionen anbietet als „normalen" Kunden.

BEISPIEL | Der gewerblich tätige Möbelhändler M überlässt Mitarbeitern seines Unternehmens Möbelstücke aus seinem Sortiment für die Hälfte des Normalpreises.

Der geldwerte Vorteil aus diesen „Schnäppchen" müsste zum Zwecke der Einkommensbesteuerung gemäß § 8 Abs. 3 EStG ermittelt und vom betroffenen Arbeitnehmer als Arbeitslohn versteuert werden. Eine Bewertung nach § 8 Abs. 2 EStG ist in diesem Fall nicht vorzunehmen.

Einnahmen, welche außerhalb der sieben im EStG vorgegebenen Einkunftsarten anfallen, sind für Zwecke der Einkommensbesteuerung nicht relevant. Lassen sich Einnahmen keiner Einkunftsart zuordnen, weil sie in keine der Einkunftsarten „passen", handelt es sich um sog. **nichtsteuerbare Einnahmen**.

BEISPIEL | Die Rentnerin R spielt seit einigen Wochen Lotto mit geringem Einsatz. Nach einigen erfolglosen Ziehungen gewinnt sie plötzlich 1 Mio. €. R hat doppeltes Glück, denn einerseits ist ihr Gewinn recht hoch und andererseits lassen sich Lottogewinne bis heute keiner der im EStG genannten sieben Einkunftsarten zuordnen, auch nicht der Einkunftsart „sonstige Einkünfte". Beim Lottogewinn handelt es sich somit um eine nichtsteuerbare Einnahme.

Nichtsteuerbare Einnahmen liegen auch dann vor, wenn die Einnahmen im Zusammenhang mit einer Tätigkeit des Steuerpflichtigen anfallen, bei der keine Einkünfteerzielungsabsicht besteht. Die Tätigkeit wird dann nicht als Prozess der Einkünfteerzielung, sondern insgesamt als steuerlich irrelevante **„Liebhaberei"** angesehen, selbst wenn die Tätigkeit inhaltlich einer bestimmten Einkunftsart zugeordnet werden kann. Der Nachweis, dass der Steuerpflichtige gar nicht ernsthaft beabsichtigt, mittels der betreffenden Tätigkeit positive Einkünfte zu erzielen, ist in der Realität problematisch. Anzeichen für eine fehlende Einkünfteerzielungsabsicht sind z.B. dauerhaft hohe Verluste aus einer Tätigkeit, wobei das Gesamtbild der im Einzelfall gegebenen Umstände zu berücksichtigen ist.

BEISPIEL | Der musikalische M spielt in seiner Freizeit seit einigen Jahren Schlagzeug. Er macht das nur aus Freude an der Musik. Da er sehr qualitätsbewusst ist, gibt er viel Geld aus für sein Schlagzeug, für einen Mixer, für Boxen und für die Aktualisierung und Erweiterung seines Schlagzeug-Zubehörs. Ab und zu wird M gebeten, für eine geringe „Gage" bei musikalischen Auftritten mitzuwirken. M folgt dieser Bitte meist, da er „Bock auf Rock" hat.

Nach dem Gesamtbild der Umstände ist es äußerst unwahrschein-lich, dass die Einnahmen des M insgesamt seine musikbezogenen Ausgaben jemals übersteigen werden.

Eine steuerliche Berücksichtigung der Einkünfte aus der musikalischen Betätigung des M dürfte daran scheitern, dass M keine Einkünfteerzielungsabsicht hat. Ein Anzeichen hierfür ist das dauerhafte, krasse Missverhältnis zwischen den gelegentlichen, geringen Einnahmen und den hohen Ausgaben. Ein einkommen-steuerlicher „Totalgewinn" erscheint auf absehbare Zeit ausge-schlossen. Die musikalischen Aktivitäten des M sind als Liebhabe-rei zu beurteilen (M müsste sich schon sehr anstrengen, um etwas anderes glaubhaft zu machen). Die erzielten Einnahmen (und auch die im Zusammenhang damit stehenden Ausgaben) sind nicht-steuerbar.

Eine weitere „Gruppe" von Einnahmen, die bei der Ermittlung der Einkünfte unberücksichtigt bleiben, bil-den sog. **steuerfreie Einnahmen**. Dabei handelt es sich um Einnahmen, die meist einer konkreten Einkunftsart zu-gerechnet werden können, aber durch entsprechende ein-kommensteuerliche Bestimmungen ganz oder teilweise ge-zielt von der Besteuerung freigestellt werden.

Einkommensteuerliche Befreiungsvorschriften fin-den sich sowohl innerhalb als auch (seltener) außer-halb des EStG. So enthält § 3 EStG eine umfangreiche Auflistung von steuerfreien Einnahmen. Die in § 3 EStG vorzufindende Reihenfolge der Sachverhalte folgt kei-ner bestimmten Systematik. Nachstehend sind beispiel-haft einige der gemäß § 3 EStG steuerfreien Einnahmen aufgeführt. Steuerfrei sind unter anderem:

- Leistungen aus einer Krankenversicherung (§ 3 Nr. 1 a EStG),

- Arbeitslosengeld, Kurzarbeitergeld (§ 3 Nr. 2 a EStG),

- Bezüge aus öffentlichen Mitteln zur Ausbildungsförderung (§ 3 Nr. 11 EStG),

EST (30)

- 40% der Einnahmen aus Sachverhalten, die im sog. **Teileinkünfteverfahren** besteuert werden (§ 3 Nr. 40 EStG),

- Vorteile von Arbeitnehmern aus der privaten Nutzung betrieblicher PC´s und betrieblicher Telefone (§ 3 Nr. 45 EStG),

- Trinkgelder, die ein Arbeitnehmer von Dritten erhält (§ 3 Nr. 51 EStG),

- Arbeitgeberanteil zur Sozialversicherung (§ 3 Nr. 62 EStG),

- Elterngeld (§ 3 Nr. 67 b EStG).

BEISPIEL | V arbeitet seit dem 1.7.2018 als angestellte Servicekraft in einem Restaurant in Köln. Die ersten 6 Monate des Jahres 2018 war V arbeitslos und hat Arbeitslosengeld bezogen (insgesamt 4.200 €). Sein mit dem Arbeitgeber vereinbarter Arbeitslohn beträgt ab dem 1.7.2018 monatlich 1.500 €. Im 2. Halbjahr 2018 erhält V von den Gästen Trinkgelder in Höhe von insgesamt 1.900 €. Damit V stets erreichbar ist, hat ihm der Arbeitgeber ein betriebliches Handy zur Verfügung gestellt, welches V auch privat nutzen darf. Im 2. Halbjahr 2018 hat er Privatgespräche im Wert von insgesamt 600 € geführt.

V erzielt aus seiner Tätigkeit als Arbeitnehmer Einkünfte aus nichtselbständiger Arbeit. Zum Arbeitslohn gehören grundsätzlich sämtliche Einnahmen, die als Gegenleistung für seine Arbeitsleistung anzusehen sind. Dazu zählen die arbeitsvertragliche Vergütung (9.000 €), die Trinkgelder (1.900 €) sowie der private Nutzungswert des betrieblichen Handys (600 €). Trinkgelder sind allerdings nach § 3 Nr. 51 EStG und die Handynutzung nach § 3 Nr. 45 EStG steuerfrei. V hat aus seinem Arbeitsverhältnis somit steuerlich relevante Einnahmen in Höhe von 9.000 €. Das Arbeitslosengeld (4.200 €) gehört nicht zum Arbeitslohn. Es ist auch kein Ansatz in einer anderen Einkunftsart denkbar, da § 3 Nr. 2 a EStG das Arbeitslosengeld von der ESt befreit.

Betriebseinnahmen, Einnahmen, Sachbezüge, nichtsteuerbare Einnahmen, Liebhaberei, steuerfreie Einnahmen

Übersicht 3: Einkünfteermittlung

BETRIEBSAUSGABEN / WERBUNGSKOSTEN

„**Betriebsausgaben** sind die Aufwendungen, die durch den Betrieb veranlasst sind" (§ 4 Abs. 4 EStG). Der steuerliche Begriff der Betriebsausgaben wird ausschließlich bei den betrieblichen Einkunftsarten, also den Gewinneinkunftsarten, verwendet. Betriebsausgaben schmälern den Gewinn des Betriebes und werden dementsprechend bei der Gewinnermittlung im Regelfall gewinnmindernd abgezogen. Der Abzug erfolgt bei der Gewinneinkunftsart, die im jeweiligen Fall betroffen ist.

BEISPIEL | Der Zahnarzt Z betreibt sehr erfolgreich eine eigene Praxis in Berlin. Als Freiberufler erzielt er Einkünfte aus selbständiger Arbeit. Zu den durch die Praxis veranlassten Aufwendungen gehören z.B. die Mietzahlungen für Praxisräume, Personalausgaben für die in der Praxis beschäftigten Mitarbeiter(innen), Ausgaben für Medikamente, zeitanteilige Abschreibungen betreffend die Praxis-Einrichtung bzw. die medizinischen Geräte. Der Steuerberater des Z findet in den Unterlagen des Arztes zwei Reisebüro-Rechnungen, die vom betrieblichen Bankkonto bezahlt wurden. Eine der Rechnungen betrifft eine medizinische Fortbildung des Z in München, die andere einen Wochenend-Trip des Z mit seiner Ehefrau nach Rom. Überdies hat Z über die Praxis-Kasse etliche Zeitschriftenkäufe bezahlt („Wartezimmerlektüre für Patienten"). Neben unauffälligen Zeitschriften wurden auch Fachmagazine für spezielle Wertpapiergeschäfte als Wartezimmerlektüre deklariert. Dem Steuerberater ist bekannt, dass Z ein sehr aktiver, risikoorientierter „Wertpapier-Zocker" ist.

Die betriebliche Veranlassung der meisten Aufwendungen des Z ist offensichtlich. Bei diesen Aufwendungen handelt es sich dementsprechend steuerlich um Betriebsausgaben, welche bei der Ermittlung der „Einkünfte aus selbständiger Arbeit"

gewinnmindernd zu berücksichtigen sind. Die Rechnung für die Rom-Reise gehört wegen fehlender betrieblicher Veranlassung nicht zu den Betriebsausgaben (die Bezahlung vom Betriebskonto ist als Privatentnahme aus dem Betrieb zu beurteilen). Bei den Aufwendungen für die Wertpapier-Fachmagazine ist angesichts des „Gesamtbildes der Umstände" die betriebliche Veranlassung zumindest fraglich; Z müsste sie bei Bedarf dem Finanzamt oder auch bereits seinem kritischen Steuerberater gegenüber nachweisen bzw. glaubhaft machen, um sie als Betriebsausgaben gewinnmindernd ansetzen zu können.

Ausgaben im Zusammenhang mit den Überschusseinkunftsarten werden als **Werbungskosten** bezeichnet. Werbungskosten sind gemäß § 9 Abs. 1 Satz 1 EStG die im Einzelnen nachzuweisenden Aufwendungen zur Erwerbung, Sicherung und Erhaltung der Einnahmen. Sie sind stets bei der Einkunftsart zu berücksichtigen, bei der sie angefallen sind (§ 9 Abs. 1 Satz 2 EStG).

BEISPIEL | Wenn der Angestellte A ein für seine berufliche Tätigkeit benötigtes Fachbuch erwirbt, stellen die Aufwendungen für dieses Buch Werbungskosten dar, welche von A bei der Ermittlung seiner Einkünfte aus nichtselbständiger Arbeit abzuziehen sind. Erwirbt der private Wohnungsvermieter V ein Fachbuch im Zusammenhang mit seiner Vermietungstätigkeit, handelt es sich um Werbungskosten, die V bei seinen Einkünften aus Vermietung und Verpachtung abzuziehen hat. Im Fall des privaten Kapitalanlegers K, der ein Geldanlage-Fachbuch erwirbt, sind die Aufwendungen für das Fachbuch Werbungskosten bei den Einkünften aus Kapitalvermögen; allerdings dürfen bei dieser Einkunftsart auf Grund von vorrangigen Sonderregelungen die tatsächlich angefallenen Werbungskosten regelmäßig nicht einkünftemindernd angesetzt werden (§ 20 Abs. 9 EStG). Bei den Einkünften aus Kapitalvermögen ist die Systematik der Einkünfteermittlung dadurch in gewisser Weise „gestört".

Zusätzlich zur allgemeinen Werbungskosten-Definition werden in § 9 Abs. 1 Satz 3 EStG Werbungskosten-Einzelfälle aufgeführt. Die Auflistung hat vor dem Hintergrund der allgemeinen Definition zum Teil nur klarstellende Bedeutung; teilweise werden aber auch konkrete Vorgaben hinsichtlich der Höhe bzw. der Berechnungsweise einzelner Werbungskosten gemacht. Zu den in § 9 Abs. 1 Satz 3 EStG aufgeführten Werbungskosten gehören beispielsweise

- im wirtschaftlichen Zusammenhang mit einer Überschusseinkunftsart anfallende Schuldzinsen (Nr. 1),

- Aufwendungen von Arbeitnehmern für die Wege zwischen Wohnung und erster Tätigkeitsstätte im Sinne des § 9 Abs. 4 EStG (Nr. 4). Die Aufwendungen werden im Regelfall durch den Ansatz einer **Entfernungspauschale** abgegolten (je Arbeitstag 0,3 € für jeden Entfernungskilometer zwischen Wohnung und erster Tätigkeitsstätte; relevant ist die einfache Strecke),

- Aufwendungen für Arbeitsmittel (Nr. 6),

- (zeitanteilige) Abschreibungsbeträge für Wirtschaftsgüter, die eine Nutzungsdauer von mehr als einem Jahr haben, sofern diese Güter im wirtschaftlichen Zusammenhang mit einer ==Überschuss-einkunftsart stehen== und nicht als geringwertige Wirtschaftsgüter bereits im Jahr der Anschaffung in voller Höhe abgesetzt werden (Nr. 7).

BEISPIEL | Der Arbeitnehmer A wohnt 60 Kilometer von seiner ersten Tätigkeitsstätte entfernt. In 2018 arbeitet er dort an 210 Tagen. Für den Arbeitsweg benutzt er seinen eigenen Kraftwagen (alternativ: Öffentliche Verkehrsmittel).

A kann gemäß § 9 Abs. 1 Satz 3 Nr. 4 EStG für 2018 bei der Ermittlung seiner Einkünfte aus nichtselbständiger Arbeit Werbungskosten in Höhe der Entfernungspauschale von 3.780 € abziehen (0,3 € * 60 * 210). Benutzt er öffentliche Verkehrsmittel, kann er laut § 9 Abs. 2 EStG die tatsächlich angefallenen Kosten, soweit sie die Entfernungspauschale übersteigen, zusätzlich als Werbungskosten abziehen.

BEISPIEL | Der Vermieter V vermietet ein Wohnhaus, welches er vor etlichen Jahren für 300.000 € erworben hat. Der auf das (abnutzbare) Gebäude entfallende Teil der Anschaffungskosten liegt bei 250.000 €. Es sei angenommen, dass die steuerlich relevante Nutzungsdauer des Gebäudes 50 Jahre beträgt.

V hat im wirtschaftlichen Zusammenhang mit einer Überschusseinkunftsart (Vermietung und Verpachtung) ein abnutzbares Wirtschaftsgut (Gebäude) mit einer Nutzungsdauer von mehr als einem Jahr erworben. Das Wirtschaftsgut ist steuerlich auch nicht als geringwertiges Wirtschaftsgut anzusehen (die Grenze hierfür liegt derzeit bei 800 €, ohne Umsatzsteuer). Die Anschaffungskosten des V für das Gebäude können gemäß § 9 Abs. 1 Satz 3 Nr. 7

EStG in Form von jährlichen Abschreibungsbeträgen geltend gemacht werden. Die Höhe der Abschreibungsbeträge richtet sich nach den angefallenen Anschaffungskosten und der Nutzungsdauer des Wirtschaftsguts. V kann jährlich 5.000 € Abschreibungen als Werbungskosten bei den Einkünften aus Vermietung und Verpachtung geltend machen.

§ 9a EStG enthält einige **Pauschbeträge für Werbungskosten**. Die dort aufgeführten Pauschbeträge kommen zur Anwendung, wenn der Steuerpflichtige keine tatsächlichen Werbungskosten hat, seine tatsächlichen Werbungskosten betragsmäßig unterhalb der Pauschbeträge liegen oder wenn er seine tatsächlichen Werbungskosten nicht nachweist.

Der bei den Einkünften aus Kapitalvermögen anzuwendende **Sparer-Pauschbetrag** in Höhe von 801 € bzw. 1.602 € (§ 20 Abs. 9 Satz 1 und 2 EStG) „funktioniert" allerdings anders als die übrigen Pauschbeträge: Durch den Sparer-Pauschbetrag sind die Werbungskosten innerhalb dieser Einkunftsart abgegolten. Der Ansatz tatsächlicher Werbungskosten ist bei den Einkünften aus Kapitalvermögen regelmäßig nicht möglich.

BEISPIEL | Der Arbeitnehmer A wohnt nur 1 Kilometer entfernt von seinem Arbeitsplatz. Für den Weg zur Arbeit benutzt er regelmäßig sein Fahrrad. A hat in 2018 an 220 Tagen gearbeitet. Es sind keine anderen arbeitsbedingten Aufwendungen angefallen.

Bei der Ermittlung der Einkünfte aus nichtselbständiger Arbeit sind die tatsächlichen Werbungskosten bzw. ein entsprechender

Pauschbetrag zu berücksichtigen. A hat nur sehr geringe tatsächliche Werbungskosten in Form der Entfernungspauschale (66 €). Nach § 9a Satz 1 Nr. 1 a EStG wird bei der Ermittlung der Einkünfte aus nichtselbständiger Arbeit des A im Jahr 2018 ein Werbungskosten-Pauschbetrag von 1.000 € abgezogen. Die (geringeren) tatsächlichen Werbungskosten bleiben unberücksichtigt.

 BEISPIEL | Der ledige, private Kapitalanleger K hat zur Finanzierung seiner Aktiengeschäfte ein Bankdarlehen aufgenommen, für das er in 2018 Zinsen von 15.000 € an die betreffende Bank zahlen muss.

Erträge aus privaten Aktiengeschäften gehören in der Regel zu den Einkünften aus Kapitalvermögen. Demzufolge handelt es sich bei den Zinsen, die K im Zusammenhang mit der Finanzierung der Aktiengeschäfte aufwenden muss, um Werbungskosten bei dieser Einkunftsart (§ 9 Abs. 1 Satz 3 Nr. 1 EStG). Nach § 20 Abs. 9 Satz 1 EStG kann K bei der Ermittlung seiner Einkünfte aus Kapitalvermögen aber maximal den Sparer-Pauschbetrag von 801 € abziehen. Die tatsächlich angefallenen Werbungskosten dürfen nicht berücksichtigt werden.

 Betriebsausgaben, Werbungskosten, Entfernungspauschale, Werbungskosten-Pauschbeträge, Sparer-Pauschbetrag

 Übersicht 3: Einkünfteermittlung
Übersicht 4: Steuerliche Abzugsfähigkeit von Ausgaben

EINSCHRÄNKUNGEN BEIM AUSGABENABZUG

Bei der Ermittlung der Einkünfte ist zu prüfen, ob und inwieweit angefallene Aufwendungen einkünftemindernd berücksichtigt werden können. Nachfolgend sind einige „Aufwands-Gruppen" aufgeführt, bei denen ein steuerlicher Abzug gar nicht oder nur teilweise möglich ist (**Abzugsverbote**).

ESt (7)
Nicht berücksichtigungsfähig sind Ausgaben, die im Zusammenhang mit **nichtsteuerbaren Einnahmen** angefallen sind.

BEISPIEL | Bei dem Schlagzeuger M im Abschnitt ESt (7), Bsp. 5, fehlt es an der Einkünfteerzielungsabsicht, was durch einen dauerhaften Aufwandsüberhang auch in gewisser Weise „belegt" wird. Die Tätigkeit des M ist als privates Hobby anzusehen (Liebhaberei), nicht als Vorgang der Einkünfteerzielung. Wenn aber gar keine Einkünfte vorliegen, können weder die durch die Tätigkeit erzielten Einnahmen noch die damit zusammenhängenden Ausgaben zu einer Einkunftsart gehören. Einnahmen und Ausgaben sind nichtsteuerbar und bleiben bei der Ermittlung der Einkünfte unberücksichtigt.

ESt (7)
Ausgaben, die im Zusammenhang mit ganz oder teilweise **steuerfreien Einnahmen** angefallen sind, können bei der Ermittlung der Einkünfte gar nicht bzw. nur teilweise abgezogen werden. Dies wird vorgeschrieben durch die allgemeine Regelung des § 3c Abs. 1 EStG sowie in bestimmten Fällen durch zusätzliche spezielle Regelungen, z.B. durch die Vorschrift des § 3c Abs. 2 EStG,

ESt (30)
welche ausschließlich für das sog. **Teileinkünfteverfahren** gilt.

BEISPIEL | Herr V im Abschnitt ESt (7), Bsp. 6, arbeitet als Servicekraft in einem Restaurant in Köln. Zusätzlich zu seinem (steuerpflichtigen) Gehalt erhält er (gemäß § 3 Nr. 51 EStG steuerfreie) Trinkgelder. Die Mitarbeiter des Restaurants sammeln die Trinkgelder zunächst und teilen sie anschließend wochenweise nach einem bestimmten, ausgeklügelten System unter sämtlichen Mitarbeitern auf, so dass auch das Küchenpersonal einen Anteil am Trinkgeld erhält. Um die gesammelten Trinkgelder bis zur Verteilung sicher aufzubewahren, kaufen die Mitarbeiter einen Tresor.

Obwohl die Aufwendungen für den Tresor (sogar wörtlich) der „Sicherung der Einnahmen" aus nichtselbständiger Tätigkeit der Mitarbeiter dienen, können diese Aufwendungen nicht einkünftemindernd als Werbungskosten angesetzt werden, da sie im wirtschaftlichen Zusammenhang mit steuerfreien Einnahmen stehen (§ 3c Abs. 1 EStG). Der Ausgabenabzug ist allerdings nur ausgeschlossen, „soweit" ein wirtschaftlicher Zusammenhang mit steuerfreien Einnahmen besteht. Im Bsp. ist der Tresor ausschließlich (also zu 100%) zur Aufbewahrung von steuerfreien Trinkgeldern der Mitarbeiter angeschafft worden; insoweit besteht auch ein 100%-iges Abzugsverbot.

Der Gesetzgeber lässt bestimmte Aufwendungen des Steuerpflichtigen, welche auf Grund ihrer betrieblichen Veranlassung als Betriebsausgaben anzusehen sind, vollständig bzw. teilweise nicht zum Abzug zu. Diese sog. **nichtabziehbaren Betriebsausgaben** sind bei der ESt in verschiedenen Vorschriften des EStG enthalten (z.B. in § 4 Abs. 4a bis 6 EStG). So findet sich etwa in § 4 Abs. 5 EStG eine umfangreiche Aufzählung von Betriebsausgaben, welche den steuerlichen Gewinn trotz betrieblicher Veranlassung zumindest teilweise nicht mindern dürfen. Gemäß der für die Praxis bedeutsamen

Vorschrift des § 4 Abs. 5b EStG ist auch die von gewerblichen Betrieben zusätzlich zur ESt erhobene Gewerbesteuer eine nichtabziehbare Betriebsausgabe (entgegen dem Wortlaut der Vorschrift, die der eindeutig betrieblich veranlassten Gewerbesteuer die Betriebsausgaben-Eigenschaft völlig abspricht).

Zu den gemäß § 4 Abs. 5 EStG nichtabziehbaren Betriebsausgaben gehören unter anderem

- Aufwendungen für betrieblich veranlasste Geschenke (ausgenommen Geschenke an Arbeitnehmer), wenn die Anschaffungskosten pro Empfänger jährlich 35 € übersteigen (Nr. 1),

- 30% der angemessenen, im Einzelnen dokumentierten Bewirtungsaufwendungen für Personen aus geschäftlichem Anlass (Nr. 2),

- Aufwendungen für betriebliche Gästehäuser, sofern sich diese Gästehäuser außerhalb eines Betriebsortes des Steuerpflichtigen befinden (Nr. 3),

- Aufwendungen für ein häusliches Arbeitszimmer, gestaffelt nach der Intensität der beruflichen Nutzung des Arbeitszimmers (Nr. 6b),

- Aufwendungen im Zusammenhang mit rechtswidrig gewährten Vorteilen, etwa die Zahlung von Bestechungsgeldern (Nr. 10).

BEISPIEL | G betreibt ein gewerbliches Dienstleistungs-Unternehmen. Den Gewinn aus seinem Unternehmen hat G bei den Einkünften aus Gewerbebetrieb zu versteuern. Im Rahmen seiner

unternehmerischen Tätigkeit hat G 2.000 € für die angemessene Bewirtung von Kunden aufgewendet. 3.000 € hat er aus betrieblichen Gründen für Geschenke an Kunden und Lieferanten
ausgegeben; bei den Geschenken wurden die steuerlich zulässigen Empfänger-Höchstwerte nur in einem einzigen Fall überschritten. Der betreffende Kunde erhielt ein Geschenk, für das G
300 € aufwenden musste (in den 3.000 € bereits enthalten). Es
sei angenommen, dass G die formalen Zusatzanforderungen des
§ 4 Abs. 7 EStG erfüllt. Zur Erlangung eines öffentlichen Auftrags
hat G einem Mitarbeiter der Stadtverwaltung rechtswidrig 4.000 €
Bestechungsgeld gezahlt und diesen Betrag mit dem Text „nützli-
che Aufwendungen" gewinnmindernd als Werbeaufwand verbucht.

Bei der Ermittlung des steuerlichen Gewinns sind die Bewirtungskosten gemäß § 4 Abs. 5 Nr. 2 EStG zu 30% (600 €) als
nichtabziehbare Betriebsausgaben zu behandeln. Das „zu teure"
Geschenk (300 €) ist nach § 4 Abs. 5 Nr. 1 EStG in voller Höhe
vom Betriebsausgabenabzug ausgeschlossen. Gleiches gilt auch
für das Bestechungsgeld nach § 4 Abs. 5 Nr. 10 EStG. Die restlichen Bewirtungsaufwendungen (1.400 €) bzw. Aufwendungen für
Geschenke (2.700 €) sind abziehbare Betriebsausgaben, die den
steuerlichen Gewinn des G mindern.

Von § 4 Abs. 5 EStG sind zwar unmittelbar nur die
Gewinneinkunftsarten betroffen (dies ergibt sich aus
der Position der Vorschrift im Gesetz und aus den verwendeten Begriffen); das Abzugsverbot gilt aber bei
den meisten Einzelsachverhalten des § 4 Abs. 5 EStG
über einen entsprechenden Verweis in § 9 Abs. 5 EStG
auch für die Überschusseinkunftsarten. Dann liegen
nichtabziehbare Werbungskosten vor. Ein spezielles
Werbungskosten-Abzugsverbot betrifft die Einkünfte aus

Kapitalvermögen, bei denen im Regelfall lediglich ein Sparer-Pauschbetrag geltend gemacht werden kann; der Abzug der tatsächlich angefallenen Werbungskosten ist gemäß § 20 Abs. 9 EStG ausgeschlossen.

BEISPIEL | Der gut verdienende Angestellte A (Verkäufer in einem Autohaus) nutzt ein Zimmer seiner Wohnung als Arbeitszimmer, da er „nebenbei" zwei ihm gehörende Wohnhäuser vermietet und für die damit verbundenen laufenden Tätigkeiten einen Arbeitsraum benötigt. A fragt sich, ob und inwieweit er die anteilig auf das Arbeitszimmer entfallenden Wohnungskosten (etwa Miete, Heizung, Tapete, Bodenbelag) steuerlich geltend machen kann.

Die im wirtschaftlichen Zusammenhang mit der Vermietungstätigkeit des A stehenden Aufwendungen stellen Werbungskosten des A bei den Einkünften aus Vermietung und Verpachtung dar. Hierzu zählen auch die Kosten des für die Vermietungstätigkeit des A genutzten Arbeitszimmers. Allerdings könnten diese Kosten unter das Abzugsverbot gemäß § 4 Abs. 5 Nr. 6b EStG fallen, denn diese Vorschrift gilt über einen entsprechenden Verweis in § 9 Abs. 5 EStG auch für die Überschusseinkunftsarten und nicht nur, wie die Stellung der Vorschrift im Gesetz zunächst vermuten lässt, für die Gewinneinkunftsarten. Das in § 4 Abs. 5 Nr. 6b EStG vorgesehene vollständige Abzugsverbot wird „gelockert" für Fälle, in denen kein anderer Arbeitsplatz für die Tätigkeit zur Verfügung steht (dann ist ein Abzug bis zu 1.250 € möglich) oder sogar aufgehoben, wenn das Arbeitszimmer der Mittelpunkt der gesamten ESt-relevanten Tätigkeiten des Steuerpflichtigen ist. Im Bsp. wird A maximal 1.250 € Aufwendungen für das Arbeitszimmer als Werbungskosten abziehen können, da er einerseits das Arbeitszimmer für seine Vermietungstätigkeit benötigt, es aber andererseits nicht der Mittelpunkt seiner gesamten beruflichen Tätigkeit ist.

Zusätzlich zu den anderen Abzugsverboten enthält § 12 EStG eine Aufzählung von Aufwendungen, welche dem „**Privatbereich**" des Steuerpflichtigen zugerechnet werden und aus diesem Grund bei der Einkommensermittlung nicht abgezogen werden dürfen, sofern das EStG nicht ausnahmsweise doch einen Abzug gestattet. § 12 EStG benennt im Einzelnen folgende nichtabziehbare Ausgaben: EST (20)

- Aufwendungen für die private Lebensführung des Steuerpflichtigen (Nr. 1),

- private Unterhalts- und Versorgungszuwendungen (Nr. 2),

- bestimmte Steuern, insbesondere die ESt und sonstige Personensteuern, zu denen auch der **Solidaritätszu-**   EST (28)
  schlag und die Kirchensteuer zählen (Nr. 3),

- Aufwendungen mit Strafcharakter, z.B. Geldstrafen (Nr. 4).

BEISPIEL | Die geschiedene, angestellte Englisch-Lehrerin L überlegt, ob sie in ihrer ESt-Erklärung folgende, bei ihr angefallene Aufwendungen als Werbungskosten bei den Einkünften aus nichtselbständiger Arbeit ansetzen kann: Die Kosten eines zweiwöchigen England-Urlaubs, die gesetzlichen Unterhaltszahlungen an ihren geschiedenen Ehemann und die vom Arbeitgeber einbehaltene Lohnsteuer (LSt) betreffend ihr Gehalt als Lehrerin.

Urlaubskosten sind nach § 12 Nr. 1 EStG als Kosten der privaten Lebensführung nicht abzugsfähig, auch wenn der Urlaub die beruflich notwendigen Sprachkenntnisse von L vielleicht verbessert. Sofern teils privat und teils beruflich veranlasste Aufwendungen vorliegen (sog. gemischte Aufwendungen), müsste sich

der beruflich veranlasste Teil der Aufwendungen klar vom privaten Teil abgrenzen lassen, ansonsten werden die Aufwendungen
insgesamt als private Lebensführungskosten behandelt. Gesetzliche Unterhaltszahlungen können gemäß § 12 Nr. 2 EStG nicht als
Werbungskosten berücksichtigt werden. Gleiches gilt für die vom
Arbeitslohn einbehaltene LSt nach § 12 Nr. 3 EStG (die LSt ist eine
besondere Erhebungsform der ESt).

**Steuerliche Abzugsverbote, nichtabziehbare Betriebs-
ausgaben, nichtabziehbare Werbungskosten, Aufwendungen
im Privatbereich**

**Übersicht 3: Einkünfteermittlung
Übersicht 4: Steuerliche Abzugsfähigkeit von Ausgaben**

ZEITLICHE ERFASSUNG VON EINNAHMEN UND AUSGABEN

Für die steuerliche Zuordnung von Einnahmen und Ausgaben zu einem bestimmten Veranlagungszeitraum gilt, dem Grundsatz nach für sämtliche Einkunftsarten, das sog. **Zuflussprinzip** bzw. **Abflussprinzip**, zusammengefasst und etwas vereinfacht gelegentlich auch als **Zahlungsprinzip** bezeichnet. Für Zwecke der Einkommensbesteuerung sind Einnahmen im Kalenderjahr ihres Zuflusses, Ausgaben im Kalenderjahr ihres Abflusses zu erfassen (§ 11 Abs. 1 Satz 1 EStG, § 11 Abs. 2 Satz 1 EStG).

Bei Einnahmen in Geldeswert (Sachbezüge) wird hinsichtlich des relevanten Besteuerungsjahres abgestellt auf den Zeitpunkt bzw. den Zeitraum, zu dem bzw. in dem der Empfänger des Sachbezugs darüber verfügen kann.

Das Zufluss- bzw. Abflussprinzip als Grundprinzip für die zeitliche Zuordnung von steuerlich zu erfassenden Einnahmen und Ausgaben wird allerdings in bestimmten Fällen durch andere zeitliche Zuordnungsregeln verdrängt, welche zum Teil in § 11 EStG selbst „verankert" sind. Auf einige der Sonderregelungen, die zu einer **Durchbrechung des Zufluss- und Abflussprinzips** führen, wird nachfolgend eingegangen.

Regelmäßig wiederkehrende Einnahmen und Ausgaben, deren Zufluss bzw. Abfluss zwar nicht im Jahr ihrer wirtschaftlichen Zugehörigkeit, aber auch nicht allzu weit davon entfernt erfolgt, werden gemäß § 11 Abs. 1 Satz 2 EStG bzw. § 11 Abs. 2 Satz 2 EStG steuerlich im wirtschaftlich „richtigen" Jahr berücksichtigt. Mangels konkreter gesetzlicher Zeitvorgaben hat die Rechtsprechung einen Zeitraum von 10 Tagen vor bzw. nach dem Jahreswechsel als angemessenen Zeitraum bestimmt; in der Praxis wird vor dem Hintergrund dieser Vorgabe auch von der sog. **„10-Tage-Regel"** gesprochen.

BEISPIEL | Der private Wohnungsvermieter V erhält die Monats-miete für Dezember 2018 vom Mieter erst am 8.1.2019.

Obwohl die Dezember-Miete 2018 dem V erst im Jahr 2019 zufließt, muss V sie im Jahr 2018 steuerlich als Einnahme berücksichtigen, da die Miete wirtschaftlich ins Jahr 2018 gehört, es sich um eine regelmäßig wiederkehrende Einnahme handelt und der Zufluss innerhalb von 10 Tagen nach dem Jahreswechsel erfolgt (§ 11 Abs. 1 Satz 2 EStG). Würde V die Dezember-Miete 2018 erst am 20.1.2019 erhalten, wäre die 10-Tage-Regel nicht anwendbar und die Mieteinnahme würde erst in 2019 berücksichtigt.

EST (11) Das Zufluss- bzw. Abflussprinzip wird bei den Ge-winneinkunftsarten „ausgeschaltet", wenn die betref-fenden Steuerpflichtigen für steuerliche Zwecke gemäß § 4 Abs. 1 EStG bzw. § 5 EStG Bücher führen. In die-sen Fällen sind bei der **Gewinnermittlung** handelsrecht-liche **Bilanzierungsgrundsätze** zu beachten, welche in erster Linie auf eine verursachungsgerechte Zuordnung von Erträgen und Aufwendungen zu einem bestimmten Ge-schäftsjahr abstellen und nicht auf den Zeitpunkt des Zuflusses bzw. Abflusses von Mitteln. Der Vorrang der Bilanzierungsvorschriften ergibt sich aus § 11 Abs. 1 Satz 5 EStG sowie § 11 Abs. 2 Satz 6 EStG.

BEISPIEL | Der gewerbliche Vermieter G lässt im Jahr 2018 an einem seiner vermieteten Gebäude Reparaturen durchführen. G

begleicht die betreffenden Reparaturrechnungen, deren Höhe ins-gesamt 11.000 € beträgt, wie folgt: 5.000 € werden am 15.12.2018, 2.000 € am 9.1.2019 und 4.000 € am 15.2.2019 bezahlt.

Bei einem gewerblichen Vermieter gehören die Erträge und Aufwendungen aus der Vermietungstätigkeit zu den Einkünften aus Gewerbebetrieb. Wenn G für seinen Betrieb Bücher führt (kaufmännische Buchführung, Erstellung von Jahresabschlüssen), sind die Reparaturaufwendungen steuerlich in voller Höhe im Jahr der Verursachung zu berücksichtigen (11.000 €). Führt G keine Bücher, sind die Aufwendungen entsprechend dem Abflussprinzip teilweise dem Jahr 2018 (5.000 €) und teilweise dem Jahr 2019 (6.000 €) zuzuordnen; die 10-Tage-Regel kommt für die am 9.1.2019 geleistete Zahlung nicht in Betracht, da Reparaturen nicht als regelmäßig wiederkehrende Ausgaben im Sinne des § 11 Abs. 2 Satz 2 EStG anzusehen sind.

BEISPIEL | Der gewerblich tätige Einzelhändler E stellt einem Kunden für eine im Jahr 2018 durchgeführte Warenlieferung 5.000 € in Rechnung (Rechnungsdatum 23.12.2018). Der Kunde bezahlt die Rechnung am 20.1.2019.

Führt E als Gewerbetreibender Bücher, ist der Rechnungsbetrag steuerlich als Betriebseinnahme des Jahres 2018 zu erfassen. Führt er keine Bücher, ist steuerlich das Jahr des Zuflusses relevant, also 2019.

Ausgaben für abnutzbare Wirtschaftsgüter, welche länger als ein Jahr genutzt werden können und die nicht als geringwertige Wirtschaftsgüter einzustufen sind, können steuerlich in Höhe der anteiligen **Abschreibungen** als Betriebsausgaben bzw. Werbungskosten berücksichtigt werden. Die Höhe der in einem Jahr zulässigen Abschreibungen richtet sich regelmäßig nicht nach dem Zeitpunkt des Mittelabflusses, sondern nach

der steuerlich vermuteten bzw. tatsächlichen „Abnutzung" des Wirtschaftsgutes. Gradmesser der Abnutzung
können zeitliche oder andere Kriterien sein.

Außer der Abnutzung eines Wirtschaftsgutes können
auch andere Gründe für die Zulässigkeit von Abschreibungen ausschlaggebend sein, z.B. nutzungsunabhängige
dauerhafte Wertverluste (Grund für sog. **Teilwertabschreibungen**) oder wirtschaftspolitische Motive des
Gesetzgebers (Grund für diverse **Sonderabschreibungen**
bzw. **erhöhte Abschreibungen**). Teilwertabschreibungen
sind ausschließlich bei buchführenden Betrieben möglich (§ 6 Abs. 1 Nr. 1 Satz 2 und Nr. 2 Satz 2 EStG).
Sonderabschreibungen (z.B. § 7g Abs. 5 EStG) können zusätzlich zu den „normalen" Abschreibungen, erhöhte Abschreibungen (z.B. § 7h EStG) anstelle der „normalen"
Abschreibungen geltend gemacht werden.

Eine zentrale steuerliche Abschreibungsvorschrift,
welche sich insbesondere an der Abnutzung von Wirtschaftsgütern orientiert, ist § 7 EStG. Diese Vorschrift enthält für abnutzbare Wirtschaftsgüter unter
anderem Details zur **linearen Abschreibung** (dies ist
die Standardmethode der steuerlichen Abschreibung,
vgl. § 7 Abs. 1 EStG) und zur **degressiven Abschreibung**
(für Neuanschaffungen derzeit nicht zulässig; vgl.
§ 7 Abs. 2 EStG). Gebäudeabschreibungen sind in § 7
Abs. 4 und 5 EStG gesondert geregelt. Die Abschreibung von sog. **geringwertigen Wirtschaftsgütern (GWG)**
erfolgt gemäß § 6 Abs. 2 und 2a EStG, unter anderem
durch die Möglichkeit einer **Sofortabschreibung** dieser
Wirtschaftsgüter im Jahr der Anschaffung bzw. Her-
stellung (bei Netto-Anschaffungskosten bzw. Netto-
Herstellungskosten von maximal 800 €).

Die Abschreibungsvorschriften befinden sich systematisch innerhalb des Bereiches der Vorschriften zur Gewinnermittlung (vgl. § 2 Abs. 2 Nr. 1 EStG) und betreffen somit zunächst nur die Gewinneinkunftsarten. Über entsprechende Verweisungen in § 9 Abs. 1 Satz 3 Nr. 7 EStG sind aber insbesondere § 7 Abs. 1 und 4 EStG sowie § 6 Abs. 2 EStG auch für die Überschusseinkunftsarten anzuwenden.

 nicht relevant

BEISPIEL | Der freiberuflich tätige Arzt H erwirbt (und bezahlt) für seine Praxis am 1.4.2018 drei medizinische Messgeräte, welche eine (von der Finanzverwaltung festgelegte) betriebsgewöhnliche Nutzungsdauer von jeweils 5 Jahren haben. Messgerät M1 kostet 300 €, Messgerät M2 kostet 900 € und Messgerät M3 kostet 3.000 €.

H erzielt mit seiner freiberuflichen Tätigkeit Einkünfte aus selbständiger Arbeit. Er kann die Ausgaben für die Messgeräte in Form von Abschreibungen als Betriebsausgaben geltend machen. Er könnte sämtliche Messgeräte gemäß § 7 Abs. 1 EStG linear abschreiben (Abschreibungsbeträge 2018, zeitanteilig für 9 Monate: M1 45 €, M2 135 €, M3 450 €). Da es sich beim Messgerät M1 um ein sog. geringwertiges Wirtschaftsgut im Sinne von § 6 Abs. 2 EStG handelt, könnte H in 2018 statt der linearen Abschreibung für dieses Messgerät auch die „Sofortabschreibung" wählen (Abschreibungsbetrag 2018 für M1 300 €). Alternativ zur linearen Abschreibung könnte H die Messgeräte M1 und M2 auch gemäß § 6 Abs. 2a EStG in einen Sammelposten einstellen und innerhalb eines 5-Jahreszeitraums abschreiben (Abschreibungsbetrag 2018 für M1 und M2 insgesamt 240 €). In letzterem Fall allerdings dürfte die GWG-Regelung des § 6 Abs. 2 EStG in 2018 nicht angewendet werden (§ 6 Abs. 2a Satz 5 EStG). Somit kann H jedes Jahr nur eine der beiden Regelungen nutzen. Die vorstehend erläuterten Abschreibungs-Alternativen des H sind im Übrigen unabhängig davon, ob H Bücher führt oder nicht.

BEISPIEL | Würde es sich im Bsp. 4 beim Erwerber der Messgeräte nicht um einen Arzt mit eigener Praxis, sondern z.B. um einen angestellten Arzt handeln, der diese Geräte für seine Angestelltentätigkeit benötigt, würde dieser Arzt als Arbeitnehmer Einkünfte aus nichtselbständiger Arbeit erzielen. Der angestellte Arzt könnte sämtliche Messgeräte gemäß § 7 Abs. 1 EStG linear abschreiben oder aber für das Messgerät M1 alternativ die GWG-Abschreibung des § 6 Abs. 2 EStG nutzen (vgl. § 9 Abs. 1 Satz 3 Nr. 7 EStG). Die Sammelposten-Methode des § 6 Abs. 2a EStG ist nur im Rahmen der Gewinneinkünfte anwendbar und kann somit bei den Überschusseinkunftsarten nicht eingesetzt werden.

Zuflussprinzip, Abflussprinzip, Zahlungsprinzip, Durchbrechung des Zufluss- bzw. Abflussprinzips, 10-Tage-Regel, Bilanzierungsgrundsätze, Abschreibungen, Teilwertabschreibung, Sonderabschreibung, erhöhte Abschreibung, lineare Abschreibung, degressive Abschreibung, GWG-Abschreibung

GEWINNERMITTLUNG

Bei den Gewinneinkunftsarten (Einkünfte aus Land- und Forstwirtschaft, Einkünfte aus Gewerbebetrieb und Einkünfte aus selbständiger Arbeit) wird der steuerliche Gewinn von zwangsweise bzw. freiwillig buchführenden Steuerpflichtigen durch einen **Betriebsvermögensvergleich** ermittelt (§ 4 Abs. 1 EStG). Steuerpflichtige, die keine Bücher führen und keine Abschlüsse aufstellen, können ihren Gewinn in vereinfachter Weise als **Überschuss der Betriebseinnahmen über die Betriebsausgaben** ermitteln (§ 4 Abs. 3 EStG). Auf zusätzliche, sehr spezielle Gewinnermittlungsmethoden (§ 5a EStG, § 13a EStG) wird nachfolgend nicht weiter eingegangen.

Welche Steuerpflichtigen für steuerliche Zwecke buchführungspflichtig sind und auf Grund dieser **Buchführungspflicht** den steuerlichen Gewinn durch Betriebsvermögensvergleich ermitteln müssen, ergibt sich aus den §§ 140, 141 AO. Vereinfacht ausgedrückt sind das einerseits diejenigen, die bereits nach außersteuerlichen Gesetzen Bücher führen müssen (z.B. Kaufleute), andererseits bestimmte Steuerpflichtige, die ohne eine solche außersteuerliche Verpflichtung bestimmte jährliche Umsatzgrenzen (600.000 €) oder Gewinngrenzen (60.000 €) überschreiten.

BEISPIEL | Der Händler H betreibt ein kaufmännisches Gewerbe. Entsprechend den HGB-Vorschriften führt er Bücher und stellt Jahresabschlüsse für sein Unternehmen auf. H ist nach § 140 AO auch für steuerliche Zwecke buchführungspflichtig. Er muss seinen Gewinn durch Betriebsvermögensvergleich ermitteln. Wenn H als Kleingewerbetreibender von der handelsrechtlichen Verpflichtung zur Buchführung und Abschlusserstellung befreit wäre, er auch nicht freiwillig Bücher führen und Abschlüsse aufstellen würde und zudem die in § 141 AO für Gewerbetreibende genannten Grenzen nicht überschritten würden, könnte er seinen steuerlichen Gewinn vereinfacht durch Saldierung von Betriebseinnahmen und Betriebsausgaben berechnen (§ 4 Abs. 3 EStG).

Beim Betriebsvermögensvergleich wird das in einer Bilanz ausgewiesene Netto-Vermögen eines Betriebes (Eigenkapital) zu zwei verschiedenen Zeitpunkten ermittelt, in der Regel im zeitlichen Abstand von jeweils einem Jahr (sog. **Wirtschaftsjahr**).

Eine Vermögenserhöhung wird als Gewinn und eine Vermögensminderung als Verlust interpretiert. Gewinnunabhängige Vermögensveränderungen (Privatentnahmen aus dem Betrieb bzw. Privateinlagen in den Betrieb) müssen dabei herausgerechnet werden (§ 4 Abs. 1 EStG). Welche Wirtschaftsgüter zum steuerlichen „Betriebsvermögen" gehören, wird in R 4.2 EStR zum Teil sehr ausführlich erörtert.

BEISPIEL | Das bilanzielle Eigenkapital des Unternehmens von U beträgt zum 31.12.2017 150.000 € und zum 31.12.2018 250.000 €. Während des Jahres 2018 entnimmt U für private Zwecke 30.000 €. U fragt sich, wie hoch sein steuerlicher Gewinn 2018 gemäß § 4 Abs. 1 EStG ist.

Bei der Gewinnermittlung durch Betriebsvermögensvergleich ergibt sich für 2018 ein Gewinn in Höhe der Eigenkapital-Mehrung von 100.000 € zuzüglich der Entnahmen von 30.000 €, insgesamt somit 130.000 €. Die Hinzurechnung der Entnahmen ist plausibel, denn hätte U nichts aus dem Unternehmensvermögen entnommen, läge das Eigenkapital des Unternehmens zum 31.12.2018 bei 280.000 €, also um 130.000 € über dem Eigenkapital zum Vorjahresende.

Bei näherer Betrachtung entspricht der gemäß § 4 Abs. 1 EStG durch Betriebsvermögensvergleich ermittelte steuerliche Gewinn dem Jahresergebnis, welches als Teil des Jahresabschlusses in der Gewinn- und Verlustrechnung sowie im Eigenkapital ausgewiesen wird.

 BEISPIEL | Das bilanzielle Eigenkapital des Unternehmens von U beträgt zum 31.12.2017 150.000 € und zum 31.12.2018 250.000 €. Während des Jahres 2018 entnimmt U für private Zwecke 30.000 €. U fragt sich, wie hoch sein steuerlicher Gewinn 2018 gemäß § 4 Abs. 1 EStG ist und ob er den Gewinn nicht auch bereits ohne die in § 4 Abs. 1 Satz 1 EStG vorgesehene Berechnung erkennen kann.

Wenn U einen Blick in den Jahresabschluss 2018 seines Unternehmens wirft, wird er feststellen, dass der in der Gewinn- und Verlustrechnung 2018 bzw. der als Bestandteil des Eigenkapitals zum 31.12 2018 ausgewiesene Gewinn 130.000 € beträgt und somit dem durch Betriebsvermögensvergleich ermittelten steuerlichen Gewinn entspricht.

Für buchführende Gewerbetreibende ist bei der Gewinnermittlung neben § 4 EStG zusätzlich § 5 EStG relevant. Nach dieser Vorschrift sind beim Ansatz des Betriebsvermögens die handelsrechtlichen Grundsätze

KST (4) ordnungsmäßiger Buchführung zu beachten (sog. **Maß-geblichkeit der Handelsbilanz für die Steuerbilanz**), soweit nicht steuerliche Wahlrechte einen vom Handelsrecht abweichenden Ansatz erlauben (§ 5 Abs. 1 Satz 1 EStG) oder vorrangige steuerliche Vorschriften dem handelsrechtlichen Ansatz entgegenstehen. Die Abweichungen zwischen Handels- und Steuerbilanz infolge von steuerlichen Wahlrechten bzw. steuerlichen Bilanzierungs- bzw. Bewertungsvorbehalten werden an dieser Stelle noch nicht weiter thematisiert.

Der aus einem ordnungsgemäßen Jahresabschluss ablesbare Gewinn weicht vom „richtigen" steuerlichen Gewinn aber unter Umständen noch ab. Dies resultiert daraus, dass die buchhalterisch berücksichtigten Erträge bzw. Aufwendungen von den für die Einkommensbesteuerung relevanten Betriebseinnahmen bzw. Betriebsausgaben in bestimmten Fällen abweichen. Derartige Abweichungen kommen vor, wenn buchhalterisch korrekt erfasste Erträge für Zwecke der ESt steuerfrei bleiben oder wenn buchhalterisch korrekt erfasste Aufwendungen für Zwecke der ESt als nichtabziehbar behandelt werden. Dann sind sog. **außerbilanzielle Korrekturen** notwendig, um (ausgehend vom Ergebnis gemäß Jahresabschluss) den korrekten steuerlichen Gewinn zu ermit-

EST (7) teln. **Steuerfreie Erträge** und **nichtabziehbare Betriebs-**
EST (9) **ausgaben** werden nicht innerhalb der Buchführung, sondern durch Abrechnungen bzw. Zurechnungen außerhalb der Buchführung berücksichtigt.

BEISPIEL | Der im ordnungsgemäß aufgestellten Jahresabschluss 2018 ausgewiesene Gewinn des U beträgt 130.000 € (vgl. Bsp. 3). Es sei angenommen, dass die Aufwendungen 10.000 € nichtabziehbare Betriebsausgaben nach § 4 Abs. 5 EStG (z.B. Aufwendungen für „zu teure" Kundengeschenke), die Erträge 3.000 € steuerfreie Betriebseinnahmen beinhalten. U möchte wissen, wie hoch der steuerlich korrekte Gewinn 2018 seines Unternehmens ist.

Der ausgewiesene Gewinn gemäß Jahresabschluss 2018 (130.000 €) muss außerbilanziell noch erhöht werden um den Betrag der nichtabziehbaren Betriebsausgaben (10.000 €) und vermindert werden um den Betrag der steuerfreien Erträge (3.000 €). Für 2018 ergibt sich somit ein steuerlicher Gewinn von insgesamt 137.000 €.

Nicht buchführende Steuerpflichtige mit Einkünften aus einer der drei Gewinneinkunftsarten dürfen ihren steuerlichen Gewinn nach § 4 Abs. 3 EStG in Form einer Überschussrechnung (Überschuss der Betriebseinnahmen über die Betriebsausgaben) berechnen. Die Zuordnung von Betriebseinnahmen bzw. Betriebsausgaben zu einem bestimmten Veranlagungszeitraum richtet sich, anders als bei bilanzierenden Steuerpflichtigen, grundsätzlich nach dem in § 11 EStG verankerten **Zufluss- bzw. Abflussprinzip**. EST (10)

BEISPIEL | Der Unternehmer U ermittelt seinen steuerlichen Gewinn für 2018 zulässigerweise durch eine Überschussrechnung gemäß § 4 Abs. 3 EStG. Bei der Zusammenstellung der Rechnungsbelege 2018 zu den Betriebseinnahmen (insgesamt

200.000 €) und zu den Betriebsausgaben (insgesamt 100.000 €) stellt U im Februar 2019 fest, dass eine Ausgangsrechnung des Jahres 2018 an den Kunden X von diesem noch nicht bezahlt ist (4.000 €) und dass U seinerseits eine Eingangsrechnung des Lieferanten Y aus dem Jahr 2018 noch nicht bezahlt hat (1.000 €). Zu den Betriebsausgaben-Rechnungsbelegen gehört auch ein Bewirtungsbeleg mit einem Rechnungsbetrag von 500 €.

Im Rahmen der Gewinnermittlung nach § 4 Abs. 3 EStG ist das Zufluss- bzw. Abflussprinzip des § 11 EStG (nebst Ausnahmen) zu beachten. Die noch nicht bezahlten Rechnungen werden demnach erst im Jahr des Mittelzuflusses bzw. Mittelabflusses berücksichtigt. Zudem sind die Vorschriften des EStG zu den nichtabziehbaren Betriebsausgaben zu berücksichtigen. Gemäß § 4 Abs. 5 Nr. 2 EStG sind Bewirtungskosten nur zu 70% abziehbar. U hat die in 2018 „zugeflossenen" Betriebseinnahmen in Höhe von 196.000 € (200.000 € - 4.000 €) mit Betriebsausgaben in Höhe von 98.850 € (100.000 € - 1.000 € - 150 €) zu saldieren. Der steuerliche Gewinn 2018 des U beträgt somit 97.150 €.

Gewinnermittlungszeitraum ist nach § 4a Abs. 1 EStG bei Land- und Forstwirten sowie bei Gewerbetreibenden das **Wirtschaftsjahr**. Bei im Handelsregister eingetragenen Gewerbetreibenden entspricht das Wirtschaftsjahr dem regelmäßigen Abschlusszeitraum des gewerblichen Betriebs. Stimmt der Abschlusszeitraum mit dem Kalenderjahr überein, wird der Gewinn für das betreffende Kalenderjahr ermittelt. Im Fall eines vom Kalenderjahr abweichenden Geschäftsjahres gilt der steuerliche Gewinn als in dem Jahr bezogen, in dem das Wirtschaftsjahr endet (§ 4a Abs. 2 Nr. 2 EStG). Bei nicht im Handelsregister eingetragenen Gewerbetreibenden entspricht das Wirtschaftsjahr stets dem Kalenderjahr.

BEISPIEL | Die XY OHG ist ein im Handelsregister eingetragenes gewerbliches Unternehmen. Das vom Kalenderjahr abweichende Geschäftsjahr der OHG (= regelmäßiger Abschlusszeitraum) umfasst den Zeitraum vom 1.10. bis zum 30.9. Im Geschäftsjahr vom 1.10.2017 bis zum 30.9.2018 erzielt die XY OHG einen steuerlichen Gewinn in Höhe von 200.000 €. Welchem Besteuerungsjahr wird der Gewinn 2017/2018 der XY OHG einkommensteuerlich zugeordnet?

Obwohl der von der OHG erzielte Gewinn letztlich zwei verschiedene Kalenderjahre betrifft, erfolgt die Versteuerung gemäß § 4a Abs. 2 Nr. 2 EStG insgesamt in dem Kalenderjahr, in dem das Wirtschaftsjahr endet, somit in 2018.

Land- und Forstwirte haben hinsichtlich des Gewinnermittlungszeitraums Besonderheiten zu beachten, auf die an dieser Stelle nicht weiter eingegangen wird. Der Gewinnermittlungszeitraum von Steuerpflichtigen mit Einkünften aus selbständiger Arbeit ist in § 4a EStG nicht gesondert geregelt; diese Steuerpflichtigen ermitteln ihren Gewinn somit stets für ein Kalenderjahr.

Betriebsvermögensvergleich, Überschussrechnung, Buchführungspflicht, Maßgeblichkeit der Handelsbilanz für die Steuerbilanz, außerbilanzielle Korrekturen, Gewinnermittlungszeitraum, Wirtschaftsjahr

Übersicht 3: Einkünfteermittlung
Übersicht 4: Steuerliche Abzugsfähigkeit von Ausgaben

EINKÜNFTE AUS LAND- UND FORSTWIRTSCHAFT

Die Einkünfte aus Land- und Forstwirtschaft sind in § 13 Abs. 1 und 2 EStG aufgezählt. Zu dieser Einkunftsart gehören unter anderem Einkünfte aus landwirtschaftlichen bzw. forstwirtschaftlichen Betrieben, aus Weinbaubetrieben und Gartenbaubetrieben. Auch Einkünfte aus der Tierzucht bzw. aus der Tierhaltung werden den Einkünften aus Land- und Forstwirtschaft zugerechnet, wenn die „Tier-Dichte" nicht zu hoch ist, ansonsten liegt eine gewerbliche Tätigkeit vor. Nach R 15.5 Abs. 1 EStR ist unter Land- und Forstwirtschaft „die planmäßige Nutzung der natürlichen Kräfte des Bodens zur Erzeugung von Pflanzen und Tieren sowie die Verwertung der dadurch selbst gewonnenen Erzeugnisse" zu verstehen. Erfolgt eine Weiterverarbeitung und Veräußerung von eigenen Erzeugnissen eines land- bzw. forstwirtschaftlichen Betriebes in einem sog. Nebenbetrieb, zählen die daraus resultierenden Einkünfte ebenfalls zu den Einkünften aus Land- und Forstwirtschaft.

BEISPIEL | Der Landwirt L hält auf seinem Hof 400 Milchkühe. Die in § 13 Abs. 1 EStG genannten Höchstwerte der Tierhaltung sind nicht überschritten. Die Milch wird, teilweise nach Weiterverarbeitung in der eigenen Molkerei, von L verkauft.

Die Einkünfte des L aus dem Verkauf von Milchprodukten gehören zu den Einkünften aus Land- und Forstwirtschaft. Dies gilt sowohl für die unverarbeitet verkaufte Milch als auch für die nach Verarbeitung in der Molkerei veräußerten Milchprodukte. Die Milchvieh-Haltung stellt den Hauptbetrieb, die Molkerei einen Nebenbetrieb des L dar.

Weist der Betrieb aber z.B. Merkmale eines Handels-
betriebs auf (etwa durch den Verkauf von zugekauften
Produkten) oder werden zusätzliche Dienstleistungen
mit oder ohne Verwendung von Erzeugnissen des Betriebs
erbracht, ist der Betrieb unter Umständen als gewerbliches Unternehmen einzustufen. Die Abgrenzung zwischen
den Einkünften aus Land- und Forstwirtschaft und den
Einkünften aus Gewerbebetrieb ist teilweise schwierig   ESt (13)
und in den EStR / EStH zu § 15 EStG umfangreich erörtert.

BEISPIEL | Der Gartenbauer G hat einen umfangreichen Bestand
an verschiedenen Bäumen, Sträuchern und anderen Pflanzen auf-
gezogen. Die Pflanzen werden an Gartenbesitzer verkauft. Den
größten Teil seines Umsatzes erwirtschaftet G aber nicht durch den
eigentlichen Verkauf der Pflanzen, sondern durch damit einherge-
hende Dienstleistungsaufträge (Gartengestaltung).
Gemäß R 15.5 Abs. 7 EStR liegt bei G insgesamt ein gewerblicher Betrieb vor, da mehr als 50% des Umsatzes auf die
Dienstleistung „Gartengestaltung" entfallen. G erzielt somit keine
Einkünfte aus Land- und Forstwirtschaft, sondern Einkünfte aus
Gewerbebetrieb.

Neben den in § 13 Abs. 1 und 2 EStG aufgelisteten
Einkünften aus dem laufenden Betrieb (**„laufende Einkünfte"**) gehören auch Einkünfte aus der Veräußerung
von Betrieben oder Teilbetrieben der Land- und Forstwirtschaft oder von Beteiligungen an derartigen Betrieben zu den Einkünften aus Land- und Forstwirtschaft
(zur **„Betriebsveräußerung"** vgl. § 14 EStG).

BEISPIEL | Der Bauer B veräußert seinen landwirtschaftlichen Betrieb an einen seiner Söhne. Die daraus resultierenden Einkünfte werden gemäß § 14 EStG ermittelt und als Einkünfte aus Land- und Forstwirtschaft erfasst.

EST (11)

Die **Gewinnermittlung** bei den Einkünften aus Land- und Forstwirtschaft erfolgt, abhängig von den konkreten Gegebenheiten des Betriebs, durch einen **Betriebsvermögensvergleich** (§ 4 Abs. 1 EStG), eine **Überschussrechnung** (§ 4 Abs. 3 EStG) oder mittels einer speziellen Methode, die nur für diese Einkunftsart anwendbar ist (**Gewinnermittlung nach Durchschnittssätzen**, vgl. § 13a EStG).

Eine zusätzliche Besonderheit bei den Einkünften aus Land- und Forstwirtschaft ist der Freibetrag nach § 13 Abs. 3 EStG, welcher im Falle seiner Anwendung nicht im Rahmen der Ermittlung der Einkünfte aus Land- und Forstwirtschaft, sondern erst von der Summe der Einkünfte abzuziehen ist.

Laufende Einkünfte, Betriebsveräußerung, Betriebsvermögensvergleich, Überschussrechnung, Gewinnermittlung nach Durchschnittssätzen

Übersicht 2: Systematik der ESt-Ermittlung
Übersicht 3: Einkünfteermittlung

EINKÜNFTE AUS GEWERBEBETRIEB

Voraussetzung für die Einordnung von Einkünften als „Einkünfte aus Gewerbebetrieb" im Sinne des § 15 EStG ist ein **Gewerbebetrieb**. Dieser resultiert regelmäßig aus einer gewerblichen Tätigkeit des Steuerpflichtigen, kann aber in den Fällen des § 15 Abs. 3 EStG auch durch eine gesetzliche Fiktion entstehen („Als Gewerbebetrieb gilt…").

In § 15 Abs. 2 EStG wird definiert, welche Tätigkeiten zur Annahme eines Gewerbebetriebs führen. Zunächst muss die Tätigkeit folgende allgemeine (d.h. für alle Gewinneinkunftsarten geltende) Merkmale erfüllen:

1. Selbstständigkeit (die Tätigkeit muss auf eigene Rechnung / Verantwortung erfolgen; es darf keine Weisungsgebundenheit vorliegen),

2. Nachhaltigkeit (die Tätigkeit muss wiederholt bzw. zumindest in Wiederholungsabsicht ausgeübt werden),

3. Gewinnerzielungsabsicht (der Steuerpflichtige muss nach einem Totalgewinn aus der Tätigkeit streben; für die Beurteilung der Gewinnerzielungsabsicht ist unter Umständen eine langfristige Betrachtungsweise notwendig),

4. Teilnahme am allgemeinen wirtschaftlichen Verkehr (die Tätigkeit erfolgt im Rahmen eines Leistungsaustausches).

Falls die zu beurteilende Tätigkeit als Ausübung von Land- und Forstwirtschaft bzw. als selbständige Arbeit anzusehen ist, stellt sie keinen Gewerbebetrieb dar;

die Einkünfte gehören in diesen Fällen zu den Einkünften aus Land- und Forstwirtschaft bzw. zu den Einkünften aus selbständiger Arbeit. Die Abgrenzung eines Gewerbebetriebs von einem land- und forstwirtschaftlichen Betrieb bzw. einem Betrieb mit Einkünften aus selbständiger Arbeit ist teilweise schwierig. Dies zeigen auch die umfangreichen, teilweise einzelfallbezogenen Ausführungen zu dieser Thematik in R 15.5 EStR sowie in H 15.5 und 15.6 EStH.

Erfüllt eine Tätigkeit die vier allgemeinen Merkmale (**Positivmerkmale**) und „passt" sie auch nicht in eine der anderen beiden Gewinneinkunftsarten (**Negativmerkmale**), liegt nach dem Wortlaut des § 15 Abs. 2 EStG ein Gewerbebetrieb vor.

BEISPIEL | Dachdeckermeister D ist der Inhaber eines erfolgreichen Dachdecker-Unternehmens. Er fragt sich, ob in seinem Fall ein Gewerbebetrieb vorliegt.

§ 15 Abs. 2 EStG verlangt die Erfüllung von vier Tätigkeits-Grundmerkmalen, die bei Handwerksbetrieben regelmäßig gegeben sind: D ist selbstständig, nachhaltig sowie mit Gewinnerzielungsabsicht tätig und seine Tätigkeit erfolgt auch im Rahmen eines Leistungsaustausches. Zudem lässt sich die Tätigkeit des D nicht den Einkünften aus Land- und Forstwirtschaft und auch nicht den Einkünften aus selbständiger Arbeit zuordnen. D hat somit einen Gewerbebetrieb (und in der Folge auch Einkünfte aus Gewerbebetrieb). Um die anderen beiden Gewinneinkunftsarten im Einzelfall ausschließen zu können, werden allerdings Grundkenntnisse der betreffenden Einkunftsarten benötigt (insbesondere § 13 EStG und § 18 EStG).

Die Rechtsprechung hat als ergänzendes Negativmerkmal festgelegt, dass keine gewerbliche Tätigkeit vorliegt, wenn sich die Tätigkeit in der bloßen Nutzung des eigenen Vermögens durch Privatpersonen erschöpft (sog. **private Vermögensverwaltung**), selbst wenn das Vermögen einen beträchtlichen Umfang hat. Nur wenn nach dem Gesamtbild der Umstände die Grenzen einer privaten Vermögensverwaltung überschritten werden, ist ein Gewerbebetrieb gegeben. Die Beurteilung der „Grenzüberschreitung" ist allerdings mangels konkreter Grenzziehung schwierig. Einzelheiten zur Abgrenzung eines Gewerbebetriebs von der privaten Vermögensverwaltung sind in den EStR aufgeführt (R 15.7 EStR).

BEISPIEL | S hat von seinen Eltern mehrere gut vermietete Mehrfamilienhäuser sowie umfangreiches Geld- und Wertpapiervermögen geerbt. Aus diesen Einkunftsquellen erzielt S hohe laufende Einkünfte (Miete, Kapitalerträge).

Obwohl die Tätigkeit des S die in § 15 Abs. 2 EStG geforderten Positivmerkmale (Selbstständigkeit, Nachhaltigkeit, Gewinnerzielungsabsicht, Leistungsaustausch) und Negativmerkmale (keine Einkünfte aus Land- und Forstwirtschaft und keine Einkünfte aus selbständiger Arbeit) erfüllt, liegt kein Gewerbebetrieb vor, da die Vermietung bzw. Kapitalanlage lediglich als Nutzung des vorhandenen Vermögens zu beurteilen ist (private Vermögensverwaltung). Die von S erzielten Einkünfte gehören nicht zu den Einkünften aus Gewerbebetrieb, sondern zu anderen Einkunftsarten (Einkünfte aus Vermietung und Verpachtung, Einkünfte aus Kapitalvermögen).

Zu den Einkünften aus Gewerbebetrieb im Sinne des § 15 EStG gehören unter anderem die Einkünfte aus **gewerblichen Einzelunternehmen** (§ 15 Abs. 1 Nr. 1 EStG) und die Gewinnanteile der Gesellschafter gewerblich tätiger Personengesellschaften, etwa in der Rechtsform der OHG oder KG (§ 15 Abs. 1 Nr. 2 EStG). Gewerbliche Personengesellschaften werden steuerlich auch als **gewerbliche Mitunternehmerschaften** bezeichnet. Diese sind selbst nicht ESt-pflichtig, da es sich bei ihnen nicht um natürliche Personen handelt. Der steuerliche Gewinn bzw. Verlust einer Mitunternehmerschaft wird zwar insgesamt ermittelt, anschließend aber anteilig unmittelbar den Gesellschaftern zugerechnet und bei diesen als Einkünfte nach § 15 Abs. 1 Nr. 2 EStG erfasst. Im Zusammenhang damit wird häufig der Begriff „**Transparenzprinzip**" verwendet, da Mitunternehmerschaften auf Grund des unmittelbaren Durchgriffs auf die Gesellschafter bildlich gesehen „transparent" sind. Auf Einzelheiten zur Besteuerung von **Mitunternehmerschaften** wird noch an anderer Stelle eingegangen.

EST (29)

BEISPIEL | Malermeister M hat einen eigenen Malerbetrieb. Der in 2018 erzielte steuerliche Gewinn seines Betriebs beträgt 100.000 €. M hat überdies vor einigen Jahren zusammen mit seinem Bekannten B eine OHG gegründet, welche mit Farben handelt. An dieser OHG sind M und B jeweils zur Hälfte als Gesellschafter beteiligt. Der OHG-Gesellschaftsvertrag sieht eine der Beteiligung entsprechende Gewinnverteilung auf die Gesellschafter vor. Der steuerliche Gewinn 2018 der OHG beträgt insgesamt 180.000 €.

Bei dem Einzelunternehmen des M und bei der gemeinsam mit B betriebenen OHG handelt es sich jeweils um einen Gewerbebetrieb im Sinne des § 15 Abs. 2 EStG. Der Gewinn des M aus dem Einzelunternehmen (100.000 €) gehört gemäß § 15 Abs. 1 Nr. 1 EStG, der Gewinnanteil des M aus der OHG (90.000 €) gemäß § 15 Abs. 1 Nr. 2 EStG zu den Einkünften aus Gewerbebetrieb. M hat in 2018 insgesamt Einkünfte aus Gewerbebetrieb in Höhe von 190.000 € zu versteuern.

Die Einkünfte aus Gewerbebetrieb werden bei buchführenden gewerblichen Betrieben mittels **Betriebsvermögensvergleich** (§ 4 Abs. 1 EStG, § 5 EStG), bei nicht buchführenden gewerblichen Betrieben wahlweise auch durch **Überschussrechnung** (§ 4 Abs. 3 EStG) ermittelt. EST (11)
Da Gewerbebetriebe, sofern es sich nicht um Kleinbetriebe handelt, nach den Vorschriften des HGB bzw. den ergänzenden Vorschriften der AO meist buchführungspflichtig sind, kann die Gewinnermittlung durch Betriebsvermögensvergleich bei Gewerbetreibenden als Hauptmethode der Gewinnermittlung angesehen werden.

Die in § 16 EStG und § 17 EStG aufgeführten Vorgänge führen ebenfalls zu Einkünften aus Gewerbebetrieb. Während § 15 EStG die **laufenden Einkünfte** aus Gewerbebetrieb umfasst, regeln die §§ 16 und 17 EStG die steuerliche Behandlung bestimmter Fälle der **Veräußerung von Betriebsvermögen** bzw. der **Veräußerung von Privatvermögen**. EST (31) EST (32)

Gewerbliche Einkünfte unterliegen der Einkommensbesteuerung. Soweit diese Einkünfte im Rahmen eines Gewerbebetriebs erzielt werden, wird unter Umständen beim Unternehmer zusätzlich noch Gewerbesteuer erhoben. Die dadurch verursachte Doppelbelastung gewerblicher Tätigkeit kann bei den betroffenen Steuerpflichtigen gegebenenfalls durch einen „Steuernachlass" bei der ESt abgemildert werden, welcher in Form einer sog.

ESt (33)   Steuerermäßigung (**Steuerermäßigung bei Einkünften aus
Gewerbebetrieb**) gewährt wird.

Gewerbebetrieb, Positivmerkmale, Negativmerkmale, private Vermögensverwaltung, Einzelunternehmen, Mitunternehmerschaft, Transparenzprinzip, laufende Einkünfte, Veräußerung von Vermögen, Betriebsvermögensvergleich (Hauptmethode), Überschussrechnung, Steuerermäßigung bei Einkünften aus Gewerbebetrieb

**Übersicht 2: Systematik der ESt-Ermittlung
Übersicht 3: Einkünfteermittlung**

EINKÜNFTE AUS SELBSTÄNDIGER ARBEIT

In § 18 Abs. 1 EStG sind vier Fallgruppen aufgeführt, die zu Einkünften aus selbständiger Arbeit führen. Ein Zusammenhang zwischen den einzelnen Fallgruppen besteht insoweit, als die Tätigkeiten selbstständig ausgeübt werden müssen und der Steuerpflichtige zur Ausübung der jeweiligen Tätigkeit in der Regel besondere Fachkenntnisse benötigt, wodurch vor allem sein persönlicher Arbeitseinsatz und weniger der Einsatz von Kapital gefordert ist. Bei gewerblicher Tätigkeit stehen die persönlichen Fachkenntnisse des Steuerpflichtigen nicht so sehr im Vordergrund.

Zu den Einkünften aus selbständiger Arbeit zählen unter anderem die Einkünfte aus selbstständig ausgeübter **freiberuflicher Tätigkeit**. Was unter freiberuflicher Tätigkeit zu verstehen ist, wird in § 18 Abs. 1 Nr. 1 EStG aufgelistet (sog. **Katalogberufe**). Hierzu gehört die Tätigkeit der Künstler, Ärzte, Steuerberater, Rechtsanwälte, Architekten, beratenden Betriebswirte, Dolmetscher und vieler anderer Berufsgruppen. § 18 Abs. 1 Nr. 1 EStG enthält trotz seines Umfangs keine abschließende Aufzählung freiberuflicher Tätigkeit („...und ähnlicher Berufe"). Der Einsatz von Fachmitarbeitern durch den Steuerpflichtigen ist für die Einstufung seiner Tätigkeit als freiberufliche Tätigkeit nicht schädlich, sofern er in seinem Betrieb auf Grund eigener Fachkenntnisse leitend und eigenverantwortlich tätig ist.

BEISPIEL | Steuerberater S beschäftigt in seiner Steuerberatungskanzlei drei angestellte Steuerberater sowie sieben ausgebildete Steuerfachgehilfen. S kümmert sich um die Mandantenpflege, die Auftragsbeschaffung, die Rechnungsschreibung und um komplexe steuerliche Einzelfälle (Gutachten, Unternehmensumwandlungen, Unternehmensnachfolge). Die normale tägliche Arbeit wird von den Mitarbeitern erledigt. Die Mitarbeiter-Einsatzplanung, die fachliche Begleitung und die Überwachung der Arbeitsergebnisse gehören ebenfalls zum Arbeitsbereich des S.

S übt selbstständig eine freiberufliche Tätigkeit im Sinne des § 18 Abs. 1 Nr. 1 EStG aus. Dass er dabei fachlich vorgebildete Mitarbeiter einsetzt, ist unschädlich, da S seine Kanzlei unter Einsatz eigener Fachkenntnisse verantwortlich leitet. Würde sich S ausschließlich auf die „Mandantenpflege" und die Beschaffung von Beratungsaufträgen konzentrieren, läge keine freiberufliche Tätigkeit im Sinne von § 18 Abs. 1 Nr. 1 EStG mehr vor, sondern eine gewerbliche Betätigung.

§ 18 Abs. 1 Nr. 3 EStG führt beispielhaft Tätigkeiten auf, die in Abgrenzung zur freiberuflichen Tätigkeit keine speziellen beruflichen Fachkenntnisse verlangen. Zu diesen Tätigkeiten (im Gesetz als sonstige selbständige Arbeit bezeichnet) gehören unter anderem selbstständig ausgeübte Verwaltungs- und Kontrolltätigkeiten (Testamentsvollstreckung, Vermögensverwaltung, Tätigkeit als Aufsichtsrat).

EST (13)   Die Abgrenzung zwischen den Einkünften aus selbständiger Arbeit und den **Einkünften aus Gewerbebetrieb** ist teilweise schwierig und in den EStR / EStH zu § 15 EStG umfangreich erörtert.

BEISPIEL | Ein Bodybuilding-Studio bietet Kurse an, in denen die Kunden nach einer Unterrichtsphase zu Beginn der Kurse frei an den Geräten trainieren können. Der Inhaber des Studios war der Meinung, der Gewinn aus seinem Betrieb gehöre zu den Einkünften aus selbständiger Arbeit, da es sich bei den Kursen um eine freiberufliche (unterrichtende) Tätigkeit im Sinne des § 18 Abs. 1 EStG handele. Der Bundesfinanzhof hat in diesem konkreten Einzelfall entschieden, dass eine gewerbliche Tätigkeit vorliegt, da die Kurse im Wesentlichen nicht durch den anfänglichen Unterricht, sondern durch die Möglichkeit des freien Trainings geprägt waren (vgl. H 15.6 EStH, Beispiele für Gewerbebetrieb). Die Entscheidung war für den Studio-Inhaber negativ, denn Gewerbebetriebe unterliegen nicht nur der Einkommensbesteuerung, sondern zusätzlich auch noch der Gewerbesteuer.

Neben den in § 18 Abs. 1 EStG aufgeführten **laufenden Einkünften** gehören auch Einkünfte aus der **Veräußerung von Vermögen**, welches der selbständigen Arbeit dient, zu den Einkünften aus selbständiger Arbeit (§ 18 Abs. 3 EStG).

BEISPIEL | Der Rechtsanwalt R veräußert seine Kanzlei an einen Nachfolger. Die Einkünfte aus der freiberuflichen Tätigkeit des R gehören zu den Einkünften aus selbständiger Arbeit. Dies gilt gemäß § 18 Abs. 3 EStG auch für einen bei der Betriebsveräußerung erzielten Veräußerungsgewinn bzw. Veräußerungsverlust des R.

EST (11)

EST (11)

Die Einkünfte aus selbständiger Arbeit können bei Betrieben im Sinne des § 18 EStG mittels **Betriebsvermö-gensvergleich** (§ 4 Abs. 1 EStG) oder durch **Überschuss-rechnung** (§ 4 Abs. 3 EStG) ermittelt werden. Steuerpflichtige mit Einkünften aus selbständiger Arbeit wählen häufig die Überschussrechnung als Gewinnermittlungsmethode, da bei dieser Einkunftsart weder durch außersteuerliche Vorschriften noch durch § 141 AO eine Buchführungspflicht begründet wird und meist auch nicht freiwillig Bücher geführt und Abschlüsse aufgestellt werden.

Freiberufliche Tätigkeit, Katalogberufe, laufende Einkünfte, Veräußerung von Vermögen, Betriebsvermögensvergleich, Überschussrechnung (Hauptmethode)

Übersicht 2: Systematik der ESt-Ermittlung
Übersicht 3: Einkünfteermittlung

EINKÜNFTE AUS NICHTSELBSTÄNDIGER ARBEIT

Bei den Überschusseinkunftsarten wird die Einkünfteermittlung grundsätzlich durch § 2 Abs. 2 Nr. 2 EStG vorgeschrieben (**Überschuss der Einnahmen über die Werbungskosten**). Hinsichtlich der zeitlichen Zuordnung der in einem Kalenderjahr zu berücksichtigenden Einnahmen und Werbungskosten gilt § 11 EStG (**Zufluss- und Abflussprinzip**). Bezogen auf die Einkünfte aus nichtselbständiger Arbeit ist somit der Überschuss der zugeflossenen Einnahmen aus nichtselbständiger Arbeit über die damit zusammenhängenden Werbungskosten zu ermitteln. Steuerlich relevant sind in diesem Zusammenhang nur die steuerpflichtigen Einnahmen und die abziehbaren Werbungskosten; steuerfreie Einnahmen und nichtabziehbare Werbungskosten sind bei der Einkünfteermittlung nicht zu berücksichtigen.

EST (6)

EST (10)

Zu den Einkünften aus nichtselbständiger Arbeit gehören der **laufende Arbeitslohn** sowie nicht laufender Arbeitslohn (sog. **sonstige Bezüge**) eines Arbeitnehmers aus einem aktuell bestehenden oder ehemaligen Dienstverhältnis (§ 19 Abs. 1 EStG). Ein Dienstverhältnis ist gemäß § 1 Abs. 2 LStDV regelmäßig dadurch gekennzeichnet, dass ein weisungsgebundener Beschäftigter dem Arbeitgeber seine Arbeitskraft schuldet. Auch Vorstände bzw. Geschäftsführer von Kapitalgesellschaften sind in diesem Sinne als Arbeitnehmer anzusehen. Keine Arbeitnehmer sind aber z.B. die Gesellschafter einer Personengesellschaft, sofern sie bestimmte „Unternehmer-Merkmale" aufweisen, da sie in diesen Fällen auf Grund ihrer Eigenschaft als sog. **Mitunternehmer** nicht weisungsgebunden sind und insoweit kein Dienstverhältnis vorliegt.

EST (29)

BEISPIEL | Z ist geschäftsführender Gesellschafter einer gewerblich tätigen OHG. Für seine Tätigkeit erhält er von der OHG eine monatliche Vergütung von 5.000 €. Auf Grund seiner Gesellschafterstellung kann er unternehmerische Initiative entfalten und trägt persönlich unternehmerische Risiken. Z ist deshalb nicht als Arbeitnehmer der OHG anzusehen. Seine Vergütung gehört nicht zu den Einkünften aus nichtselbständiger Arbeit, sondern zu den Einkünften aus Gewerbebetrieb.

Arbeitslohn ist alles, was ein Arbeitnehmer als Gegenleistung für seine dienstliche Tätigkeit erhält. Zum Arbeitslohn zählen beispielsweise die laufend gezahlten Vergütungen von Angestellten bzw. Arbeitern im privaten oder öffentlichen Dienst, Beamtenbezüge, Sachbezüge, erfolgsabhängig gezahlte Vergütungen, Weihnachtsgeld, Urlaubsgeld, Abfindungen, Betriebsrenten und Beamtenpensionen.

Soweit Bezüge aus einem ehemaligen Arbeitsverhältnis als **Versorgungsbezüge** anzusehen sind (etwa bestimmte Rentenbezüge), kommt eine teilweise Steuerbefreiung dieser Bezüge in Betracht. Zur Thematik der Versorgungsbezüge sei hier lediglich auf die komplexe und im Jahr 2040 auslaufende Regelung des § 19 Abs. 2 EStG verwiesen.

BEISPIEL | V ist Mitglied des Vorstands einer Aktiengesellschaft. In 2018 erhält er vertragsgemäß die folgenden (angemessenen) Bezüge: Sein Bruttogehalt für die Monate Januar bis Mai beträgt 7.000 € pro Monat. V geht Ende Mai 2018 in den wohlverdienten Ruhestand und erhält ab dem Monat Juni von der AG eine

Betriebsrente von 4.900 € pro Monat (Annahme: Volle Steuerpflicht der Betriebsrente). Für das abgelaufene Geschäftsjahr 2017 erhält V im April 2018 eine vom Jahresergebnis 2017 abhängige Vergütung (Tantieme) von 14.000 €.

Zu den im Jahr 2018 steuerrelevanten Einkünften aus nichtselbständiger Arbeit des V gehören das Bruttogehalt (35.000 €), die annahmegemäß voll steuerpflichtige Betriebsrente (34.300 €) sowie die im Jahr 2018 zugeflossene Tantieme (14.000 €). Insgesamt hat V in 2018 Einnahmen aus nichtselbständiger Arbeit in Höhe von 83.300 €.

Arbeitnehmer erhalten von ihrem Arbeitgeber als Gegenleistung für ihre Arbeitsleistung neben einem „Barlohn" häufig auch andere Vorteile, die nicht in Geld bestehen (sog. **Sachbezüge**). Auch Sachbezüge zählen zum Arbeitslohn. Sie werden für Zwecke der ESt grundsätzlich nach § 8 Abs. 2 EStG bewertet, in einem Sonderfall (Abgabe von Unternehmensleistungen bzw. -produkten an Mitarbeiter) nach § 8 Abs. 3 EStG.

BEISPIEL | M ist Angestellter eines Möbelhauses. Er erhält in 2018 ein monatliches Gehalt von 3.000 €, 2.000 € Weihnachtsgeld sowie eine Einbauküche aus dem Sortiment seines Arbeitgebers. Für die Einbauküche muss er als Mitarbeiter des Unternehmens nur 4.000 € bezahlen, während „normale Kunden" für eine entsprechende Küche 7.000 € aufwenden müssten. M fragt sich, wie hoch seine in 2018 steuerlich relevanten Einnahmen sind.

Zu den Einnahmen aus nichtselbständiger Arbeit gehört der in 2018 zugeflossene „Barlohn" in Höhe von 38.000 € (36.000 €

Gehalt, 2.000 € Weihnachtsgeld) sowie der Vorteil aus dem günstigen Erwerb der Küche. Für die Bewertung des Sachbezugs ist nicht die „Standard-Bewertungsvorschrift" des § 8 Abs. 2 EStG relevant, sondern die Sonderregelung des § 8 Abs. 3 EStG. Zur Vorteils-Ermittlung werden vom üblichen Endpreis der Küche (7.000 €) zunächst 4% „Rabatt" (280 €) und anschließend das von M gezahlte Entgelt (4.000 €) abgezogen. Der sich daraus ergebende Vorteil des M (2.720 €) ist insoweit steuerfrei, als er einen jährlichen Freibetrag von 1.080 € nicht übersteigt. Soweit der Vorteil den Freibetrag aber übersteigt, ist er als steuerpflichtiger Arbeitslohn zu behandeln (1.640 €). Somit hat M in 2018 steuerpflichtige Einnahmen aus nichtselbständiger Arbeit in Höhe von insgesamt 39.640 € erzielt (38.000 € Barlohn + 1.640 € Sachbezug).

Die „normale" Bewertung von Sachbezügen erfolgt nach § 8 Abs. 2 Satz 1 EStG durch den Ansatz ortsüblicher Vergleichswerte. In einigen Fällen ist die Bestimmung von üblichen Werten aber nur schwer möglich, z.B. bei der Bewertung des Vorteils aus der privaten Nutzungsmöglichkeit eines betrieblichen Kraftfahrzeugs (Kfz). § 8 Abs. 2 EStG enthält insbesondere für die private Kfz-Nutzung umfangreiche Bewertungsanweisungen.

BEISPIEL | Der bei einer GmbH angestellte Geschäftsführer G darf ein Firmenfahrzeug auch privat nutzen (z.B. für Urlaubsfahrten oder für die täglichen Fahrten von der Wohnung zum Büro). Sämtliche Fahrzeug-Aufwendungen werden von der Firma getragen.

Die Möglichkeit zur privaten Nutzung eines Firmenwagens ist ein Sachbezug, welcher von G als Arbeitslohn zu versteuern ist.

Die Bewertung des Sachbezugs erfolgt nach § 8 Abs. 2 EStG. Folgt man den detaillierten Ausführungen und Verweisungen des § 8 Abs. 2 EStG, lässt sich der Nutzungswert wahlweise entweder durch eine pauschale Berechnung („1%-Regelung") oder durch eine genaue Berechnung der auf die private Nutzung entfallenden Kfz-Aufwendungen ermitteln. Bedingung für die zweite Bewertungsmöglichkeit ist allerdings die Führung eines ordnungsgemäßen Fahrtenbuchs („Fahrtenbuch-Regelung"). Zur konkreten Berechnung des Nutzungswertes müssen die Kfz-bezogenen Aufwendungen sowie der individuelle Umfang der Kfz-Nutzung berücksichtigt werden.

Zu den von den Einnahmen aus nichtselbständiger Arbeit abzuziehenden Werbungskosten gehören nach § 9 EStG z.B. Aufwendungen von Arbeitnehmern für die Wege zwischen Wohnung und erster Tätigkeitsstätte, Bewerbungskosten, Fortbildungskosten und Arbeitsmittel. Über eine in § 9 Abs. 5 EStG enthaltene Verweisung auf § 4 Abs. 5 EStG sind bestimmte Werbungskosten steuerlich unter Umständen nicht oder nur eingeschränkt abziehbar, z.B. die Aufwendungen von Arbeitnehmern im Zusammenhang mit einem häuslichen Arbeitszimmer (§ 4 Abs. 5 Nr. 6b EStG).

Für Werbungskosten wird ein **Pauschbetrag** von 1.000 € angesetzt, bei Versorgungsbezügen abweichend davon nur ein Betrag von 102 € (§ 9a Nr. 1 a bzw. b EStG), wenn der Steuerpflichtige keine höheren tatsächlichen Werbungskosten nachweist.

BEISPIEL | Der bei einer Steuerberatungsgesellschaft in Düsseldorf angestellte Steuerberater S erzielt in 2018 einen Brutto-Arbeitslohn von 60.000 €. Er hat eine beruflich notwendige Fachzeitschrift abonniert. Die halbjährlich gestellte Rechnung für das erste Halbjahr 2018 (200 €) bezahlte er bereits nach Rechnungserhalt am 29.12.2017. Für das zweite Halbjahr 2018 zahlt S im Juli 2018 nochmals 200 €. S fährt in 2018 an 220 Tagen mit dem eigenen Kraftfahrzeug zu seinem Arbeitsplatz (40 km von seiner Eigentumswohnung entfernt). Einen Raum seiner Wohnung nutzt S ausschließlich als Arbeitszimmer. Dort erledigt er sämtliche berufsbezogenen Tätigkeiten, die er innerhalb der Woche an seinem Arbeitsplatz nicht geschafft hat. Die auf das Arbeitszimmer entfallenden anteiligen Wohnungskosten (z.B. Wohnungsabschreibung, Finanzierungskosten der Wohnung, Heizungskosten) betragen in 2018 1.600 €. S möchte für 2018 seine beruflichen Einkünfte ermitteln.

Obwohl S als Steuerberater eine freiberufliche Tätigkeit im Sinne des § 18 Abs. 1 Nr. 1 EStG ausübt, hat er keine Einkünfte aus selbständiger Arbeit, da er die Tätigkeit nicht selbstständig im Sinne von § 18 EStG, sondern im Rahmen eines Dienstverhältnisses ausübt. S erzielt als Arbeitnehmer Einkünfte aus nichtselbständiger Arbeit. Von seinen Einnahmen 2018 (60.000 €) sind die Werbungskosten 2018 abzuziehen. Im Einzelnen sind dies 400 € für die Fachzeitschrift (§ 11 Abs. 2 Satz 1 und 2 EStG) und 2.640 € Fahrtkosten (§ 9 Abs. 1 Satz 3 Nr. 4 EStG). Die Kosten für das Arbeitszimmer können nicht, auch nicht teilweise, berücksichtigt werden, da S einen anderweitigen Arbeitsplatz für seine Tätigkeit hat (§ 4 Abs. 5 Nr. 6b EStG, § 9 Abs. 5 EStG). Der Werbungskostenpauschbetrag gemäß § 9a Nr. 1 a EStG in Höhe von 1.000 € ist nicht relevant, da die tatsächlichen Werbungskosten (insgesamt 3.040 €) den Pauschbetrag übersteigen. Die Einkünfte aus nichtselbständiger Arbeit des S betragen in 2018 56.960 €.

Bei den Einkünften aus nichtselbständiger Arbeit erfolgt die **Steuererhebung** im Wege des **Lohnsteuerab-** EST (26) **zugs** (§ 38 Abs. 1 EStG). Der Arbeitnehmer ist gemäß § 38 Abs. 2 EStG Schuldner der Lohnsteuer (LSt). Der Arbeitgeber muss die LSt für Rechnung des Arbeitnehmers vom Lohn einbehalten und an das Finanzamt abführen (§ 38 Abs. 3 EStG). Die einbehaltene LSt mindert die Höhe der steuerpflichtigen Einkünfte nicht, da es sich bei der LSt um eine besondere Erhebungsform der ESt und damit um eine gemäß § 12 Nr. 3 EStG nichtabziehbare Ausgabe handelt.

Laufender Arbeitslohn, sonstige Bezüge, Versorgungsbezüge, Sachbezüge, Werbungskosten-Pauschbetrag, Lohnsteuerabzug

Übersicht 2: Systematik der ESt-Ermittlung
Übersicht 3: Einkünfteermittlung
Übersicht 7: Erhebungsformen der ESt

EINKÜNFTE AUS KAPITALVERMÖGEN

§ 20 EStG begründet eine umfassende Besteuerungs-
pflicht für Erträge, welche im Zusammenhang mit Kapitalvermögen anfallen (**laufende Kapitalerträge**, Erträge aus
der **Veräußerung von Kapitalvermögen**). Die hierfür vorgesehene Einkunftsart „Einkünfte aus Kapitalvermögen"
gehört zu den Überschusseinkunftsarten, bei denen die
Einkünfte gemäß § 2 Abs. 2 Satz 1 Nr. 2 EStG grund-

EST (6)   sätzlich als **Überschuss der Einnahmen über die Werbungskosten** ermittelt werden. Allerdings ist ein Abzug
von Werbungskosten bei den Einkünften aus Kapitalvermögen nur sehr eingeschränkt möglich (§ 2 Abs. 2 Satz
2 EStG).

Als zeitliche Zuordnungsvorschrift gilt § 11 EStG
EST (10)   (**Zufluss- und Abflussprinzip**), soweit in einem Jahr
steuerpflichtige Einnahmen bzw. abzugsfähige Werbungskosten angefallen sind. Bei der Veräußerung von Kapitalvermögen ist für die Ermittlung des steuerpflichtigen
Veräußerungsgewinns nicht nur § 11 EStG, sondern zusätzlich § 20 Abs. 4 EStG zu beachten. Zu den Einkünften
aus Kapitalvermögen gehören unter anderem folgende Kapitalerträge:

- Gewinnanteile (sog. Dividenden) aus Aktien oder
  GmbH-Beteiligungen (§ 20 Abs. 1 Nr. 1 EStG),

- Erträge aus sonstigen Kapitalforderungen jeder
  Art, etwa Zinsen aus Bankguthaben oder aus gewährten Darlehen (§ 20 Abs. 1 Nr. 7 EStG),

- Gewinne aus der Veräußerung von Kapitalvermögen,
  insbesondere aus der Veräußerung von Anteilen an
  Kapitalgesellschaften (§ 20 Abs. 2 Nr. 1 EStG).

Kapitalerträge werden den Einkünften aus Kapitalvermögen allerdings nur dann zugeordnet, wenn das im
Zusammenhang mit den Erträgen eingesetzte Kapitalvermögen zum Privatvermögen des Steuerpflichtigen gehört
und keine zusätzlichen, vorrangigen Zuordnungsvor-
schriften zu beachten sind. Fallen Kapitalerträge z.B.
im Betrieb eines Land- oder Forstwirts, eines Gewerbetreibenden, eines Selbstständigen oder im Zusammenhang mit Vermietungseinkünften an, zählen sie zu der
betreffenden Gewinneinkunftsart bzw. zu den Einkünften
aus Vermietung und Verpachtung (§ 20 Abs. 8 EStG). Die
Einkünfte aus Kapitalvermögen sind insoweit **nachrangig**
gegenüber den in § 20 Abs. 8 EStG genannten anderen
Einkunftsarten.

BEISPIEL | E betreibt ein erfolgreiches gewerbliches Einzelunter-
nehmen. Da er so erfolgreich ist, verfügt er nicht nur über ein hohes
Unternehmensvermögen (steuerlicher Begriff: Betriebsvermögen),
sondern auch über ein beträchtliches Privatvermögen, welches er
zum Teil in festverzinslichen Wertpapieren, zum Teil aber auch in
Immobilien (Wohnhäuser und Geschäftshäuser) angelegt hat. Die
Immobilien werden von E vermietet. E achtet stets auf eine kla-
re Trennung von Betriebs- und Privatvermögen. In 2018 erzielt E
Zinserträge aus verschiedenen Quellen. 10.000 € Zinsen resultieren aus einer betrieblichen Festgeldanlage; das Festgeldkonto und
die Zinserträge sind in der Buchhaltung des Einzelunternehmens
ausgewiesen. 5.000 € Zinsen stammen aus der privaten Anlage
von Geldvermögen. 500 € Zinsertrag betreffen ein speziell für die
Vermietungstätigkeit eingerichtetes, verzinsliches Mieteinnahmen-
Konto des E. Bei den Zinserträgen ist sich E nicht sicher, welche
Einkunftsart für ihn relevant ist.

Bei sämtlichen Zinsen handelt es sich um Kapitalerträge im Sinne von § 20 Abs. 1 Nr. 7 EStG (Erträge aus sonstigen Kapitalforderungen). Gemäß § 20 Abs. 8 EStG gehören die betrieblichen Zinsen (10.000 €) zu den Einkünften aus Gewerbebetrieb und die im Zusammenhang mit der Vermietungstätigkeit stehenden Zinsen (500 €) zu den Einkünften aus Vermietung und Verpachtung. Bei den Einkünften aus Kapitalvermögen sind lediglich die Zinsen aus der privaten Geldanlage (5.000 €) zu erfassen.

BEISPIEL | K besitzt seit 2015 0,5% des Stammkapitals einer GmbH. Die Beteiligung gehört zum Privatvermögen des K. Im Mai 2018 beschließen die Gesellschafter der GmbH eine Gewinnausschüttung (Dividende), von der K ein Teilbetrag zusteht. Die Dividende wird im Juni 2018 ausgezahlt. Im Dezember 2018 verkauft K seine GmbH-Beteiligung mit Gewinn.

Die auf K entfallende Dividende gehört zu den Einkünften aus Kapitalvermögen (§ 20 Abs. 1 Nr. 1 EStG); gleiches gilt für den Gewinn aus der Veräußerung der Beteiligung (§ 20 Abs. 2 Nr. 1 EStG). Vorrangige andere Einkunftsarten gibt es in diesem Fall nicht. Bei der Ermittlung des Beteiligungs-Veräußerungsgewinns ist § 20 Abs. 4 EStG zu beachten (Gewinn ist der Veräußerungspreis abzüglich direkter Veräußerungskosten abzüglich der Anschaffungskosten der Beteiligung).

BEISPIEL | K besitzt seit 2015 20% des Stammkapitals einer GmbH. Die Beteiligung gehört zum Privatvermögen des K. Im Mai 2018 beschließen die Gesellschafter der GmbH eine Gewinnausschüttung (Dividende), von der K ein Teilbetrag zusteht. Die Divi-

dende wird im Juni 2018 ausgezahlt. Im Dezember 2018 verkauft
K seine GmbH-Beteiligung mit Gewinn.

Die auf K entfallende Dividende gehört zu den Einkünften aus
Kapitalvermögen (§ 20 Abs. 1 Nr. 1 EStG). Bei dem Gewinn aus
der Veräußerung der Beteiligung handelt es sich zwar um einen
Kapitalertrag im Sinne von § 20 Abs. 2 Nr. 1 EStG; Einkünfte aus
Kapitalvermögen liegen aber nicht vor, da über die „Tür" des § 20
Abs. 8 EStG eine „stärkere" Einkunftsart zur Anwendung kommt
(Einkünfte aus Gewerbebetrieb gemäß § 17 EStG, relevant für min-
destens 1%-ige, private Beteiligungen an Kapitalgesellschaften).

**Bei der Ermittlung der Einkünfte aus Kapitalver-
mögen wird als Ersatz für die tatsächlichen Werbungskosten („als Werbungskosten") gemäß § 20 Abs. 9 EStG ein
Sparer-Pauschbetrag in Höhe von maximal 801 € (bei
zusammenveranlagten Ehegatten/Lebenspartnern 1.602 €)
abgezogen; die Berücksichtigung tatsächlich angefallener Werbungskosten (z.B. Schuldzinsen, Depot-, Konto-
führungs- und Verwaltungsgebühren) ist im Regelfall
ausgeschlossen.**

BEISPIEL | Der ledige Kapitalanleger K hat seine Hausbank mit
der Verwaltung seines privaten Wertpapierbesitzes beauftragt. In
diesem Zusammenhang fallen in 2018 Kapitalerträge (Zinsen) von
10.000 € und Bankkosten von 4.000 € an.

K darf als Werbungskosten gemäß § 20 Abs. 9 EStG lediglich den Sparer-Pauschbetrag von 801 € abziehen, nicht aber die
tatsächlich angefallenen Werbungskosten. Die steuerpflichtigen
Einkünfte aus Kapitalvermögen betragen 9.199 €.

BEISPIEL | Der gewerbliche Unternehmer U hat seine Hausbank mit der Verwaltung seines betrieblichen Wertpapierbesitzes beauftragt. In diesem Zusammenhang fallen in 2018 betriebliche Kapitalerträge (Zinsen) von 10.000 € und Bankkosten von 4.000 € an.

Die Kapitalerträge des U sind gemäß § 20 Abs. 8 EStG den Einkünften aus Gewerbebetrieb zuzuordnen. Das in § 20 Abs. 9 EStG enthaltene Verbot der tatsächlich angefallenen Ausgaben betrifft nur die Einkünfte aus Kapitalvermögen; gleiches gilt für den Ansatz des Sparer-Pauschbetrags. U muss somit nur den tatsächlichen „Gewinn" von 6.000 € bei den Einkünften aus Gewerbebetrieb ansetzen.

EST (25)

Einkünfte aus Kapitalvermögen werden regelmäßig mit einem gesonderten, 25%-igen Steuersatz versteuert (**Sondertarif** gemäß § 32d EStG). Soweit der Sondertarif anzuwenden ist, werden die Einkünfte getrennt von den anderen, normal zu versteuernden Einkünften berechnet; sie sind in das nach § 2 EStG ermittelte zu versteu-ernde Einkommen nicht einzubeziehen (vgl. § 2 Abs. 5b EStG).

BEISPIEL | Z hat in 2018 Einkünfte aus selbständiger Arbeit in Höhe von 70.000 € und Einkünfte aus Kapitalvermögen in Höhe von 3.000 € (Bankzinsen abzüglich Sparer-Pauschbetrag). Vom Gesamtbetrag der Einkünfte des Z dürfen in 2018 noch 4.000 € private Ausgaben (z.B. Sonderausgaben) abgezogen werden.

Das zu versteuernde Einkommen 2018 des Z beträgt 66.000 €. Es wird mittels der normalen tariflichen Vorschriften besteuert (z.B. nach § 32a EStG). Die Einkünfte aus Kapitalvermögen unterliegen dem ESt-Sondertarif von 25% gemäß § 32d EStG.

Auf bestimmte, private Kapitalerträge findet der Sondertarif keine Anwendung (§ 32d Abs. 2 und 6 EStG). In diesen Fällen sind die Einkünfte aus Kapitalvermögen in das zu versteuernde Einkommen einzubeziehen und unterliegen dem „normalen" ESt-Tarif; zudem wird das Werbungskosten-Abzugsverbot des § 20 Abs. 9 EStG teilweise aufgehoben. Auf die vorgenannten Ausnahmefälle des § 32d EStG wird bei der Erörterung des Sondertarifs noch genauer eingegangen.

Die Einkünfte aus Kapitalvermögen werden häufig bereits bei der Auszahlung mit einer 25%-igen Abzugsteuer, der sog. Kapitalertragsteuer (KapESt), belastet (§§ 43 ff. EStG). Die die Kapitalerträge auszahlende Stelle (z.B. eine Bank) muss die KapESt für Rechnung des Empfängers der Kapitalerträge einbehalten und an das Finanzamt abführen. Bei der KapESt handelt es sich, wie bei der LSt, um eine besondere Form der **Steuererhebung**.

EST (26)

Sofern bei den Einkünften aus Kapitalvermögen Verluste entstehen, was insbesondere bei einer Veräußerung von Kapitalanlagen der Fall sein kann, sind verlustbedingte Besonderheiten zu beachten (§ 20 Abs. 6 EStG). Die Thematik steuerlicher Verluste aus Kapitalvermögen wird nicht weiter vertieft.

Laufende Kapitalerträge, Veräußerung von Kapitalvermögen, nachrangige Einkunftsart, Sparer-Pauschbetrag, Werbungskosten-Abzugsverbot, Sondertarif, Kapitalertragsteuer

Übersicht 2: Systematik der ESt-Ermittlung
Übersicht 3: Einkünfteermittlung
Übersicht 7: Erhebungsformen der ESt
Übersicht 10: Veräußerung von Privatvermögen

EINKÜNFTE AUS VERMIETUNG UND VERPACHTUNG

Die Einkünfte aus Vermietung und Verpachtung gehören zu den Überschusseinkunftsarten, bei denen die Art der Einkünfteermittlung grundsätzlich durch § 2 Abs. 2 Nr. 2 EStG vorgegeben ist (**Überschuss der Einnahmen über die Werbungskosten**). Die Zuordnung von Einnahmen bzw. Werbungskosten zu einem bestimmten Kalenderjahr richtet sich nach § 11 EStG (**Zufluss- und Abflussprinzip**). Die Einkünfte aus Vermietung und Verpachtung eines bestimmten Kalenderjahres entsprechen dem Überschuss der zeitlich zutreffend erfassten, steuerpflichtigen Einnahmen aus Vermietung und Verpachtung über die damit zusammenhängenden, dem gleichen Jahr zuzuordnenden, abziehbaren Werbungskosten.

EST (6)

EST (10)

§ 21 Abs. 1 EStG enthält eine abschließende Aufzählung von Einkünften aus **entgeltlicher Nutzungsüberlassung**, welche als Einkünfte aus Vermietung und Verpachtung anzusehen sind. Dazu gehören unter anderem

- Einkünfte aus der Vermietung und Verpachtung von unbeweglichem Vermögen, insbesondere von Grundstücken, Gebäuden und Gebäudeteilen (§ 21 Abs. 1 Nr. 1 EStG),

- Einkünfte aus der Vermietung und Verpachtung von Sachinbegriffen; darunter versteht man mehrere bewegliche Wirtschaftsgüter, die in ihrer Gesamtheit eine wirtschaftliche Einheit bilden, insbesondere bewegliches Betriebsvermögen (§ 21 Abs. 1 Nr. 2 EStG); nicht hiervon erfasst wird die Vermietung von einzelnen beweglichen Wirtschaftsgütern, z.B. die Vermietung eines Wohnmobils,

- Einkünfte aus der zeitlich begrenzten Überlassung von Rechten, z.B. Lizenzgebühren (§ 21 Abs. 1 Nr. 3 EStG).

BEISPIEL | V hat umfangreichen privaten Immobilienbesitz und lebt ausschließlich von der Vermietung dieses Vermögens. Unter anderem vermietet er unbebaute Grundstücke als Lagergrundstücke an gewerbliche Unternehmen, Einfamilienhäuser, Mehrfamilienhäuser, Eigentumswohnungen, ein Bürogebäude und ein Ärztehaus.

V erzielt aus sämtlichen Objekten Einkünfte aus Vermietung und Verpachtung im Sinne von § 21 Abs. 1 Nr. 1 EStG. Ob die Objekte vom Mieter privat oder betrieblich genutzt werden, spielt für die Art der Einkünfte des V keine Rolle.

BEISPIEL | V hat ein neuartiges Verfahren zur Herstellung besonders reißfester Gewebe entwickelt und genießt in diesem Zusammenhang Patentschutz. V möchte sein Herstellungsverfahren kommerziell nutzen und erwirbt zur Umsetzung dieser Idee das Betriebsgrundstück sowie das gesamte bewegliche Betriebsvermögen eines insolventen Weberei-Unternehmens. Auf Grund einer kurzfristigen Änderung seiner persönlichen Lebensplanung beschließt V, zumindest in den nächsten Jahren lieber doch nicht selbst unternehmerisch tätig zu werden. Stattdessen schließt er mit dem tatkräftigen Unternehmer U einen Pachtvertrag für das Betriebsgrundstück und das bewegliche Betriebsvermögen sowie einen Lizenzvertrag, nach dem U das Patent des V für 10 Jahre entgeltlich nutzen darf.

V erzielt Einkünfte aus Vermietung und Verpachtung gemäß § 21 Abs. 1 Nr. 1 EStG (Verpachtung des Betriebsgrundstücks), § 21 Abs. 1 Nr. 2 EStG (Verpachtung des beweglichen Betriebsvermögens) und § 21 Abs. 1 Nr. 3 EStG (Patentnutzung).

Zu den Einnahmen eines Vermieters bzw. Verpächters gehören sämtliche Einnahmen, die ihm vom Mieter bzw.

Pächter als Gegenleistung für die Nutzung der betreffenden Wirtschaftsgüter zufließen.

BEISPIEL | V hat eine Eigentumswohnung erworben, welche er
an W vermietet. V vereinbart mit W eine monatliche Kaltmiete von
600 €, monatliche Nebenkosten-Abschläge von 200 € und eine zu
Beginn des Mietverhältnisses zu zahlende Mietkaution in Höhe von
drei Monatsmieten (Kaltmieten).

Als Mieteinnahmen im Sinne des § 21 Abs. 1 Nr. 1 EStG sind
die Kaltmiete und die Nebenkosten (monatlich insgesamt 800 €)
zu erfassen. Die Kaution ist keine Gegenleistung für die Nutzung
der Mietsache, sondern stellt lediglich eine rückzahlbare Sicher-
heitsleistung dar. Dementsprechend hat V die 1.800 € Kaution im
Jahr ihrer Zahlung nicht als Mieteinnahme anzusetzen. Würde die
Kaution allerdings später nicht an den Mieter zurückgezahlt, sondern z.B. im Fall der Nichtzahlung von Miete zwecksentsprechend
„verbraucht", müsste V den entsprechenden Betrag im Jahr des
Verbrauchs als Mieteinnahme berücksichtigen.

Die Werbungskosten gemäß § 9 EStG umfassen die mit
den Mieteinnahmen bzw. Pachteinnahmen im Zusammenhang
stehenden Ausgaben des Vermieters, soweit diese abzugsfähig sind, etwa die in § 7 Abs. 4 und 5 EStG geregelten
Gebäudeabschreibungen, Schuldzinsen, Instandhaltungs-
kosten, Grundbesitzabgaben und Verwaltungskosten.

BEISPIEL | V vermietet ein zu seinem Privatvermögen gehörendes
Mehrfamilienhaus, welches er im April 2018 für 1 Mio. € erworben
hat. Auf das Grundstück entfallen 20% der Anschaffungskosten.
Das Mehrfamilienhaus wurde vom Voreigentümer im Jahr 2012

errichtet. V fragt sich, wie hoch die als Werbungskosten zu berücksichtigenden Abschreibungen im Jahr 2018 sind.

Die Vermietung des Mehrfamilienhauses führt bei V zu Einkünften aus Vermietung und Verpachtung. Zu den Werbungskosten im
Sinne des § 9 EStG gehören auch die Gebäudeabschreibungen,
die gemäß § 7 Abs. 4 EStG zu ermitteln sind. Im vorliegenden Bsp.
richten sich die Abschreibungen auf Grund des Alters und der Nut-
zungsart des Gebäudes nach § 7 Abs. 4 Nr. 2 a EStG. Die Jahres-
abschreibung beträgt 2% der Gebäude-Anschaffungskosten. Dies
entspricht einer angenommenen Gebäude-Nutzungsdauer von 50
Jahren. Da V die Immobilie erst im April 2018 erworben hat, darf er für
2018 nur zeitanteilige Abschreibungen geltend machen (12.000 €).

Steuerlich bedeutsam bei Ausgaben im Zusammenhang
mit vermieteten Gebäuden und Gebäudeteilen ist die Abgrenzung von **Anschaffungs- bzw. Herstellungskosten**
einerseits und **Erhaltungskosten** andererseits. Erstere
können nur in Form von Gebäudeabschreibungen geltend
gemacht werden, letztere stellen sofort abziehbare
Werbungskosten dar. So sind z.B. Instandsetzungs- bzw.
Modernisierungsaufwendungen für ein Gebäude als nachträgliche Herstellungskosten anzusehen, wenn die Aufwendungen innerhalb von 3 Jahren nach der Anschaffung
des Gebäudes erfolgen und insgesamt 15% der Anschaffungskosten übersteigen (sog. anschaffungsnahe Herstellungskosten; § 6 Abs. 1 Nr. 1a EStG i.V.m. § 9 Abs. 5 EStG).
Überdies sind Ausgaben, die zu einer Erweiterung oder
wesentlichen Verbesserung eines bestehenden Gebäudes
führen und einen „Bagatellwert" von 4.000 € für die
einzelne Baumaßnahme überschreiten, als nachträgliche
Herstellungskosten anzusehen (R 21.1 Abs. 2 EStR).

BEISPIEL | V erwirbt ein in schlechtem Zustand befindliches Gebäude für 300.000 € zum Zweck der Sanierung und anschließenden Vermietung. V verausgabt innerhalb von zwei Jahren nach dem Erwerb weitere 200.000 € für die Instandsetzung und zeitgemäße Modernisierung des Gebäudes. Überdies erweitert V das Gebäude für 50.000 € (Einbau von Dachgauben, um die Wohnfläche im Dachgeschoss zu erhöhen).

Die nachträglichen Ausgaben von 200.000 € stellen gemäß § 6 Abs. 1 Nr. 1a EStG nachträgliche Herstellungskosten des Gebäudes dar; sie können nur im Wege der Gebäudeabschreibung geltend gemacht werden. Ein unmittelbarer Abzug der 200.000 € als Werbungskosten in den Jahren der Verausgabung ist nicht möglich. Auch der Ausbau des Dachgeschosses für 50.000 €, bei dem es sich um eine Erweiterung des Gebäudes handelt, führt zu nachträglichen Herstellungskosten, die als Werbungskosten nur in Form von Abschreibungen abgezogen werden können.

Die Einkünfte aus Vermietung und Verpachtung sind **nachrangig** gegenüber den anderen Einkunftsarten (§ 21 Abs. 3 EStG).

BEISPIEL | F betreibt im Allgäu ein kleines Hotel mit 12 Zimmern, welche er an Übernachtungsgäste vermietet. Der Betrieb eines Hotels ist ein Gewerbebetrieb im Sinne des § 15 Abs. 2 EStG. Dementsprechend erzielt F Einkünfte aus Gewerbebetrieb nach § 15 Abs. 1 Nr. 1 EStG, nicht aber Einkünfte aus Vermietung und Verpachtung nach § 21 Abs. 1 Nr. 1 EStG, da diese Einkunftsart gemäß § 21 Abs. 3 EStG nachrangig ist.

Zur Verhinderung unangemessener steuerlicher Gestaltung von Mietverhältnissen bestimmt § 21 Abs. 2 EStG,

dass bei einer Wohnungsmiete, die unterhalb von 66%
der ortsüblichen Marktmiete liegt, die Nutzungsüberlassung in einen unentgeltlichen und einen entgeltlichen
Teil aufgeteilt wird. Als Folge dieser **Aufteilung** sind
Werbungskosten nur insoweit abziehbar, als sie auf den
entgeltlichen Teil der Nutzungsüberlassung entfallen.
Die auf den unentgeltlichen Teil entfallenden Aufwendungen sind nicht berücksichtigungsfähig, da hinsichtlich
dieses Teils keine Einnahmen erzielt werden.

BEISPIEL | Der Sohn S vermietet seiner alten Mutter M seit Jahren
eine der beiden Wohnungen in seinem Zweifamilienhaus. Die andere Wohnung bewohnt er selbst. Die von M zu zahlende Miete liegt
bei 50% der ortsüblichen Miete. Die auf die vermietete Wohnung
entfallenden Aufwendungen des Jahres 2018 betragen 20.000 €.

Die von M gezahlte Miete gehört bei S zu den Einkünften aus
Vermietung und Verpachtung (§ 21 Abs. 1 Nr. 1 EStG). Da die Miete nur 50% der ortsüblichen Miete beträgt, gilt das Mietverhältnis
zu 50% als entgeltlich und zu 50% als unentgeltlich. Nur die auf
den entgeltlichen Teil der vermieteten Wohnung entfallenden Aufwendungen dürfen von S als Werbungskosten bei den Einkünften
aus Vermietung und Verpachtung abgezogen werden (10.000 €).
Die auf den unentgeltlichen Teil der vermieteten Wohnung entfallenden Aufwendungen bleiben mangels Einnahmenerzielung unberücksichtigt. Gleiches gilt auch für die gesamten Aufwendungen im
Zusammenhang mit der von S selbst genutzten Wohnung.

**Entgeltliche Nutzungsüberlassung, Anschaffungs- bzw.
Herstellungskosten, Erhaltungskosten, nachrangige Einkunftsart, Aufteilung der Nutzungsüberlassung**

**Übersicht 2: Systematik der ESt-Ermittlung
Übersicht 3: Einkünfteermittlung**

SONSTIGE EINKÜNFTE

Der in § 2 Abs. 1 Nr. 7 EStG für die siebte Einkunftsart vorgesehene Begriff „sonstige Einkünfte" ist etwas missverständlich. Die Einkunftsart ist kein Sammelposten für alles, was in den ersten sechs Einkunftsarten keinen Platz gefunden hat. § 22 EStG enthält vielmehr eine Auflistung bestimmter Einkünfte, welche als sonstige Einkünfte anzusehen sind.

Die Einkunftsart „sonstige Einkünfte" gehört zur Gruppe der Überschusseinkunftsarten, bei denen die Einkünfteermittlung entsprechend § 2 Abs. 2 Nr. 2 EStG EST (6) durch eine Überschussrechnung erfolgt (**Überschuss der Einnahmen über die Werbungskosten**). Einnahmen sind nur insoweit anzusetzen, als sie steuerpflichtig sind. Im Zusammenhang mit den steuerpflichtigen Einnahmen anfallende Werbungskosten sind, soweit sie berücksichtigt werden dürfen, bei der Ermittlung der sonstigen Einkünfte abzuziehen. Die Zuordnung der Einnahmen und Werbungskosten zu einem bestimmten Kalenderjahr richtet sich grundsätzlich nach § 11 EStG (**Zufluss- und Abflussprinzip**).

Zu den in § 22 EStG aufgezählten Einkünften gehören unter anderem die Einkünfte aus wiederkehrenden Bezügen (§ 22 Nr. 1 EStG) und die Einkünfte aus privaten Veräußerungsgeschäften (§ 22 Nr. 2 EStG). Die anderen, in § 22 Nr. 1a, 1c, 3, 4 und 5 EStG enthaltenen Einkünfte werden an dieser Stelle nicht erörtert.

EST (6)

EST (10)

A) EINKÜNFTE AUS WIEDERKEHRENDEN BEZÜGEN

Einkünfte aus **wiederkehrenden Bezügen** zählen gemäß § 22 Nr. 1 EStG zu den sonstigen Einkünften, soweit sich diese Bezüge nicht einer der anderen sechs Einkunftsarten zurechnen lassen (**Nachrangigkeit der sonstigen Einkünfte**) und es sich auch nicht um Bezüge handelt, welche freiwillig oder zum Zwecke des Unterhalts geleistet werden. Zahlungen, die reine Vermögensumschichtungen darstellen, sind keine wiederkehrenden Bezüge im Sinne des § 22 Nr. 1 EStG.

BEISPIEL | Die teilzeitbeschäftigte Arbeitnehmerin A erhält einen monatlichen Arbeitslohn von 600 €. Der geschiedene Mann von A überweist ihr monatlich Unterhaltszahlungen von 800 €. A hat einer Freundin ein Darlehen von 2.000 € gegeben, welches die Freundin in monatlichen Teilbeträgen von 100 € zurückzahlt.

Bei der Prüfung der Frage, inwieweit bei den (regelmäßig wiederkehrenden) Bezügen von A sonstige Einkünfte im Sinne von § 22 Nr. 1 EStG vorliegen, scheidet der Arbeitslohn nach § 22 Nr. 1 Satz 1 EStG aus, da er zu den (vorrangigen) Einkünften aus nichtselbständiger Arbeit gehört. Die Unterhaltszahlungen sind auf Grund von § 22 Nr. 1 Satz 2 EStG ebenfalls nicht zu berücksichtigen. Die Darlehensrückzahlung stellt eine bloße Vermögensumschichtung bei A dar, welche nicht steuerbar ist.

Hauptanwendungsfall für die Besteuerung von wiederkehrenden Bezügen als sonstige Einkünfte gemäß § 22 Nr. 1 EStG ist die Zahlung von lebenslänglich laufenden Renten (sog. Leibrenten), insbesondere aus den gesetzlichen Rentenversicherungen, berufsständischen Versorgungseinrichtungen und aus vergleichbaren privat abgeschlossenen Rentenverträgen (§ 22 Nr. 1 Satz 3 a, aa EStG) oder aber aus bestimmten anderen privaten Rentenverträgen (§ 22 Nr. 1 Satz 3 a, bb EStG). Die Rentenbezüge sind teilweise steuerfrei; der steuerpflichtige Anteil der jeweiligen Renten (sog. **Besteuerungsanteil von Renten**) kann anhand von entsprechenden, in § 22 Nr. 1 Satz 3 a, aa bzw. bb EStG eingearbeiteten Tabellen ermittelt werden.

BEISPIEL | Der Rentner R erhält seit Mai 2005 eine Altersrente in Höhe von monatlich 2.000 € aus der gesetzlichen Rentenversicherung. R ist der Meinung, dass er seine Rente nicht versteuern muss.

    Die lebenslänglich laufende Rente des R gehört zu den sonstigen Einkünften im Sinne des § 22 Nr. 1 EStG. Aus der in § 22 Nr. 1 Satz 3 a, aa EStG enthaltenen Tabelle sowie den zugehörigen Erläuterungen ergibt sich, dass der Besteuerungsanteil vom Jahr des individuellen Renteneintritts abhängt (Neurentner bis zum Jahr 2005 müssen 50% ihrer Jahresrente versteuern, spätere Rentner-Jahrgänge einen immer höheren Anteil). Der steuerfreie Teil des ersten vollen Rentenjahres wird für den betreffenden Rentenempfänger lebenslänglich festgeschrieben (§ 22 Nr. 1 Satz 3 a, aa Sätze 4 und 5 EStG). Der steuerpflichtige Rentenanteil von R im Jahr 2005 betrug somit 8.000 € (50% von 16.000 € Jahresrente); die restlichen 8.000 € waren steuerfrei. Der lebenslänglich festzuschreibende, steuerfreie Teil der Rente richtet sich nach dem ersten vollen Rentenjahr (2006). Die volle Jahresrente des R in 2006 (24.000 €) war zur Hälfte steuerpflichtig, zur Hälfte steuerfrei. Der steuerfreie Teil der Rente 2006 (12.000 €) bleibt bis zum Lebensende des R unverändert. Das bedeutet aber auch, dass sämtliche späteren Rentenerhöhungen von R in vollem Umfang zu versteuern sind.

BEISPIEL | Der Arbeitnehmer A rechnet sich aus, dass er voraussichtlich Anfang des Jahres 2035 in den Ruhestand gehen wird. Er fragt sich, wie hoch der steuerpflichtige Anteil seiner Rente im Jahr 2035 sein wird.

Gemäß der Tabelle in § 22 Nr. 1 Satz 3 a, aa EStG wird A bei planmäßigem Rentenbeginn und unveränderter Rechtslage 95% seiner Jahresrente steuerlich berücksichtigen müssen (sonstige Einkünfte). Rentner-Jahrgänge ab 2040 müssen ihre gesamten Rentenbezüge versteuern.

Gemäß § 9a Nr. 3 EStG wird, unter anderem für Einkünfte nach § 22 Nr. 1 EStG, ein **Werbungskosten-Pauschbetrag** von maximal 102 € gewährt.

BEISPIEL | Der Rentner R hat in 2018 eine Jahresrente in Höhe von 30.000 € aus der gesetzlichen Rentenversicherung bezogen. R ist im Jahr 2010 in Rente gegangen. Zwischenzeitliche Rentenerhöhungen werden im Bsp. nicht berücksichtigt. Nachgewiesene Werbungskosten hat R nicht. Wie hoch sind die sonstigen Einkünfte des R im Jahr 2018?

Auf Grund des Renteneintrittsjahres ergibt sich ein steuerpflichtiger Rentenanteil von 60% der Jahresrente (18.000 €); 40% der Rentenbezüge sind steuerfrei (12.000 €). Die sonstigen Einkünfte 2018 des R betragen 17.898 € (18.000 € - 102 €).

B) EINKÜNFTE AUS PRIVATEN VERÄUSSERUNGSGESCHÄFTEN

EST (32) Einkünfte aus der **Veräußerung von Privatvermögen** können zu unterschiedlichen Einkunftsarten gehören. Die Veräußerung von Anteilen an Kapitalgesellschaften im Sinne des § 17 EStG führt zu Einkünften aus Gewerbebetrieb, die Veräußerung der in § 20 Abs. 2 EStG aufgeführten Kapitalanlagen zu Einkünften aus Kapitalvermögen und ein Veräußerungsvorgang, der als **privates Veräußerungsgeschäft** im Sinne des § 23 EStG eingestuft wird, zu sonstigen Einkünften. Lässt sich ein Veräußerungsvorgang inhaltlich mehreren Einkunftsarten zuordnen, ist zu beachten, dass es vorrangige und nachrangige Einkunftsarten gibt. An dieser Stelle wird lediglich auf die einkommensteuerliche Behandlung von privaten Veräußerungsgeschäften eingegangen.

Zu den sonstigen Einkünften gehören nach § 22 Nr. 2 EStG Einkünfte aus privaten Veräußerungsgeschäften. Was ein privates Veräußerungsgeschäft ist und wie dieses einkommensteuerlich behandelt wird, ist nicht in § 22 EStG, sondern in § 23 EStG geregelt. Ein privates Veräußerungsgeschäft liegt vor, wenn bestimmte Wirtschaftsgüter des Privatvermögens nach ihrer Anschaffung „zu schnell" wieder veräußert werden, wenn also eine vorgegebene **Mindest-Besitzdauer** nicht eingehalten wird.

Die einzuhaltende Mindest-Besitzdauer beträgt bei den in § 23 Abs. 1 Nr. 1 EStG genannten Wirtschaftsgütern (insbesondere bei **Grundstücken**, darauf errichteten Gebäuden und bei Eigentumswohnungen) zehn Jahre. Davon ausgenommen sind gemäß § 23 Abs. 1 Nr. 1 Satz 3 EStG

Wirtschaftsgüter, welche ausschließlich bzw. zumindest eine bestimmte Zeit lang zu eigenen Wohnzwecken genutzt werden.

BEISPIEL | S erwirbt in 2014 eine Eigentumswohnung, welche er selbst bewohnt. Auf Grund eines beruflich bedingten Ortswechsels veräußert er die Eigentumswohnung in 2018 wieder.

Auf den ersten Blick handelt es sich im Bsp. um ein privates Veräußerungsgeschäft im Sinne von § 23 Abs. 1 Nr. 1 EStG, da S die zu seinem Privatvermögen gehörende Eigentumswohnung innerhalb der gesetzlich vorgegebenen Mindestfrist von 10 Jahren angeschafft und wieder veräußert hat. Bei genauerem Hinsehen liegt aber eine Ausnahme gemäß § 23 Abs. 1 Nr. 1 Satz 3 EStG vor (ausschließliche Eigennutzung der Wohnung).

BEISPIEL | S erwirbt in 2014 eine Eigentumswohnung, welche er bis zur Veräußerung in 2018 vermietet.

In diesem Fall handelt es sich um ein privates Veräußerungsgeschäft im Sinne von § 23 Abs. 1 Nr. 1 EStG, da S die zu seinem Privatvermögen gehörende Eigentumswohnung innerhalb der gesetzlich vorgegebenen Mindestfrist von 10 Jahren angeschafft und wieder veräußert hat und auch kein Ausnahmefall nach § 23 Abs. 1 Nr. 1 Satz 3 EStG vorliegt.

Bei der Veräußerung **anderer privater Wirtschafts-güter** beträgt die Mindest-Besitzdauer zehn Jahre, sofern es sich um Wirtschaftsgüter handelt, die zumindest in einem Jahr als Einkunftsquelle gedient haben, ansonsten ein Jahr (§ 23 Abs. 1 Nr. 2 EStG).

Veräußerungen von Gegenständen des täglichen Gebrauchs sind allerdings nicht als private Veräußerungsgeschäfte anzusehen (§ 23 Abs. 1 Nr. 2 Satz 2 EStG).

BEISPIEL | Der Autofan A erwirbt in 2018 zum Schnäppchenpreis einen Oldtimer für seine Oldtimer-Sammlung, den er allerdings nach nur neun Monaten mit großem Gewinn wieder verkauft. Außerdem erwirbt A in 2018 eine Stehlampe für sein Wohnzimmer, welche seiner Freundin aber überhaupt nicht gefällt; deshalb verkauft A die Lampe zwei Monate nach dem Kauf über das Internet. Er erhält beim Verkauf nur die Hälfte der von ihm selbst bezahlten Anschaffungskosten.

Die Veräußerung des Oldtimers stellt ein privates Veräußerungsgeschäft gemäß § 23 Abs. 1 Nr. 2 EStG dar, denn der Wagen gehört zum steuerlichen Privatvermögen des A, die Mindest-Besitzdauer von einem Jahr wurde nicht eingehalten und es handelt sich nicht um einen Gegenstand des täglichen Gebrauchs, sondern vielmehr um ein Sammlerstück mit Wertsteigerungspotenzial. Der schnelle Wiederverkauf der Wohnzimmer-Stehlampe hingegen ist nicht als privates Veräußerungsgeschäft anzusehen, da eine Wohnzimmerlampe ein Gegenstand des täglichen Gebrauchs ist und sie (zumindest kurzfristig) auch kein absehbares Wertsteigerungspotenzial besitzt. Für die Einstufung als privates Veräußerungsgeschäft ist es unerheblich, ob es sich um ein gewinnträchtiges oder ein verlustbringendes Veräußerungsgeschäft handelt.

Bei der Veräußerung von Privatvermögen außerhalb der in § 23 Abs. 1 EStG genannten Fristen handelt es sich nicht um private Veräußerungsgeschäfte und damit auch nicht um sonstige Einkünfte. Wenn sich der

betreffende Veräußerungsvorgang auch nicht einer anderen Einkunftsart zuordnen lässt, ist er nicht steuerbar und damit für die Einkommensbesteuerung irrelevant.

BEISPIEL | S erwirbt in 2007 ein Mehrfamilienhaus, welches er als
Privatmann vermietet und in 2018 wieder veräußert. Zudem kauft
S in 2016 vier Kilogramm Gold und verkauft das Gold im Jahr 2018
wieder.

Beide Veräußerungsvorgänge sind für S einkommensteuerlich
nicht relevant, da die Veräußerung der zum Privatvermögen von
S gehörenden Wirtschaftsgüter jeweils außerhalb der gesetzlichen
Mindestfrist von zehn Jahren bzw. einem Jahr erfolgt.

Liegt ein privates Veräußerungsgeschäft vor, ist
der Veräußerungsgewinn bzw. der Veräußerungsverlust
gemäß § 23 Abs. 3 EStG zu ermitteln (Veräußerungspreis
abzüglich Anschaffungs- bzw. Herstellungskosten abzüglich Werbungskosten). Wenn die Veräußerungsgewinne
eines Steuerpflichtigen jährlich weniger als 600 €
betragen, bleiben sie steuerfrei (**Freigrenze** lt. § 23
Abs. 3 Satz 5 EStG). Im Fall von privaten Veräuße-
rungsverlusten sind verlustbedingte Besonderheiten zu
beachten (§ 23 Abs. 3 EStG). Die Thematik steuerlicher
Verluste wird an dieser Stelle nicht vertieft.

Soweit für das veräußerte Wirtschaftsgut vor der
Veräußerung Abschreibungen geltend gemacht wurden,
sind die Anschaffungskosten bzw. Herstellungskosten
für Zwecke der Ermittlung des Veräußerungsergebnisses
um den Betrag der bis zur Veräußerung steuerwirksam
abgezogenen Abschreibungen zu vermindern (§ 23 Abs. 3

Satz 4 EStG). Dadurch werden im Ergebnis die bisherigen steuerlichen Abschreibungen rückgängig gemacht, denn es entsteht ein entsprechend höheres Veräußerungsergebnis.

BEISPIEL | S erwirbt in 2012 eine luxuriöse Eigentumswohnung, welche er bis zur Veräußerung in 2018 vermietet. Der Veräußerungspreis beträgt 400.000 €. Beim Erwerb der Eigentumswohnung in 2012 hat S 350.000 € bezahlt. Während der Vermietungszeit wurden von S Abschreibungen in Höhe von 45.000 € steuerlich geltend gemacht. Bei der Veräußerung sind verkaufsbedingte Werbungskosten in Höhe von 2.000 € angefallen.

Die Veräußerung ist ein privates Veräußerungsgeschäft im Sinne des § 23 Abs. 1 Nr. 1 EStG (Privatvermögen des S, Veräußerung innerhalb von zehn Jahren nach der Anschaffung, kein Ausnahmefall). Bei der Ermittlung des Veräußerungsgewinns sind die ursprünglichen Anschaffungskosten um die bisher vorgenommenen Abschreibungen zu mindern (§ 23 Abs. 3 Satz 4 EStG). Die entsprechend geminderten Anschaffungskosten betragen 305.000 € (350.000 € - 45.000 €). Der Veräußerungsgewinn gemäß § 23 Abs. 3 EStG liegt bei 93.000 € (400.000 € Veräußerungspreis - 305.000 € „umgearbeitete" Anschaffungskosten - 2.000 € Veräußerungskosten). Da die Steuer-Freigrenze (jährlicher Gewinn unterhalb von 600 €) weit überschritten ist, muss S einen steuerpflichtigen Veräußerungsgewinn von 93.000 € als sonstige Einkünfte im Sinne von § 22 Nr. 2 EStG i.V.m. § 23 EStG versteuern.

Die sonstigen Einkünfte im Sinne von § 22 Nr. 2 EStG i.V.m. § 23 EStG sind **nachrangig** gegenüber allen anderen Einkunftsarten (§ 23 Abs. 2 EStG).

BEISPIEL | Der Einzelgewerbetreibende E veräußert ein Betriebs-grundstück sechs Jahre nach dessen Erwerb. Überdies veräußert er 1.000 VW-Aktien, welche zu seinem Privatvermögen gehören. Die Aktien hatte E erst elf Monate zuvor erworben.

Die Einkünfte aus der Veräußerung des Betriebsgrundstücks sind Einkünfte aus Gewerbebetrieb nach § 15 Abs. 1 Nr. 1 EStG, die Einkünfte aus dem Aktienverkauf Einkünfte aus Kapitalvermögen nach § 20 Abs. 2 Nr. 1 EStG. § 23 EStG ist bei beiden Veräußerungen nicht relevant (§ 23 Abs. 2 EStG).

 Wiederkehrende Bezüge, Besteuerungsanteil von Renten, privates Veräußerungsgeschäft, Mindest-Besitzdauer, Freigrenze, nachrangige Einkunftsart

 Übersicht 2: Systematik der ESt-Ermittlung
Übersicht 3: Einkünfteermittlung
Übersicht 10: Veräußerung von Privatvermögen

VERLUSTE

In sämtlichen Einkunftsarten können positive und negative Einkünfte vorkommen. Negative Einkünfte werden auch als steuerliche Verluste bezeichnet. Gewerbliche Verluste, Verluste aus Vermietung und Verpachtung sowie Veräußerungsverluste bei den Einkünften aus Kapitalvermögen sind nicht ungewöhnlich, Verluste bei den Einkünften aus nichtselbständiger Arbeit treten vergleichsweise selten auf.

Die steuerliche Berücksichtigung von Verlusten setzt systematisch an verschiedenen „Stellen" des Schemas zur Ermittlung des zu versteuernden Einkommens an

EST (3) (**Ermittlung der Bemessungsgrundlage**).

Hat ein Steuerpflichtiger in einem Veranlagungszeitraum (Kalenderjahr) in einer bestimmten Einkunftsart negative Einkünfte (Verluste) erzielt, werden diese negativen Einkünfte im selben Kalenderjahr grundsätzlich in unbegrenzter Höhe zunächst mit positiven Einkünften derselben Einkunftsart verrechnet (sog. **horizontaler Verlustausgleich**).

Ergibt sich in einer bestimmten Einkunftsart in einem Veranlagungszeitraum insgesamt ein negativer Betrag, wird dieser Negativbetrag im selben Kalenderjahr grundsätzlich in unbegrenzter Höhe mit positiven Einkünften aus anderen Einkunftsarten verrechnet (sog. **vertikaler Verlustausgleich**).

BEISPIEL | Der Immobilienbesitzer M besitzt zwei Mehrfamilienhäuser, die er vermietet. Mit Haus 1 erwirtschaftet M in 2018 positive Einkünfte aus Vermietung und Verpachtung (23.000 €), mit Haus 2 negative Einkünfte aus Vermietung und Verpachtung (-6.000 €).

Wenn M seine Einkünfte aus Vermietung und Verpachtung 2018 ermittelt, werden die unterschiedlichen Vermietungsergebnisse zusammengefasst. M hat in 2018 Einkünfte aus Vermietung und Verpachtung in Höhe von insgesamt 17.000 € zu versteuern. Der Verlust 2018 von Haus 2 wird mit dem Überschuss 2018 von Haus 1 innerhalb derselben Einkunftsart (horizontal) ausgeglichen. Der horizontale Verlustausgleich erfolgt automatisch, wenn man die durch § 2 EStG vorgegebene Systematik zur Ermittlung des zu versteuernden Einkommens beachtet.

 BEISPIEL | Der Immobilienbesitzer N besitzt zwei Mehrfamilienhäuser, die er vermietet. Mit Haus 1 erwirtschaftet N in 2018 positive Einkünfte aus Vermietung und Verpachtung (23.000 €), mit Haus 2 negative Einkünfte aus Vermietung und Verpachtung (-36.000 €). Überdies hat N in 2018 noch positive Einkünfte aus selbständiger Arbeit (40.000 €).

Wenn N seine Einkünfte aus Vermietung und Verpachtung 2018 ermittelt, werden die unterschiedlichen Vermietungsergebnisse zusammengefasst. N hat in 2018 insgesamt negative Einkünfte aus Vermietung und Verpachtung in Höhe von -13.000 € erzielt. Der Verlust von Haus 2 kann durch den Überschuss von Haus 1 in 2018 innerhalb der Einkünfte aus Vermietung und Verpachtung nur teilweise (horizontal) ausgeglichen werden. Die nach horizontalem Verlustausgleich noch verbleibenden negativen Mieteinkünfte des N (-13.000 €) werden im nächsten Schritt mit positiven Einkünften aus anderen Einkunftsarten (vertikal) verrechnet. Ersichtlich ist dies aus der Summe der Einkünfte 2018 des N, welche 27.000 € beträgt. Auch der vertikale Verlustausgleich erfolgt automatisch im Rahmen der von § 2 EStG vorgegebenen Systematik zur Ermittlung des zu versteuernden Einkommens.

Die Verluste eines Jahres können so hoch ausfallen, dass der im Verlustjahr vorzunehmende horizontale und vertikale Verlustausgleich für eine vollständige Verlustverrechnung nicht ausreicht. In diesen Fällen ist die gemäß § 2 EStG als Zwischengröße zu ermittelnde „Summe der Einkünfte" negativ. Die im eigentlichen Verlustjahr nicht ausgleichsfähigen Verluste dürfen in andere Jahre „transportiert" und in den betreffenden Jahren verrechnet werden (sog. **Verlustabzug**). Verluste können dabei zeitlich zurück- oder vorgetragen werden.

BEISPIEL | Der gewerbliche Einzelunternehmer O erzielt in 2018 negative Einkünfte aus Gewerbebetrieb in Höhe von -130.000 € (steuerlicher Verlust) und positive Einkünfte aus Vermietung und Verpachtung in Höhe von 20.000 €.

Die nach § 2 EStG ermittelte Summe der Einkünfte beträgt -110.000 €. Der in 2018 angefallene steuerliche Verlust kann im Verlustjahr selbst nur in Höhe von 20.000 € im Wege des vertikalen Verlustausgleichs verrechnet werden. Der Restverlust (110.000 €) wird in anderen Jahren berücksichtigt.

Zunächst besteht die Möglichkeit, die betreffenden negativen Einkünfte gemäß § 10d Abs. 1 EStG vom Gesamtbetrag der Einkünfte des unmittelbar vorangegangenen Veranlagungszeitraums abzuziehen (sog. **Verlustrücktrag**). Der Verlustrücktrag ist auf 1 Mio. € begrenzt (bei zusammenveranlagten Ehegatten/Lebenspartnern auf 2 Mio. €) und kann überdies maximal in Höhe des positiven Gesamtbetrags der Einkünfte des Rücktragsjahres geltend gemacht werden. Der Verlustabzug erfolgt vorrangig vor Sonderausgaben, außergewöhnlichen Belastungen und anderen privaten Abzügen des Rücktragsjahres (§ 10d Abs. 1 Satz 1 EStG), kann also diese anderen Abzugsbeträge steuerlich „unwirksam" werden lassen. Der Steuerpflichtige hat es aber in der Hand, durch einen Antrag auf den Verlustrücktrag vollständig zu verzichten bzw. den Verlustrücktrag betragsmäßig zu „dosieren" (§ 10d Abs. 1 Satz 5 f. EStG).

BEISPIEL | Die nach § 2 EStG ermittelte Summe der Einkünfte 2018 des ledigen, gewerblichen Einzelunternehmers P liegt bei -110.000 €. Es sei angenommen, dass P in 2017 (vor Berücksichtigung des Verlustes aus 2018) einen Gesamtbetrag der Einkünfte von 127.000 €, abziehbare Privatausgaben von 20.000 € und damit ein zu versteuerndes Einkommen von 107.000 € hatte. P stellt hinsichtlich der Verlustberücksichtigung keine steuerlichen Anträge.

In § 10d Abs. 1 EStG ist vorgesehen, dass im Verlustjahr nicht ausgeglichene negative Einkünfte ins unmittelbar vorangegangene Jahr zurückgetragen werden können. Der Abzug des rücktragsfähigen Verlustes 2018 (110.000 €) erfolgt vom Gesamtbetrag der Einkünfte 2017; die von P in 2017 erzielten Einkünfte bleiben unverändert. Die in § 10d Abs. 1 Satz 1 EStG genannte betragsmäßige Obergrenze (1 Mio. €) wird nicht überschritten, der Gesamtbetrag der Einkünfte des Jahres 2017 (127.000 €) reicht für einen vollständigen Verlustabzug aus und P hat auch nicht auf den Verlustrücktrag verzichtet. Für 2017 ergibt sich durch den Verlustrücktrag ein „neues" zu versteuerndes Einkommen von -3.000 € (127.000 € Gesamtbetrag der Einkünfte - 110.000 € Verlustrücktrag - 20.000 € abziehbare Privatausgaben). Die bisher festgesetzte ESt 2017 des P wird auf 0 € gemindert. Hätte P den Verlustrücktrag durch einen Antrag betragsmäßig begrenzt, etwa auf 100.000 €, läge sein geändertes zu versteuerndes Einkommen bei 7.000 €.

Dann würde die ESt 2017 für P ebenfalls auf 0 € festgesetzt; er hätte aber noch nicht seine gesamten Verluste „verbraucht", sondern nur einen Teilbetrag von 100.000 €. Dem Einzelunternehmer P ist also zu raten, das in § 10d Abs. 1 Satz 5 EStG vorgesehene Rücktragswahlrecht sinnvoll auszuüben.

Die nach einem eventuellen Verlustrücktrag noch verbleibenden negativen Einkünfte eines Verlustjahres werden gemäß § 10d Abs. 2 EStG in die dem Verlustjahr nachfolgenden Veranlagungszeiträume vorgetragen und im jeweiligen Vortragsjahr vorrangig vor Sonderausgaben, außergewöhnlichen Belastungen und anderen Abzugsbeträgen vom positiven Gesamtbetrag der Einkünfte abgezogen (**Verlustvortrag**). Der Verlustvortrag ist zeitlich unbegrenzt möglich, muss aber stets im nächstmöglichen Jahr und im maximal möglichen Umfang erfolgen.

Beim Verlustvortrag sind Verrechnungs-Obergrenzen zu beachten, die am positiven Gesamtbetrag der Einkünfte des jeweiligen Vortragsjahres anknüpfen. Vom Gesamtbetrag der Einkünfte eines Vortragsjahres steht für den Verlustabzug maximal ein Betrag von 1 Mio. € zuzüglich 60% des 1 Mio. € übersteigenden Teils des Gesamtbetrags der Einkünfte zur Verfügung. Bei zusammenveranlagten Ehegatten/Lebenspartnern gilt anstelle des Betrags von 1 Mio. € ein Betrag von 2 Mio. €. Die Nutzung des Maximalbetrags setzt einen entsprechend hohen Gesamtbetrag der Einkünfte im Vortragsjahr und entsprechend hohe, noch nicht ausgenutzte Verlustvorträge voraus. Der Gesetzgeber erreicht durch diese Begrenzungsregelung, dass Steuerpflichtige mit hohen Verlustvorträgen in darauffolgenden „guten" Jahren ihr Einkommen zumindest zum Teil versteuern müssen und der Staat auch in diesen Fällen nicht „leer ausgeht" (sog. **Mindestbesteuerung**).

BEISPIEL | Die nach § 2 EStG ermittelte Summe der Einkünfte 2018 des ledigen, gewerblichen Einzelunternehmers Q beträgt -5 Mio. €. Auf Antrag des Q wird kein Verlustrücktrag berücksichtigt. Die Verluste sind somit ausschließlich in den Jahren ab 2019 abzuziehen. Der Gesamtbetrag der Einkünfte in 2019 sei mit 6 Mio. € angenommen, die abziehbaren Privatausgaben des Q mit 20.000 €. Q fragt sich, wie hoch sein zu versteuerndes Einkommen 2019 ist.

Der zum Jahresende 2018 bestehende Verlustvortrag des Q in Höhe von 5 Mio. € ist im maximal möglichen Umfang zunächst in 2019 „abzuarbeiten". Die Höhe des Verlustabzugs in 2019 wird zum einen durch den Betrag des vortragsfähigen Verlustes (5 Mio. €), zum anderen durch den in § 10d Abs. 2 Satz 1 EStG genannten Maximalbetrag bestimmt (1 Mio. € + 60% von 5 Mio. €, somit 4 Mio. €). Das zu versteuernde Einkommen 2019 des Q beträgt unter Berücksichtigung des Verlustvortrags 1.980.000 € (6 Mio. € Gesamtbetrag der Einkünfte - 4 Mio. € Verlustabzug - 20.000 € abziehbare Privatausgaben).

BEISPIEL | Der Verlustvortrag aus 2018 des ledigen, gewerblichen Einzelunternehmers R beträgt 1.200.000 €. Der Gesamtbetrag der Einkünfte in 2019 liegt bei 5 Mio. €. R fragt sich, wie hoch sein Verlustabzug in 2019 ist.

Nach § 10d Abs. 2 EStG ergibt sich für 2019 ein maximal abziehbarer Verlust von 3.400.000 € (1 Mio. € + 60% von 4 Mio. €). Da R aber tatsächlich nur einen Verlustvortrag von 1.200.000 € hat, kann er in 2019 auch nur diesen Betrag einkommensmindernd berücksichtigen.

Über die Gesamthöhe ihrer vortragsfähigen Verluste zum Jahresende und deren Entwicklung erhalten die betroffenen Steuerpflichtigen eine schriftliche Mitteilung (**Verlustfeststellungsbescheid**, § 10d Abs. 4 EStG).

BEISPIEL | Der Steuerpflichtige S hat vom Finanzamt einen Verlustfeststellungsbescheid auf den 31.12.2018 erhalten (festgestellter Verlustvortrag zum 31.12.2018 1.200.000 €). Im Folgejahr fallen weitere Verluste an (Summe der Einkünfte im Jahr 2019 -200.000 €). Der im Verlustfeststellungsbescheid zum 31.12.2019 ausgewiesene Verlustvortrag liegt bei 1.400.000 €. Hätte S in 2020 z.B. einen positiven Gesamtbetrag der Einkünfte von 800.000 €, würde im Verlustfeststellungsbescheid zum 31.12.2020 ein Verlustvortrag von 600.000 € festgestellt.

In einigen Verlustsituationen werden die zuvor beschriebenen Verlustverrechnungsmöglichkeiten durch den Gesetzgeber mehr oder weniger stark eingeschränkt, unter anderem bei bestimmten Verlusten im Rahmen der Einkünfte aus Gewerbebetrieb (§ 15a EStG, § 17 Abs. 2 EStG), bei Verlusten aus Kapitalvermögen (§ 20 Abs. 6 EStG) und bei Verlusten aus privaten Veräußerungsgeschäften (§ 23 Abs. 3 EStG). Auf diese **Sonderfälle der Verlustverrechnung** wird nicht weiter eingegangen.

Horizontaler und vertikaler Verlustausgleich, Verlustabzug, Verlustrücktrag, Verlustvortrag, Mindestbesteuerung, Verlustfeststellungsbescheid, Sonderfälle der Verlustverrechnung

Übersicht 2: Systematik der ESt-Ermittlung
Übersicht 5: Grundlagen der Verlustverrechnung im EStG

ÜBERBLICK

Der Abzug von Beträgen außerhalb des Einkünftebereichs (in Abgrenzung zum Einkünftebereich im Folgenden als Privatbereich bezeichnet) ist bei der Ermittlung des zu versteuernden Einkommens nur zulässig, sofern dies gesetzlich ausdrücklich vorgesehen ist. Das lässt sich insbesondere aus § 12 EStG erkennen (**Einschränkungen beim Ausgabenabzug**). Steuergesetzlich zulässige private Abzugsbeträge haben vielfältige Anknüpfungspunkte, etwa das erreichte Lebensalter, das Vorliegen einer Behinderung, die Existenz von steuerlich berücksichtigungsfähigen Kindern, getätigte Ausgaben für Vorsorgezwecke (z.B. für Alter, Gesundheit, Pflege) oder angefallene Berufsausbildungskosten. Welche persönlichen Aufwendungen bei der ESt grundsätzlich berücksichtigungsfähig sind und an welcher „Stelle" der Ermittlung des zu versteuernden Einkommens der Abzug dieser Beträge erfolgt, wird durch § 2 EStG vorgegeben (**Ermittlung der Bemessungsgrundlage**); die inhaltlichen Details sind in etlichen Einzelvorschriften des EStG enthalten. Ziel der nachfolgenden Ausführungen ist es, einen grundsätzlichen Überblick über wesentliche, einkommensteuerlich berücksichtigungsfähige Abzüge im Privatbereich eines Steuerpflichtigen zu geben. Eine Detailerörterung der zum Teil sehr komplexen Einzelregelungen erfolgt aus Gründen der Übersichtlichkeit nicht. Hierzu sei auf die entsprechenden Gesetzesvorschriften verwiesen.

Folgt man bei der Betrachtung des einkommensteuerlichen Privatbereichs der Systematik des § 2 EStG, wird im konkreten Einzelfall zunächst die Summe der Einkünfte gegebenenfalls um einen **Altersentlastungsbetrag** (§ 24a EStG) sowie um einen **Entlastungsbetrag für**

ESt (9)

ESt (3)

Alleinerziehende (§ 24b EStG) gemindert. Von dem sich daraus ergebenden Gesamtbetrag der Einkünfte werden

EST (21) anschließend **Sonderausgaben** (§§ 10, 10a, 10b, 10c EStG)

EST (22) und **außergewöhnliche Belastungen** (§§ 33, 33a, 33b EStG) abgezogen. Das hieraus resultierende Einkommen wird unter Umständen noch um **Kinderfreibeträge** (§ 32 Abs. 6 EStG) verringert. Endergebnis der Berechnung ist das zu versteuernde Einkommen eines Jahres, welches neben den in dem betreffenden Jahr erzielten Einkünften auch unterschiedliche private Abzugsbeträge dieses Jahres berücksichtigt.

Private Ausgaben des Steuerpflichtigen sind zwar vor allem bei der Ermittlung des zu versteuernden Einkommens zu berücksichtigen, können aber auch un-mittelbar bei der Ermittlung der festzusetzenden ESt

EST (4) zu beachten sein (**Steuertarif und Steuerzahlung**). Dies betrifft solche privaten Ausgaben, für die der Gesetz-geber eine Vergünstigung in Form eines direkten Abzugs-betrags von der tariflichen ESt-Schuld vorgesehen hat

EST (27) (sog. Steuerermäßigungen), z.B. die **Steuerermäßigung für haushaltsnahe Leistungen** im Sinne von § 35a EStG.

Altersentlastungsbetrag, Entlastungsbetrag für Allein-erziehende, Sonderausgaben, außergewöhnliche Belastun-gen, Kinderfreibeträge, Steuerermäßigung für haushalts-nahe Leistungen

Übersicht 2: Systematik der ESt-Ermittlung

SONDERAUSGABEN

Als Sonderausgaben können nur ganz bestimmte, in den §§ 10, 10a und 10b EStG abschließend aufgeführte Ausgaben des Steuerpflichtigen berücksichtigt werden (die Sonderfälle der §§ 10e bis 10g EStG werden nicht betrachtet). Ausgaben, die zu den Betriebsausgaben oder Werbungskosten gehören, sind den betreffenden Einkunftsarten zuzuordnen, nicht aber den Sonderausgaben (§ 10 Abs. 1 Satz 1 EStG). Sonderausgaben werden vom Gesamtbetrag der Einkünfte abgezogen.

BEISPIEL | Der selbstständig tätige Wirtschaftsprüfer W zahlt für seine Berufshaftpflichtversicherung jährlich 6.000 €. Er überlegt, ob die Beiträge wegen ihrer betrieblichen Veranlassung als Betriebsausgaben im Sinne von § 4 Abs. 4 EStG oder, weil es sich um Versicherungsbeiträge handelt, als Sonderausgaben berücksichtigt werden müssen.

Haftpflichtversicherungsbeiträge werden in § 10 Abs. 1 Nr. 3a EStG zwar als Sonderausgaben eingestuft, allerdings nur insoweit, als es sich nicht um Betriebsausgaben bzw. Werbungskosten handelt (§ 10 Abs. 1 Satz 1 EStG). Die Beiträge zur Berufshaftpflichtversicherung des W sind somit zwingend als Betriebsausgaben zu berücksichtigen. Für W ist das sogar vorteilhaft, da der Betriebsausgabenabzug in der Höhe nicht beschränkt ist, während beim Sonderausgabenabzug regelmäßig Höchstgrenzen zu beachten sind (bei Ausgaben für Haftpflichtversicherungen sind z.B. die in § 10 Abs. 4 EStG genannten Grenzen relevant).

Um einen **Überblick** über den komplexen und gesetzestechnisch nicht besonders systematischen Bereich der Sonderausgaben zu gewinnen, könnte man die für die

Thematik relevanten Vorschriften zunächst einmal recht grob betrachten. § 10 Abs. 1 EStG enthält eine umfangreiche (und vom Gesetzgeber häufig veränderte) Einzelauflistung von Aufwendungen, die als Sonderausgaben definiert sind. In § 10a EStG ist die Abzugsfähigkeit von Beiträgen für eine zusätzliche (private) Altersversorgung als Sonderausgaben geregelt. § 10b EStG erlaubt den Abzug bestimmter Spenden und Mitgliedsbeiträge als Sonderausgaben. Inhaltlich umfassen die Sonderausgaben Vorsorgeaufwendungen (Altersvorsorge, andere Vorsorge) sowie „übrige" Sonderausgaben. Die bei einem Steuerpflichtigen angefallenen Aufwendungen, die zu den Sonderausgaben gehören, sind in der Regel nicht in unbegrenzter Höhe berücksichtigungsfähig, sondern nur bis zu bestimmten Höchstbeträgen bzw. prozentualen Obergrenzen. Dies gilt sowohl für die Vorsorgeaufwendungen als auch für die übrigen Sonderausgaben. Es ist also nicht nur darauf zu achten, welche Aufwendungen grundsätzlich als Sonderausgaben anzusehen sind, sondern auch darauf, in welchem Umfang die angefallenen Sonderausgaben steuerlich abzugsfähig sind. Die Berechnung der im konkreten Fall abziehbaren Sonderausgaben ist zum Teil nicht ganz einfach, auch dadurch, dass manche Werte sich jährlich ändern. Zudem sind in einigen Fällen unterschiedliche Gesetzes-Versionen parallel zu berücksichtigen. Normalerweise ist ein Einzelnachweis der Ausgaben erforderlich, es gibt aber auch sehr geringe Pauschalbeträge für Sonderausgaben (§ 10c EStG).

Vorsorgeaufwendungen sind gemäß § 10 Abs. 2 Satz 1 EStG die in § 10 Abs. 1 Nr. 2, 3 und 3a EStG aufgeführten Ausgaben. Die zusätzliche Altersvorsorge nach

§ 10a EStG (sog. Riester-Rente) ist separat geregelt und wird vom Begriff der Vorsorgeaufwendungen im Sinne des § 10 Abs. 2 EStG nicht erfasst. Auf die Details des § 10a EStG, der für bestimmte, privat abgeschlossene Rentenversicherungsverträge einen Sonderausgabenabzug alternativ zum Abzug einer Altersvorsorgezulage vorsieht, wird nicht weiter eingegangen.

Die in § 10 Abs. 1 Nr. 2 EStG aufgeführten Ausgaben (**Altersvorsorgeaufwendungen**) umfassen Beiträge zu Rentenversicherungen, welche der nachgelagerten Besteuerung unterliegen (die spätere Besteuerung der Rente erfolgt gemäß § 22 Nr. 1 Satz 3 Buchstabe a, aa EStG). Dabei handelt es sich zum einen um Beiträge zur gesetzlichen Rentenversicherung bzw. zu vergleichbaren berufsständischen Versorgungseinrichtungen (§ 10 Abs. 1 Nr. 2 a EStG) und zum anderen um Beiträge für bestimmte Rentenversicherungen aus dem Bereich der privaten Altersvorsorge (§ 10 Abs. 1 Nr. 2 b EStG). Mit diesen Ausgaben im Zusammenhang stehende steuerfreie Arbeitgeberleistungen werden bei der Ermittlung der Höhe der Vorsorgeaufwendungen im Sinne von § 10 Abs. 1 Nr. 2 EStG noch hinzugerechnet (§ 10 Abs. 1 Nr. 2 Satz 6 EStG).

Die steuerliche Abziehbarkeit der Vorsorgeaufwendungen nach § 10 Abs. 1 Nr. 2 EStG ist in § 10 Abs. 3 EStG geregelt. Sie können jährlich bis zum Höchstbeitrag zur knappschaftlichen Rentenversicherung (bei Zusammenveranlagung von Ehegatten/Lebenspartnern wird der Höchstbetrag verdoppelt) als Sonderausgaben abgezogen werden. Allerdings war der Abzug in 2005 auf 60% der Vorsorgeaufwendungen begrenzt; in den Jahren bis 2025 erhöht sich dieser Prozentsatz jährlich um 2% (2013

somit 76% und 2018 86%), so dass im Jahr 2025 erst-mals der maximale Abzugsbetrag erreicht wird. Außerdem erfolgt bei gesetzlich versicherten Arbeitnehmern noch eine Kürzung um den steuerfreien Arbeitgeberan-teil. Der sich danach ergebende Betrag kann steuer-lich einkommensmindernd als Sonderausgabe abgezogen werden.

BEISPIEL | Der ledige Arbeitnehmer A hat in 2018 einen Brutto-arbeitslohn von 50.000 € erzielt. Der Arbeitgeber behält vom Ar-beitslohn des A in 2018 unter anderem den Arbeitnehmeranteil zur gesetzlichen Rentenversicherung ein (Annahme: 5.000 €). Der vom Arbeitgeber zusätzlich zum Arbeitslohn zu leistende Arbeitgeber-anteil zur Rentenversicherung betrage in 2018 ebenfalls 5.000 €. Für A werden somit in 2018 Rentenversicherungsbeiträge in Höhe von insgesamt 10.000 € gezahlt (zum Teil von A selbst, zum Teil vom Arbeitgeber).

Sowohl der Arbeitnehmer- als auch der Arbeitgeberanteil zur gesetzlichen Rentenversicherung (insgesamt 10.000 €) zählen zu den Sonderausgaben im Sinne von § 10 Abs. 1 Nr. 2 EStG (Al-tersvorsorgeaufwendungen). Welcher Teil der angefallenen Alters-vorsorgeaufwendungen des A tatsächlich als Sonderausgaben abgezogen werden kann, wird durch § 10 Abs. 3 EStG bestimmt (die „Übersetzung" der Vorschrift erfordert etwas Geduld). Die Bei-träge von insgesamt 10.000 € werden zunächst zu 86% ange-setzt (76% zuzüglich 2% für jedes Jahr nach dem Jahr 2013) und anschließend noch um den Arbeitgeberanteil vermindert. Hieraus ergeben sich abziehbare Sonderausgaben in Höhe von 3.600 € (86% von 10.000 € - 5.000 €). Im Jahr 2025 könnte A den von ihm geleisteten Teil der Rentenversicherungsbeiträge vollstän-dig als Sonderausgaben abziehen. Die jährlich ansteigenden, als

Sonderausgaben abziehbaren Rentenversicherungsbeiträge sind Teil einer langfristig angelegten, schrittweisen Umstellung der Besteuerung von Renteneinkünften (Umstellungszeitraum: 2005 bis 2040). Am Ende des Umstellungsprozesses sind die vom Steuerpflichtigen geleisteten Beiträge zur Rentenversicherung in voller Höhe als Sonderausgaben abziehbar; dafür müssen die mit diesen Beiträgen zusammenhängenden Renteneinkünfte aber auch in voller Höhe versteuert werden (vgl. hierzu die Tabelle zum Besteuerungsanteil von Leibrenten in § 22 Nr. 1 Satz 3 a, aa EStG).

In § 10 Abs. 1 Nr. 3 bzw. Nr. 3a EStG sind **andere Vorsorgeaufwendungen** aufgelistet (z.B. Beiträge zur Krankenversicherung, Pflegeversicherung, Arbeitslosenversicherung oder Beiträge zu vor 2005 abgeschlossenen Lebensversicherungen), welche jährlich in Höhe bestimmter Maximalbeträge berücksichtigt werden dürfen. § 10 Abs. 1 Nr. 3 EStG umfasst die gesamten Kranken- und Pflegeversicherungsbeiträge, soweit sie zur Absicherung einer gesundheitlichen Grundversorgung des Steuerpflichtigen erforderlich sind. § 10 Abs. 1 Nr. 3a EStG enthält die restlichen „anderen Vorsorgeaufwendungen". Nach § 10 Abs. 4 EStG sind die maximal abziehbaren Beträge für Vorsorgeaufwendungen im Sinne von § 10 Abs. 1 Nr. 3 und Nr. 3a EStG auf 2.800 € bzw. 1.900 € je steuerpflichtige Person begrenzt. Soweit die Beträge nach § 10 Abs. 1 Nr. 3 EStG über den Höchstbeträgen liegen, darf der Überhang lt. § 10 Abs. 4 EStG in vollem Umfang als Sonderausgaben abgezogen werden; allerdings scheidet in diesen Fällen ein zusätzlicher Abzug von Aufwendungen im Sinne des § 10 Abs. 1 Nr. 3a EStG aus (§ 10 Abs. 4 Satz 4

EStG). Mit der komplizierten Regelung des § 10 Abs. 4 EStG hat der Gesetzgeber versucht, die vom Bundesverfassungsgericht vorgegebene volle Abzugsfähigkeit der Beiträge zur Kranken- und Pflegeversicherung mit den eher restriktiven eigenen Vorstellungen zur Höhe abziehbarer Vorsorgeaufwendungen zu verknüpfen.

BEISPIEL | Der ledige Arbeitnehmer A hat in 2018 einen Bruttoarbeitslohn von 50.000 € erzielt. Der Arbeitgeber behält vom Arbeitslohn des A in 2018 unter anderem den Arbeitnehmeranteil zur gesetzlichen Krankenversicherung und Pflegeversicherung ein (Annahmen: 4.000 €; es handele sich um Ausgaben im Sinne von § 10 Abs. 1 Nr. 3 EStG). Der vom Arbeitgeber zusätzlich zum Arbeitslohn zu leistende Arbeitgeberanteil zur Kranken- und Pflegeversicherung betrage in 2018 3.900 €. Für A werden somit in 2018 Kranken- und Pflegeversicherungsbeiträge in Höhe von insgesamt 7.900 € gezahlt (zum Teil von A selbst, zum Teil vom Arbeitgeber). A hat in 2018 zusätzlich noch Beiträge zur Arbeitslosenversicherung und zu einer privaten Haftpflichtversicherung gezahlt (900 €); dabei handelt es sich um Beiträge im Sinne von § 10 Abs. 1 Nr. 3a EStG.

A hat eigene Aufwendungen im Sinne von § 10 Abs. 1 Nr. 3 und 3a EStG in Höhe von insgesamt 4.900 € (4.000 € und 900 €). Nach § 10 Abs. 4 Satz 2 EStG kann A diese Ausgaben grundsätzlich nur bis zu einem Betrag von 1.900 € als Sonderausgaben geltend machen. Der höhere Betrag von 2.800 € (§ 10 Abs. 4 Satz 1 EStG) ist für A nicht nutzbar; er ist nur für die Steuerpflichtigen relevant, die ihre Krankenversicherungsbeiträge in vollem Umfang allein tragen müssen. A kann aber mindestens die von ihm getragenen Aufwendungen im Sinne von § 10 Abs. 1 Nr. 3 EStG ansetzen (Beiträge zur gesetzlichen Kranken- und Pflegeversicherung in Höhe von 4.000 €). Da dieser Betrag bereits über dem „eigentlich erlaubten" Höchstbetrag des § 10 Abs. 4 Satz 2 EStG liegt, dürfen Ausgaben nach § 10 Abs. 1 Nr. 3a EStG (bei A 900 €) nicht noch zusätzlich berücksichtigt werden (§ 10 Abs. 4 Satz 4 EStG). A darf somit gemäß § 10 Abs. 4 EStG 4.000 € als Sonderausgaben geltend machen. Das ist mehr als der eigentlich vorgesehene Höchstbetrag von 1.900 €, aber weniger als die bei A insgesamt angefallenen Vorsorgeaufwendungen im Sinne des § 10 Abs. 1 Nr. 3 und 3a EStG (4.900 €).

Nur der Vollständigkeit halber sei auf § 10 Abs. 4a EStG hingewiesen, der bis zum Jahr 2019 einen Vergleich der aktuellen Regelungen zum Abzug von Vorsorgeaufwendungen mit dem Abzug von Vorsorgeaufwendungen gemäß (modifiziertem) Rechtsstand 2004 vorschreibt. Ergibt sich dabei, dass die „Altregelung" für den Steuerpflichtigen günstiger ist, wird sie bei der Veranlagung an Stelle der aktuellen Regelung berücksichtigt (sog. „Günstigerprüfung"). Die Günstigerprüfung gemäß § 10 Abs. 4a EStG wird nachfolgend nicht weiter behandelt.

Die Gruppe der **übrigen Sonderausgaben** (geregelt in § 10 Abs. 1 und 1a EStG, § 10b EStG) umfasst folgende, vom Steuerpflichtigen geleistete Aufwendungen:

- gezahlte Kirchensteuer (§ 10 Abs. 1 Nr. 4 EStG),

- 2/3 der Kinderbetreuungskosten, maximal 4.000 € (§ 10 Abs. 1 Nr. 5 EStG),

- eigene Berufsausbildungskosten des Steuerpflich-

tigen bis zu 6.000 € (§ 10 Abs. 1 Nr. 7 EStG),

- 30% des für die Ausbildung von Kindern gezahlten Schulgeldes bei bestimmten „Ersatzschulen", maximal 5.000 € (§ 10 Abs. 1 Nr. 9 EStG),

- Unterhaltsleistungen an den geschiedenen Ehegatten bis zu 13.805 € (§ 10 Abs. 1a Nr. 1 EStG),

- bestimmte Versorgungs- und Ausgleichsleistungen (§ 10 Abs. 1a Nr. 2 bis 4 EStG),

- Ausgaben nach § 10b Abs. 1, 1a und 2 EStG (Spenden und Mitgliedsbeiträge für bestimmte Zwecke im Rahmen vorgegebener Höchstgrenzen).

BEISPIEL | In Bsp. 2 sind bei A in 2018 Altersvorsorgeaufwendungen in Höhe von 10.000 € angefallen, von denen ein Teilbetrag von 3.600 € als Sonderausgaben abziehbar ist (§ 10 Abs. 1 Nr. 2 EStG i.V.m. § 10 Abs. 3 EStG). Im Bsp. 3 hat A andere Vorsorgeaufwendungen geleistet (4.900 €), die mit einem Teilbetrag von 4.000 € als Sonderausgaben berücksichtigt werden können (§ 10 Abs. 1 Nr. 3 und 3a EStG i.V.m. § 10 Abs. 4 EStG). Überdies sei angenommen, dass A in 2018 an seine geschiedene Ehefrau gesetzlichen Unterhalt von 14.000 € zahlen muss und dass die von ihm gezahlte Kirchensteuer 1.200 € beträgt.

Neben den als Vorsorgeaufwendungen begrenzt abziehbaren Beträgen (3.600 € sowie 4.000 €) kann A die Unterhaltszahlung nach § 10 Abs. 1a Nr. 1 EStG noch mit dem Höchstbetrag von 13.805 € und die Kirchensteuer nach § 10 Abs. 1 Nr. 4 EStG in voller Höhe (1.200 €) als Sonderausgaben abziehen. Die einkommensteuerlich berücksichtigungsfähigen Sonderausgaben des A

im Jahr 2018 aus den drei Teilbereichen „Altersvorsorge, andere Vorsorge und übrige Sonderausgaben" betragen insgesamt 22.605 €.

Nach § 10c EStG wird für die dort angegebenen Sonderausgaben ein **Sonderausgaben-Pauschbetrag** von 36 € angesetzt, soweit nicht höhere Ausgaben nachgewiesen werden (bei Zusammenveranlagung beträgt der Pauschbetrag 72 €).

Vorsorgeaufwendungen, Altersvorsorgeaufwendungen, andere Vorsorgeaufwendungen, übrige Sonderausgaben, Sonderausgaben-Pauschbetrag

Übersicht 6: Sonderausgaben

AUSSERGEWÖHNLICHE BELASTUNGEN

Privatausgaben eines Steuerpflichtigen können steuerlich innerhalb bestimmter Grenzen berücksichtigt werden, soweit es sich um außergewöhnliche Belastungen handelt. Was außergewöhnliche Belastungen sind und in welchem Umfang sie abgezogen werden können, ist in den §§ 33, 33a und 33b EStG geregelt. Der Abzug außergewöhnlicher Belastungen erfolgt vom Gesamtbetrag der Einkünfte.

§ 33 EStG ist eine **allgemeine Vorschrift** zu den außergewöhnlichen Belastungen. Sie enthält eine Definition des Begriffs der außergewöhnlichen Belastung (§ 33 Abs. 1 und 2 EStG) und bestimmt den Umfang der sog. zumutbaren Belastung. Dies ist der Teil der außergewöhnlichen Belastung, der vom Steuerpflichtigen ohne steuerliche Entlastung zu tragen ist (§ 33 Abs. 3 EStG).

In den §§ 33a und 33b EStG sind **spezielle außergewöhnliche Belastungen** aufgeführt, die bis zu bestimmten Höchstbeträgen berücksichtigungsfähig sind. Die speziellen Belastungen umfassen (in Schlagworten):

- zwangsläufige Ausgaben für den Unterhalt oder die Berufsausbildung von bestimmten anderen Personen (§ 33a Abs. 1 und 2 EStG),

- Pauschbeträge für Behinderte (§ 33b Abs. 1 bis 3 EStG),

- Hinterbliebenen-Pauschbetrag (§ 33b Abs. 4 EStG),

- Pflege-Pauschbetrag (§ 33b Abs. 6 EStG).

Die allgemeine Vorschrift des § 33 EStG sieht vor, dass Ausgaben, die dem Steuerpflichtigen zwangsläufig

erwachsen (§ 33 Abs. 2 EStG) und die ihn gegenüber vergleichbaren anderen Steuerpflichtigen außergewöhnlich belasten (§ 33 Abs. 1 EStG), vom Gesamtbetrag der Einkünfte abgezogen werden können, soweit ein dem Steuerpflichtigen zumutbarer Betrag (zumutbare Belastung) überschritten wird. Die zumutbare Belastung hängt von der Einkommenssituation und vom Familienstand des Steuerpflichtigen ab (§ 33 Abs. 3 EStG). Ob eine bestimmte Ausgabe die Voraussetzungen des § 33 EStG erfüllt, ist infolge der wenig konkreten Gesetzesformulierung häufig nicht leicht zu beurteilen. Zu den durch Rechtsprechung und Finanzverwaltung als außergewöhnliche Belastung anerkannten Ausgaben können im Einzelfall etwa Krankheitskosten, Bestattungskosten oder Ausgaben infolge von Naturkatastrophen gehören. Die Aufwendungen sind im Einzelnen nachzuweisen.

BEISPIEL | Der unbeschränkt steuerpflichtige S ist verheiratet (Zusammenveranlagung mit seiner Ehefrau) und hat zwei minderjährige Kinder. Der Gesamtbetrag der Einkünfte 2018 beträgt 90.000 €. In 2018 hat S 15.000 € für eine krankheitsbedingte Operation bezahlen müssen. Die Krankenversicherung erstattet ihm nur einen Teil der Kosten (5.000 €). Kann S die Operationskosten im Rahmen seiner Einkommensteuererklärung 2018 ganz oder teilweise steuerlich geltend machen?

Soweit ein Steuerpflichtiger durch krankheitsbedingte Kosten belastet ist, kann eine Berücksichtigung als außergewöhnliche Belastung in Betracht kommen. S ist in Höhe der nicht erstatteten Operationskosten belastet (10.000 €). Die dem S gemäß § 33 Abs. 3 EStG zumutbare Belastung richtet sich nach der Höhe seiner Einkommenssituation und nach seinem Familienstand. Die

sich daraus ergebende zumutbare Belastung des S beträgt 4% des Gesamtbetrags der Einkünfte 2018 (somit 3.600 €). S kann als außergewöhnliche Belastung einen Betrag von 6.400 € (10.000 € Belastung - 3.600 € zumutbare Belastung) steuerlich geltend machen.

Die in der speziellen Vorschrift des § 33a EStG aufgeführten besonderen Belastungen sind regelmäßig nur nach dieser Vorschrift, nicht dagegen nach § 33 EStG berücksichtigungsfähig (§ 33a Abs. 4 EStG). Die Höchstbeträge des § 33a EStG sind gegebenenfalls zeitanteilig zu ermäßigen (§ 33a Abs. 3 EStG). Bei der Ermittlung der nach § 33a Abs. 1 EStG abziehbaren Ausgaben sind in gewissem Umfang eigene Einkünfte der unterstützten Personen zu berücksichtigen.

BEISPIEL | Die zusammenveranlagten Eheleute E (Wohnort Bochum) haben einen 20-jährigen Sohn, der im gesamten Jahr 2018 in Berlin wohnt und studiert. Die Eheleute E fragen sich, ob sie durch das Studium ihres Sohnes S nicht außergewöhnlich belastet sind und inwieweit sich dies steuerlich bei ihnen auswirkt.

S ist einkommensteuerlich gemäß § 32 Abs. 4 EStG bei den Eheleuten E als Kind berücksichtigungsfähig. Sind volljährige, berücksichtigungsfähige Kinder im Rahmen ihrer Ausbildung auswärtig untergebracht, können die Eltern zur „Abgeltung" ihrer hiermit üblicherweise verbundenen Aufwendungen einen Freibetrag in Höhe von 924 € als besondere außergewöhnliche Belastung geltend machen (§ 33a Abs. 2 EStG). Die Eheleute E können somit ihren Gesamtbetrag der Einkünfte 2018 um 924 € mindern. Die Anwendung von § 33 EStG anstelle von § 33a EStG ist nicht möglich (vgl. § 33a Abs. 4 EStG).

Anstelle einer Steuerermäßigung nach § 33 EStG können für Behinderte und Pflegepersonen Pauschbeträge geltend gemacht werden (§ 33b Abs. 1 bis 3 und Abs. 6 EStG). § 33b Abs. 4 EStG enthält einen Pauschbetrag für Hinterbliebene.

BEISPIEL | Herr S ist seit einem Autounfall gehbehindert. Der dauerhaft bescheinigte Behinderungsgrad liegt bei 90%.

S kann in seiner Steuererklärung eventuelle, im Einzelnen nachzuweisende behinderungsbedingte Aufwendungen gemäß § 33 EStG geltend machen, soweit die Aufwendungen den nach § 33 Abs. 3 EStG berechneten zumutbaren Anteil überschreiten. Alternativ kann S aber auch den Behinderten-Pauschbetrag nach § 33b EStG als außergewöhnliche Belastung ansetzen. Die Höhe des Pauschbetrags hängt vom Behinderungsgrad ab. Für S ist ein Pauschbetrag in Höhe von 1.230 € relevant.

Allgemeine Vorschrift, besondere Belastungen, Einzelnachweis der Aufwendungen, Pauschbeträge

TARIFFORMEN

Der Formeltarif des § 32a EStG in den Varianten des **Grundtarifs** (§ 32a Abs. 1 EStG; vorgesehen für einzeln veranlagte Personen) oder des **Splittingtarifs** (§ 32a Abs. 5 EStG; vorgesehen für gemeinsam veranlagte Ehegatten/Lebenspartner) wurde bereits behandelt (**Steuertarif und Steuerzahlung** bzw. **Veranlagungsformen und Splittingtarif**).

EST (4)
EST (5)

Allerdings wird die allgemeine Tarifvorschrift des § 32a EStG in bestimmten Fällen eingeschränkt bzw. verdrängt durch **spezielle Tarifvorschriften**. So lautet die Formulierung in § 32a Abs. 1 EStG: „Die tarifliche Einkommensteuer ab dem Veranlagungszeitraum 2018 bemisst sich nach dem zu versteuernden Einkommen. Sie beträgt vorbehaltlich der §§ 32b, 32d, 34, 34a, 34b und 34c jeweils …". Die „Vorbehaltsvorschriften" sind gegenüber § 32a EStG bei der Ermittlung der tariflichen ESt vorrangig zu beachten.

Nachfolgend werden aus dem Katalog der speziellen Tarifvorschriften lediglich der **Progressionsvorbehalt** (§ 32b EStG) sowie der **gesonderte Steuertarif für Einkünfte aus Kapitalvermögen** (§ 32d EStG) behandelt.

EST (24)
EST (25)

Formeltarif, Grundtarif, Splittingtarif, spezielle Tarifvorschriften

PROGRESSIONSVORBEHALT

Abweichend vom „normalen" Formeltarif des § 32a EStG ist auf das zu versteuernde Einkommen ein **besonderer Steuersatz** anzuwenden, wenn ein Steuerpflichtiger bestimmte steuerfreie Leistungen bezogen bzw. bestimmte steuerfreie Einkünfte erzielt hat. Die relevanten Leistungen bzw. Einkünfte sind in § 32b Abs. 1 EStG abschließend aufgeführt. Hierzu zählen unter anderem

- nach § 3 EStG steuerfreie Lohn- und Einkommensersatzleistungen, etwa Arbeitslosengeld, Krankengeld, Mutterschaftsgeld (§ 32b Abs. 1 Nr. 1 EStG),

- nach einem Doppelbesteuerungsabkommen steuerfreie ausländische Einkünfte (§ 32b Abs. 1 Nr. 3 EStG).

Der auf das zu versteuernde Einkommen anzuwendende besondere Steuersatz ist der Steuersatz, der sich ergeben würde, wenn die steuerfreien Leistungen bzw. Einkünfte im zu versteuernden Einkommen enthalten wären (§ 32b Abs. 2 EStG). Zur Berechnung der tariflichen ESt unter Berücksichtigung des Progressionsvorbehalts wird somit zunächst ein um die steuerfreien Leistungen bzw. Einkünfte (fiktiv) erhöhtes zu versteuerndes Einkommen berechnet. Die darauf (fiktiv) anfallende, gemäß § 32a EStG ermittelte tarifliche ESt wird ins Verhältnis zum erhöhten zu versteuernden Einkommen gesetzt, woraus sich der „besondere Steuersatz" im Sinne von § 32b EStG ergibt. Der besondere Steuersatz wird abschließend auf das tatsächliche zu versteuernde Einkommen angewandt. Wegen des progressiven ESt-Tarifverlaufs bewirkt § 32b EStG häufig eine Steuersatzerhöhung und damit eine höhere Steuerbelastung als im Fall ohne § 32b EStG (**Progressionswirkung**).

BEISPIEL | Der unbeschränkt steuerpflichtige, ledige K bezieht in 2018 Einkünfte aus nichtselbständiger Arbeit in Höhe von 50.000 €. Infolge einer länger dauernden Erkrankung im zweiten Halbjahr 2018 erhält er als Lohnersatzleistung von seiner Krankenkasse zusätzlich 17.000 € Krankengeld, welches gemäß § 3 Nr. 1 a EStG steuerfrei ist. Es sei angenommen, dass K in 2018 bei der Ermittlung seines zu versteuernden Einkommens 3.000 € für Sonderausgaben abziehen kann. Wie hoch ist die tarifliche ESt 2018 des K?

Das zu versteuernde Einkommen 2018 des K beträgt 47.000 € (50.000 € - 3.000 €). Der Bezug von steuerfreien Lohnersatzleistungen führt zur Anwendung von § 32b EStG (vgl. § 32b Abs. 1 Nr. 1 b EStG). Zur Ermittlung des besonderen Steuersatzes im Sinne des § 32b Abs. 1 und 2 EStG wird zunächst die tarifliche ESt berechnet, welche sich unter Einbeziehung der steuerfreien Bezüge ergibt. Im Fall von K beträgt das entsprechend erhöhte zu versteuernde Einkommen 2018 64.000 €; die darauf gemäß Grundtarif anfallende tarifliche ESt liegt bei 18.258 €. Der besondere Steuersatz 2018 des K nach § 32b EStG beträgt 28,53% (18.258 € / 64.000 €). Dieser Steuersatz wird auf das tatsächlich in 2018 erzielte zu versteuernde Einkommen angewandt. Die tarifliche ESt 2018 des K unter Berücksichtigung von § 32b EStG beträgt 13.409 € (= 47.000 € * 0,2853). Die Anwendung des „normalen" Grundtarifs gemäß § 32a Abs. 1 EStG auf das zu versteuernde Einkommen des K hätte zu einer tariflichen ESt 2018 in Höhe von 11.257 € geführt. Die Mehrsteuer infolge von § 32b EStG ist deutlich zu erkennen.

Besonderer Steuersatz, Progressionswirkung

GESONDERTER STEUERTARIF FÜR EINKÜNFTE AUS KAPITALVERMÖGEN

Die Einkünfte aus Kapitalvermögen unterliegen einem gesonderten Steuersatz von 25% (§ 32d Abs. 1 EStG). Die dem **Sondertarif** unterliegenden Einkünfte sind nicht Bestandteil des „normalen" zu versteuernden Einkommens, da dieses mittels der „normalen" Tarifvorschriften besteuert wird (vgl. auch § 2 Abs. 5b EStG).

BEISPIEL | K hat in 2018 Einkünfte aus Gewerbebetrieb (70.000 €) und Einkünfte aus Kapitalvermögen (10.000 €) erzielt. Zusätzlich sind bei K abziehbare Sonderausgaben zu berücksichtigen (3.000 €). Die Einkünfte aus Kapitalvermögen unterliegen dem Sondertarif von 25%.

Das zu versteuernde Einkommen 2018 des K beträgt 67.000 €; die darauf entfallende tarifliche ESt wird nach § 32a EStG ermittelt. Die dem 25%-igen Sondertarif des § 32d Abs. 1 EStG unterliegenden Kapitaleinkünfte sind bei der Ermittlung des zu versteuernden Einkommens nicht zu berücksichtigen (§ 2 Abs. 5b EStG).

In vielen Fällen muss der Schuldner der Kapitalerträge bereits bei der Auszahlung der Erträge die darauf anfallende ESt in Höhe von 25% einbehalten und ans Finanzamt abführen (**Steuererhebung**). Zur Steuereinbehaltung verpflichtete Auszahlungsstellen sind insbesondere Banken, etwa bei Zinszahlungen an Kunden oder bei Wertpapierverkäufen im Auftrag von Kunden. Die an der Einkunftsquelle erhobene ESt auf Kapitaleinkünfte wird **Kapitalertragsteuer** (KapESt) genannt. Die §§ 43 ff. EStG beinhalten die für den KapESt-Abzug relevanten Gesetzesvorschriften.

EST (26)

Soweit Einkünfte aus Kapitalvermögen gemäß Sondertarif zu versteuern sind, dem KapESt-Abzug aber nicht unterlegen haben, z.B. bei verzinslichen Darlehen zwischen Privatpersonen, werden die betreffenden Einkünfte nachträglich im Rahmen der ESt-Veranlagung dem 25%-igen Sondertarif unterworfen (§ 32d Abs. 3 EStG). Ein Einbezug der Kapitaleinkünfte in das gemäß § 2 EStG ermittelte zu versteuernde Einkommen erfolgt aber auch in diesen Fällen nicht.

BEISPIEL | K hat bei seiner Bank 100.000 € verzinslich angelegt (Zinsen 2018 3.000 €). Er hat der Bank den Auftrag erteilt, beim Einbehalt der KapESt seinen Sparer-Pauschbetrag von 801 € zu berücksichtigen. K hat außerdem seinem Arbeitskollegen ein verzinsliches Darlehen von 100.000 € gewährt (Zinsen 2018 3.000 €).

Die Bank des K wird von den Zinseinnahmen 2018 KapESt in Höhe von 25% einbehalten, wobei der Sparer-Pauschbetrag einkünftemindernd zu berücksichtigen ist. Der Steuerabzug beträgt, sofern man den zusätzlich anfallenden Solidaritätszuschlag und eine eventuelle Kirchensteuerpflicht des K vereinfachend außer Betracht lässt, 549,75 €. Die Bank zahlt dem K somit 2.450,25 € aus. Die 3.000 € Zinsen betreffend das Darlehen an den Arbeitskollegen erhält K brutto ausgezahlt, da sein Arbeitskollege als Privatperson nicht zum Steuereinbehalt verpflichtet ist. K muss diese Zinsen allerdings in seiner Steuererklärung 2018 als Einkünfte aus Kapitalvermögen angeben; das Finanzamt führt dann im Rahmen der Veranlagung für diese Zinsen eine Besteuerung gemäß § 32d Abs. 1 EStG durch (25%-iger Sondertarif).

Der Sondertarif für Einkünfte aus Kapitalvermögen findet in zwei Fallgruppen allerdings keine Anwendung (**Ausnahmen vom Sondertarif**).

Kapitalerträge, die in **§ 32d Abs. 2 EStG** aufgeführt sind (z.B. Zinseinkünfte aus Darlehen eines Gesellschafters an seine Kapitalgesellschaft), müssen im Rahmen der gemäß § 2 EStG durchgeführten Veranlagung als Einkünfte aus Kapitalvermögen erfasst werden und unterliegen dem normalen ESt-Tarif. In den Fällen des § 32d Abs. 2 EStG gilt teilweise sogar das Werbungskostenabzugsverbot des § 20 Abs. 9 EStG nicht (vgl. § 32d Abs. 2 Nr. 1 Satz 2 und Nr. 3 Satz 2 EStG).

BEISPIEL | K ist zu 60% an einer GmbH beteiligt. Er gewährt der GmbH ein verzinsliches Darlehen von 100.000 € (Zinsen 2018 3.000 €).

Die GmbH ist bei Zinszahlungen nicht zur Einbehaltung von KapESt verpflichtet und zahlt dem K somit den Brutto-Zinsbetrag aus (3.000 €). K muss diese Zinsen in seiner Steuererklärung 2018 als Einkünfte aus Kapitalvermögen angeben. Der 25%-ige Sondertarif des § 32d Abs. 1 EStG ist allerdings nicht anwendbar (§ 32d Abs. 2 Nr. 1 b EStG). Kapitaleinkünfte, für die der Sondertarif nicht gilt, sind Bestandteil des normalen zu versteuernden Einkommens und unterliegen damit auch den normalen Tarifvorschriften.

Liegt der persönliche ESt-Satz eines Steuerpflichtigen unter 25%, würde er durch den Sondertarif von 25% benachteiligt. Der betreffende Steuerpflichtige kann deshalb (aber nur einheitlich für sämtliche Kapitalerträge des Jahres) nach **§ 32d Abs. 6 EStG** beantragen, dass seine Einkünfte aus Kapitalvermögen nicht dem Sondertarif unterworfen werden, sondern in das normale zu versteuernde Einkommen einbezogen und nach dem Normaltarif besteuert werden (sog. Günstigerprüfung).

Sondertarif, Kapitalertragsteuer, Ausnahmen vom Sondertarif

Übersicht 8: Besteuerung von Kapitalerträgen im EStG

BSP 3 § 32d Abs 2 Nr

wird 10% an einer KG oder Genossenschaft beteiligt, dann gilt nicht der Gesonderter Steuertarif !!
25% nicht anwendbar

STEUERERHEBUNG

Auch wenn bei der Thematik der ESt die Ermittlung der Bemessungsgrundlage und die Berechnung der Steuer im Mittelpunkt der Betrachtung stehen, sind die eher technischen Aspekte der Steuererhebung (also die Frage, wie das Finanzamt an das Geld der Steuerpflichtigen kommt) für die betroffenen Steuerpflichtigen durchaus bedeutsam. Die ESt kann auf unterschiedliche Weise erhoben werden. Im Wesentlichen gibt es drei Möglichkeiten:

- Festsetzung von **ESt-Vorauszahlungen**,

- Steuerabzug bei einzelnen Einkommensquellen (**Abzugsteuern**),

- **Veranlagung** zur ESt (Ablauf: Abgabe einer Steuererklärung durch den bzw. die Steuerpflichtigen, Ermittlung der Besteuerungsgrundlagen durch das Finanzamt, Festsetzung der Jahressteuerschuld durch einen Steuerbescheid).

Regelmäßig erfolgt eine Veranlagung, wobei während des Veranlagungszeitraums bereits ESt-Vorauszahlungen zu leisten sind (§ 37 EStG) und Abzugsteuern einbehalten werden. Veranlagungszeitraum ist das Kalenderjahr (§ 2 Abs. 7 EStG). Die ESt-Vorauszahlungen sowie die Abzugsteuern werden im Veranlagungsverfahren auf die festgesetzte ESt-Schuld angerechnet (**Steueranrechnung** lt. § 36 Abs. 2 EStG). Hinsichtlich der Abzugsteuern gilt dies allerdings nur insoweit, als sie keine abgeltende Wirkung haben. Bei der Veranlagung lassen sich die Einzelveranlagung und die bei Ehegatten/Lebenspartnern mögliche Zusammenveranlagung unterscheiden (**Veranlagungsformen und Splittingtarif**). ESt (5)

In einigen Fällen ist die ESt-Schuld mit dem Steuerabzug bereits ganz oder teilweise abgegolten. Je nachdem, welche Einkünfte davon betroffen sind, ist entweder überhaupt keine Veranlagung mehr erforderlich bzw. bleiben im Rahmen der durchgeführten Veranlagung die mit Abgeltungswirkung bereits besteuerten Einkünfte sowie die darauf entfallende Steuer außer Ansatz (Abgeltungsverfahren). Nachfolgend wird zunächst auf das Abgeltungsverfahren für Einkünfte aus Kapitalvermögen und anschließend auf das Veranlagungsverfahren eingegangen.

A) ABGELTUNGSVERFAHREN FÜR EINKÜNFTE AUS KAPITALVERMÖGEN

EST (25)

Die ESt auf die Einkünfte aus Kapitalvermögen wird in der Regel durch den Einbehalt von KapESt erhoben. Soweit der KapESt-Abzug 25% beträgt und die betreffenden Einkünfte auch dem Sondertarif von 25% unterliegen (**gesonderter Steuertarif für Einkünfte aus Kapitalvermögen**), ist die ESt auf diese Einkünfte durch den KapESt-Abzug abgegolten (**Abgeltungsteuer**; vgl. § 43 Abs. 5 EStG). Die mit Abgeltungswirkung besteuerten Kapitalerträge müssen in der Steuererklärung nicht angegeben werden; sie sind auch nicht Bestandteil des zu versteuernden Einkommens (§ 2 Abs. 5b EStG).

Das Abgeltungsverfahren ist allerdings in bestimmten Ausnahmefällen nicht anwendbar. In diesen Fällen werden die Einkünfte aus Kapitalvermögen (in unterschiedlicher Weise) im Wege des Veranlagungsverfahrens besteuert.

Das Abgeltungsverfahren ist z.B. nicht anwendbar bei Kapitalerträgen, die zwar dem 25%-igen Sondertarif des § 32d Abs. 1 EStG, nicht aber dem KapESt-Abzug unterliegen (§ 32d Abs. 3 EStG). Mangels Abzugsbesteuerung kann keine Abgeltungswirkung eintreten. In diesen Fällen werden die zunächst ohne Steuerabzug ausgezahlten Kapitalerträge in die Veranlagung mit einbezogen und nachträglich mit dem Sondertarif besteuert. Die Berücksichtigung im Rahmen der Steuerveranlagung erfolgt außerhalb des normalen zu versteuernden Einkommens.

 BEISPIEL | Der ledige, konfessionslose S hat in 2018 Einkünfte aus selbständiger Arbeit erzielt (80.000 €) und außerdem Einkünfte aus Kapitalvermögen (20.000 €), die zwar dem Sondertarif des § 32d Abs. 1 EStG, nicht aber dem KapESt-Abzug unterliegen. Die abziehbaren Sonderausgaben des S in 2018 betragen 4.000 €.

Bei der Veranlagung 2018 des S werden neben den Einkünften aus selbständiger Arbeit auch die Einkünfte aus Kapitalvermögen berücksichtigt. Sie werden allerdings getrennt vom normalen zu versteuernden Einkommen (76.000 €) erfasst und dem 25%-igen Sondertarif unterworfen. Die auf das normale zu versteuernde Einkommen anfallende tarifliche ESt (23.298 €) erhöht sich um die Steuer gemäß § 32d Abs. 3 EStG i.V.m. § 32d Abs. 1 EStG (5.000 €), so dass die festzusetzende ESt 28.298 € beträgt (§ 2 Abs. 6 EStG).

Das Abgeltungsverfahren ist auch nicht relevant bei Kapitalerträgen, auf die der Sondertarif des § 32d Abs. 1 EStG keine Anwendung findet (Fälle des § 32d

Abs. 2 EStG). Die betreffenden Einkünfte aus Kapitalvermögen werden im Rahmen der Veranlagung ins zu versteuernde Einkommen „eingebaut" und nach den normalen
Tarifvorschriften besteuert.

Stellt sich im Fall einer auf Antrag des Steuerpflichtigen durchgeführten Günstigerprüfung nach § 32d
Abs. 6 EStG heraus, dass die normale tarifliche Besteuerung sämtlicher Einkünfte aus Kapitalvermögen im
Vergleich zur Anwendung des Sondertarifs von 25% günstiger für den antragstellenden Steuerpflichtigen ist,
erfolgt die Besteuerung nicht nach dem (ungünstigeren)
Sondertarif, sondern unter Einbeziehung der Kapitaleinkünfte in das zu versteuernde Einkommen nach dem
„normalen" Tarif. Das Abgeltungsverfahren ist in diesen Fällen ebenfalls nicht relevant. Der Antrag auf
Günstigerprüfung kann nicht auf einzelne Kapitalerträge begrenzt werden. Die bei der Auszahlung der Kapitalerträge eventuell einbehaltene KapESt wird gemäß § 36
Abs. 2 Nr. 2 EStG auf die ESt angerechnet.

BEISPIEL | Der vermögende Student S hat in 2018 lediglich Ein-
künfte aus Kapitalvermögen in Höhe von 7.000 € erzielt. Bei den
Kapitalerträgen handelt es sich um Zinsen aus festverzinslichen
Wertpapieren. Im Rahmen der Auszahlung der Zinsen hatte der
Schuldner der Kapitalerträge, eine Bank, KapESt in Höhe von
1.750 € einbehalten.

Da S neben seinen Einkünften aus Kapitalvermögen in 2018
keine anderen Einkünfte hat, würde bei Einbeziehung der Kapitaleinkünfte in sein zu versteuerndes Einkommen und Anwendung
der normalen Tarifvorschriften (§ 32a EStG) eine ESt-Schuld in
Höhe von 0 € festgesetzt. Um dies zu erreichen, muss S einen

Antrag auf Günstigerprüfung nach § 32d Abs. 6 EStG stellen. Dadurch entfällt die Anwendung des Sondertarifs auf die Kapitaleinkünfte. Die einbehaltene KapESt wird gemäß § 36 Abs. 2 Nr. 2 EStG auf die ESt des S angerechnet, was zu einer Steuererstattung von 1.750 € führt.

B) VERANLAGUNGSVERFAHREN

Im **Veranlagungsverfahren** ermittelt das Finanzamt auf der Grundlage einer vom Steuerpflichtigen eingereichten ESt-Erklärung das zu versteuernde Einkommen, setzt die Steuer durch einen Steuerbescheid fest (festzusetzende ESt) und ermittelt unter Berücksichtigung der anrechenbaren Steuerbeträge die Abschlusszahlung bzw. den Erstattungsbetrag für den Veranlagungszeitraum (Kalenderjahr, § 2 Abs. 7 EStG).

Durch Anwendung der Tarifvorschriften auf das zu versteuernde Einkommen erhält man zunächst die tarifliche ESt, die gegebenenfalls noch durch vorzunehmende Zu- bzw. Abrechnungen zur festzusetzenden ESt „weiterentwickelt" wird (vgl. § 2 Abs. 6 EStG). Die tarifliche ESt wird beispielsweise noch um sog. Steuerermäßigungen vermindert. Steuerermäßigungen sind gesetzlich vorgesehene Steuervergünstigungen, welche nicht das Einkommen, sondern unmittelbar die tarifliche Steuerschuld mindern (vgl. etwa die **Steuerermäßigung für haushaltsnahe Leistungen**). EST (27)

Eine ESt-Veranlagung wird nach den Vorschriften der §§ 25 bis 26b EStG als **Einzelveranlagung** (Veranlagung einer einzelnen Person) oder als **Zusammenveranlagung** (Möglichkeit zur gemeinsamen Veranlagung von Ehegatten/Lebenspartnern) durchgeführt. Bei der Zusammenveran-

EST (5)

lagung wird gemäß § 26b EStG ein gemeinsames zu versteuerndes Einkommen ermittelt und der sog. Splittingtarif angewandt (**Veranlagungsformen und Splittingtarif**). Die Zusammenveranlagung ist für Ehegatten/
Lebenspartner steuerlich meist vorteilhafter als eine
Einzelveranlagung.

Auf die für das Kalenderjahr festgesetzte ESt werden
folgende Steuerbeträge angerechnet:

- Die nach § 37 EStG für den Veranlagungszeitraum
  geleisteten ESt-Vorauszahlungen (§ 36 Abs. 2 Nr. 1
  EStG). Die vierteljährlich fälligen ESt-Vorauszahlungen werden vom Finanzamt gegenüber dem Steuerpflichtigen durch einen Vorauszahlungsbescheid
  festgesetzt und sind unmittelbar an das Finanzamt
  zu entrichten.

- Die durch Steuerabzug erhobene ESt, soweit sie
  Einkünfte betrifft, die bei der Veranlagung erfasst worden sind (§ 36 Abs. 2 Nr. 2 EStG). Zu den
  Abzugsteuern zählt insbesondere die Lohnsteuer
  (LSt), die im Rahmen der Lohnzahlungen seitens
  des Arbeitgebers vom Arbeitslohn des Arbeitnehmers
  einbehalten und an das Finanzamt abgeführt worden
  ist (zum LSt-Abzug vgl. § 38 ff. EStG). Auch die
  von Kapitalerträgen einbehaltene KapESt gehört zu
  den anrechenbaren Abzugsteuern, soweit die entsprechenden Einkünfte aus Kapitalvermögen im Veranlagungsverfahren berücksichtigt worden sind.

Nach Berücksichtigung der Steueranrechnungsbeträge
ergibt sich für den Veranlagungszeitraum eine ESt-
Abschlusszahlung bzw. eine ESt-Erstattung.

BEISPIEL | Die ledige V ist kaufmännische Angestellte (Einkünfte aus nichtselbständiger Arbeit 2018 70.000 €) und vermietet zudem einige, ihr gehörende Häuser (Einkünfte aus Vermietung und Verpachtung 2018 30.000 €). V hat in 2018 abziehbare Sonderausgaben in Höhe von 6.000 €. Der Arbeitgeber von V hat in 2018 vom Arbeitslohn 17.000 € LSt einbehalten. Auf der Grundlage der Einkünfte des Vorjahres hat das Finanzamt einen Vorauszahlungsbescheid für 2018 erlassen; danach leistete V in 2018 pro Quartal 3.000 € ESt-Vorauszahlungen.

V hat für 2018 eine ESt-Erklärung abzugeben (§ 25 Abs. 3 EStG, Einzelveranlagung). Die Veranlagung kann auch nicht ausnahmsweise ganz oder teilweise unterbleiben (vgl. § 25 Abs. 1 EStG). Das zu versteuernde Einkommen 2018 von V beträgt 94.000 €, die nach § 32a Abs. 1 EStG ermittelte tarifliche bzw. festzusetzende ESt beträgt 30.858 €. Gemäß § 36 Abs. 2 EStG werden die in 2018 geleisteten ESt-Vorauszahlungen (12.000 €) sowie die einbehaltene LSt (17.000 €) auf die festzusetzende ESt angerechnet. V muss somit für 2018 noch eine Steuernachzahlung von 1.858 € leisten. Der Nachzahlungsbetrag wird im ESt-Bescheid 2018 ausgewiesen.

BEISPIEL | Die ledige K hat in 2018 ein zu versteuerndes Einkommen von 80.000 €. Einkünfte aus Kapitalvermögen sind darin nicht enthalten. Allerdings hat K in 2018 Bankzinsen in Höhe von 10.000 € erzielt. Die Bank hat bei der Auszahlung der Zinsen vom Brutto-Zinsbetrag 25% KapESt einbehalten (2.500 €). Der Sparer-Pauschbetrag von 801 € (§ 20 Abs. 9 EStG) wurde beim Steuerabzug von der Bank nicht berücksichtigt, da K der Bank keinen entsprechenden Auftrag erteilt hatte. Gemäß ESt-Vorauszahlungsbescheid musste K für 2018 ESt-Vorauszahlungen in Höhe von 20.000 € an das Finanzamt leisten. K fragt sich, ob sie den

Sparer-Pauschbetrag für 2018 noch irgendwie geltend machen kann und wie hoch (unter Einbezug der Pauschbetrags-Thematik) ihre bei der ESt-Veranlagung 2018 anfallende Steuernachzahlung oder Steuererstattung ist.

Die Besteuerung der Kapitalerträge ist mit dem Abzug von KapESt gemäß § 43 Abs. 5 EStG eigentlich abgeschlossen (Abgeltungswirkung). K kann allerdings gemäß § 32d Abs. 4 EStG bei der Abgabe ihrer ESt-Erklärung 2018 beim Finanzamt einen Antrag auf nachträgliche Berücksichtigung des Sparer-Pauschbetrags stellen. Bei der Veranlagung werden dann die Kapitaleinkünfte vom Finanzamt in korrekter Höhe ermittelt (9.199 €) und dem gesonderten Tarif des § 32d Abs. 1 EStG in Höhe von 25% unterworfen (2.299 €). Die Höhe des normalen zu versteuernden Einkommens (80.000 €) und die darauf anfallende tarifliche ESt gemäß § 32a EStG (24.978 €) werden hiervon nicht berührt. Gemäß § 2 Abs. 6 Satz 1 EStG erhöht sich die tarifliche ESt um die Steuer nach § 32d Abs. 4 EStG; für K ergibt sich damit eine festzusetzende ESt von 27.277 € (24.978 € + 2.299 €). Nach Anrechnung der in § 36 Abs. 2 Nr. 1 und 2 EStG genannten ESt-Vorauszahlungen (20.000 €) und der berücksichtigungsfähigen Abzugsteuern (2.500 €) hat K letztlich eine Abschlusszahlung in Höhe von 4.777 € zu leisten (27.277 € - 20.000 € - 2.500 €).

ESt-Vorauszahlungen, Steuerabzug, Veranlagung, Steueranrechnung, Abgeltungsteuer, Veranlagungsverfahren, Einzelveranlagung, Zusammenveranlagung

Übersicht 7: Erhebungsformen der ESt
Übersicht 8: Besteuerung von Kapitalerträgen im EStG

STEUERERMÄSSIGUNG FÜR HAUSHALTSNAHE LEISTUNGEN

Im EStG sind verschiedene **Steuerermäßigungen** geregelt. Dabei handelt es sich um Beträge, die unmittelbar von der tariflichen ESt (maximal bis zu deren Höhe) abgezogen werden können (§ 2 Abs. 6 EStG; **Steuertarif und Steuerzahlung**). Die Sachverhalte, die zur Inanspruchnahme einer Steuerermäßigung berechtigen, sind in den §§ 34c bis 35b EStG aufgeführt. Hierzu gehört unter anderem die Steuerermäßigung bei Aufwendungen für die Inanspruchnahme sog. haushaltsnaher Leistungen im Sinne von § 35a EStG. Aufwendungen, die zu den Betriebsausgaben bzw. Werbungskosten gehören oder vom Steuerpflichtigen bei den Sonderausgaben bzw. außergewöhnlichen Belastungen angesetzt werden, sind nicht nach § 35a EStG berücksichtigungsfähig.

ESt (4)

Unter haushaltsnahen Leistungen werden Leistungen aus **haushaltsnahen Beschäftigungsverhältnissen** (§ 35a Abs. 1 und 2 EStG), aus **haushaltsnahen Dienstleistungen** (§ 35a Abs. 2 EStG) sowie **bestimmte Handwerkerleistungen** (§ 35a Abs. 3 EStG) verstanden. Als Steuerermäßigung können bei den drei Leistungs-Gruppen 20% der Brutto-Aufwendungen (nur Arbeitskosten, keine Materialkosten) geltend gemacht werden, wobei zusätzlich bestimmte Höchstbeträge zu beachten sind. Weitere Voraussetzungen für die Gewährung der Steuerermäßigung sind bei den haushaltsnahen Dienstleistungen und bei den Handwerkerleistungen das Vorliegen einer Rechnung und die Zahlung auf ein Konto des Leistungserbringers (§ 35a Abs. 5 EStG). § 35a EStG ist eine Vorschrift zur Bekämpfung der „Schwarzarbeit", denn die Inanspruchnahme der Steuerermäßigung erfordert faktisch eine offizielle, dokumentierte Leistungsabwicklung zwischen Leistungserbringer und Leistungsempfänger.

BEISPIEL | Die tarifliche ESt 2018 des K beträgt 200 €. K hat in 2018 Aufwendungen im Sinne von § 35a EStG in Höhe von 5.000 €.

Die sich rechnerisch ergebende Steuerermäßigung von 1.000 € (20% von 5.000 €) ist für K nicht voll nutzbar, da die tarifliche ESt maximal bis auf 0 € ermäßigt werden kann (Steuerermäßigung somit 200 €). Die festzusetzende ESt 2018 des K beträgt 0 €. Der in 2018 nicht ausnutzbare Ermäßigungsbetrag von 800 € kann nicht in andere Jahre übertragen werden.

BEISPIEL | Die tarifliche ESt 2018 des V beträgt 8.000 €. V hat in 2018 die Heizung in seinem privaten Wohnhaus reparieren lassen. Der Handwerker stellt für die Reparaturleistung 400 € in Rechnung. V bezahlt den Handwerker bar.

Die sich rechnerisch aus § 35a Abs. 3 EStG ergebende Steuerermäßigung von 80 € (20% von 400 €) kann V nicht in Anspruch nehmen, da eine Barzahlung von Handwerkerleistungen für die Steuerermäßigung schädlich ist (§ 35a Abs. 5 Satz 3 EStG). V könnte den Handwerker allerdings um Rückerstattung des bar gezahlten Betrags bitten und die Rechnung nochmals per Banküberweisung begleichen. Dann wären die Voraussetzungen des § 35a EStG erfüllt.

BEISPIEL | Die Eheleute S beschäftigen in ihrem Haushalt im gesamten Jahr 2018 eine Reinigungskraft (angemeldeter Minijob, monatliche Zahlungen an die Reinigungskraft 200 €). Gartenarbeiten lassen sie von einem Gartenbauunternehmen durchführen. Die Brutto-Rechnungen des Gärtners, die in 2018 bezahlt werden, betragen insgesamt 2.800 € (nur Arbeitskosten, keine Materialkosten). Für Handwerkerleistungen im Zusammenhang mit der

Komplett-Renovierung der Wohnräume der Eheleute S wird in 2018 ein Bruttobetrag von 9.000 € verausgabt (Arbeitslohn 7.000 €, Material 2.000 €). Die Reinigungskraft wird bar bezahlt, die Rechnungen von Gärtner und Handwerkern werden per Bank-überweisung beglichen. Die auf der Grundlage des zu versteuernden Einkommens 2018 der Eheleute ermittelte tarifliche ESt beträgt 45.000 €.

Die Aufwendungen für die Reinigungskraft (2.400 €) sind Aufwendungen im Sinne von § 35a Abs. 1 EStG; die Barzahlung ist in diesem Fall unschädlich. Die Steuerermäßigung nach § 35a Abs. 1 EStG beträgt 480 € (20% von 2.400 €). Der Höchstbetrag von 510 € wird nicht erreicht. Bei den Leistungen des Gärtners handelt es sich um haushaltsnahe Dienstleistungen gemäß § 35a Abs. 2 EStG; der Ermäßigungsbetrag in Höhe von 560 € liegt unterhalb des maximal möglichen Betrags von 4.000 €. Die Handwerkerleistungen sind Leistungen im Sinne von § 35a Abs. 3 EStG, die Steuerermäßigung beträgt 20% der Brutto-Arbeitskosten (20% von 7.000 €, somit 1.400 €), maximal aber 1.200 €. Die festzusetzende ESt 2018 der Eheleute S beträgt 42.760 € (45.000 € - 480 € - 560 € - 1.200 €).

 Steuerermäßigungen, haushaltsnahe Beschäftigungsverhältnisse, haushaltsnahe Dienstleistungen, bestimmte Handwerkerleistungen

 Übersicht 2: Systematik der ESt-Ermittlung

ZUSCHLAGSTEUERN

Derzeit werden zwei Steuern als Zuschlag zur ESt erhoben. Der Solidaritätszuschlag (SolZ) ist im Solidaritätszuschlaggesetz (SolZG), die Kirchensteuer (KiSt) in unterschiedlichen Landeskirchensteuergesetzen geregelt. § 51a EStG enthält Details zur Festsetzung und Erhebung von **Zuschlagsteuern**. Grundsätzlich bemessen sich der SolZ und die KiSt nach der festzusetzenden ESt, wobei für Zwecke der Zuschlagsteuern unter Umständen eine fiktiv zu berechnende ESt relevant ist. Während sich ESt-pflichtige Personen dem SolZ nicht entziehen können, wird KiSt nur von Steuerpflichtigen mit entsprechender Religionszugehörigkeit erhoben.

EST (26)   Je nach Erhebungsform der ESt werden die Zuschlagsteuern nach den geleisteten ESt-Vorauszahlungen, nach den einbehaltenen Steuerabzugsbeträgen oder nach der veranlagten ESt bemessen (**Steuererhebung**).

Der SolZ beträgt im Regelfall 5,5% des als Bemessungsgrundlage herangezogenen ESt-Betrages (**§ 4 SolZG**), die KiSt in Abhängigkeit vom jeweiligen Bundesland 8% bzw. 9% der Bemessungsgrundlage.

EST (21)   Während der SolZ bei der Einkommensermittlung nicht mindernd berücksichtigt werden darf (§ 12 Nr. 3 EStG, sonstige Personensteuer), gehört die KiSt zu den (unbegrenzt) abziehbaren **Sonderausgaben** (§ 10 Abs. 1 Nr. 4 EStG).

Die Thematik der Zuschlagsteuern wird aus Vereinfachungsgründen nicht vertieft, darf aber in ihrer Belastungswirkung für den Steuerpflichtigen nicht unterschätzt werden.

Zuschlagsteuern, Solidaritätszuschlag, Kirchensteuer

MITUNTERNEHMERSCHAFTEN

Im ESt-Recht gilt der **Grundsatz der Einzelbesteuerung**, wonach jede steuerpflichtige natürliche Person nach ihren individuellen Verhältnissen zur ESt herangezogen wird. Dies gilt insbesondere bei der Einzelveranlagung. Bei der wahlweise möglichen Zusammenveranlagung von Ehegatten/Lebenspartnern wird von diesem Grundsatz teilweise abgewichen, etwa durch die Zusammenfassung der Einkünfte und der privaten Abzüge der beiden Personen sowie durch die Anwendung des Splittingtarifs.

Werden Einkünfte nicht von einer einzelnen Person, sondern von einer **Personenmehrheit** erzielt, sind diese Einkünfte im Besteuerungsverfahren zunächst einheitlich (d.h. für alle Beteiligten gemeinsam) und gesondert (d.h. losgelöst von der ESt-Veranlagung eines einzelnen Steuerpflichtigen) zu ermitteln und anschließend den beteiligten Personen anteilig zuzurechnen. Jeder Beteiligte hat die anteilig auf ihn entfallenden Einkünfte dann individuell zu versteuern. Je nach Art der erzielten Einkünfte sind unterschiedliche Einkunftsarten relevant.

BEISPIEL | Die Brüder E und F haben von ihrer Mutter je zur Hälfte ein Mehrfamilienhaus geerbt, welches sie vermieten. Die einheitlich und gesondert ermittelten Mieteinkünfte 2018 betragen 30.000 €. Die Mieteinkünfte werden E und F je zur Hälfte zugerechnet. Beide müssen somit in 2018 jeweils 15.000 € Einkünfte aus Vermietung und Verpachtung versteuern.

Zu den vorstehend genannten Personenmehrheiten gehören auch die **Personengesellschaften**, beispielsweise die Gesellschaft bürgerlichen Rechts (GbR), die Offene Handelsgesellschaft (OHG) oder die Kommanditgesellschaft (KG).

Gewerbliche Personengesellschaften, deren Gesellschafter als **Mitunternehmer** anzusehen sind, werden einkommensteuerlich auch als **Mitunternehmerschaften** bezeichnet. Die Mitunternehmer-Eigenschaft eines Gesellschafters setzt gemäß H 15.8 Abs. 1 EStH voraus, dass er einerseits unternehmerische Initiative entfalten kann (Mitunternehmerinitiative) und andererseits unternehmerisches Risiko trägt (Mitunternehmerrisiko). Bei den Gesellschaftern von Personenhandelsgesellschaften in der Rechtsform der OHG oder KG handelt es sich im Normalfall steuerlich um Mitunternehmer.

Der von einer Personengesellschaft erzielte Gewinn bzw. Verlust wird den Gesellschaftern nach einem festgelegten „Gewinnverteilungs-Schlüssel" anteilig unmittelbar zugerechnet. Häufig sind die Beteiligungsverhältnisse maßgebend für die Ergebniszurechnung.

Gemäß § 15 Abs. 1 Nr. 2 Satz 1 EStG gehören die Gewinnanteile der einzelnen Mitunternehmer einer gewerblichen Mitunternehmerschaft zu deren Einkünften aus Gewerbebetrieb.

BEISPIEL | G und H sind Gesellschafter einer gewerblich tätigen KG. G ist Komplementär der Gesellschaft und zu 70% an der KG beteiligt. Die restlichen Gesellschaftsanteile (30%) hält der Kommanditist H. Gemäß Regelung im Gesellschaftsvertrag wird der von der KG erzielte Gewinn bzw. Verlust entsprechend den Beteiligungsverhältnissen auf G (70%) und H (30%) aufgeteilt. Beide Gesellschafter können unternehmerische Initiative entfalten und tragen unternehmerisches Risiko. Der steuerliche Gewinn 2018 der KG beträgt 400.000 €.

Die KG betreibt ein Handelsgewerbe und die beiden Gesellschafter sind als Mitunternehmer des Betriebs anzusehen. Die Gewinnanteile aus der KG gehören bei G und H zu den Einkünften aus Gewerbebetrieb (§ 15 Abs. 1 Nr. 2 Satz 1 EStG). G muss einen Gewinnanteil in Höhe von 280.000 €, H einen Gewinnanteil in Höhe von 120.000 € versteuern.

Zu den Einkünften aus Gewerbebetrieb gehören bei Mitunternehmern gemäß § 15 Abs. 1 Nr. 2 Satz 1 EStG nicht nur die gesellschaftsrechtlich vorgesehenen Gewinn- bzw. Verlustanteile aus der Gesellschaft, sondern auch die Vergütungen, die einem Gesellschafter von der Gesellschaft gewährt werden (Tätigkeitsvergütungen, Vergütungen für die Gewährung von Darlehen, Vergütungen für die Überlassung von Wirtschaftgütern). Derartige Vergütungen können zwar durch entsprechende Vertragsgestaltungen den Gewinn der Gesellschaft mindern, nicht aber die Höhe der gewerblichen Einkünfte der betreffenden Gesellschafter.

Entsprechend der Unterscheidung in § 15 Abs. 1 Nr. 2 Satz 1 EStG ergibt sich bei gewerblichen Mitunternehmerschaften eine **zweistufige Gewinnermittlung**: Auf der ersten Stufe wird der steuerliche **Gewinn der Gesellschaft** ermittelt; auf der zweiten Stufe wird der steuerliche **Sonderbereich der Gesellschafter** (insbesondere die individuellen Gesellschafter-Vergütungen) berücksichtigt. Der auf einen Mitunternehmer entfallende Gesamtgewinn aus seiner Mitunternehmerschaft setzt sich zusammen aus dem anteilig auf diesen Mitunternehmer entfallenden Gesellschaftsgewinn (auch als anteiliger Gesamthandsgewinn bezeichnet) und dem Ergebnis aus dem Sonderbereich dieses Mitunternehmers.

BEISPIEL | In Ergänzung von Bsp. 2 sei angenommen, dass G in 2018 von der KG eine Geschäftsführungsvergütung von 100.000 € erhält, welche von der KG gemäß den vertraglichen Vereinbarungen als Aufwand verbucht wird. Der Gewinn der Gesellschaft würde dann nur noch 300.000 € betragen (400.000 € - 100.000 €).

Die Einkünfte aus Gewerbebetrieb 2018 des G umfassen gemäß § 15 Abs. 1 Nr. 2 Satz 1 EStG den anteiligen KG-Gewinn von 210.000 € (70% von 300.000 €) sowie die von der KG bezogene Tätigkeitsvergütung (100.000 €). G hat in 2018 somit insgesamt 310.000 € Einkünfte aus Gewerbebetrieb zu versteuern. Die Einkünfte aus Gewerbebetrieb 2018 des H betragen 90.000 € (30% von 300.000 €). Der steuerliche Gesamtgewinn der Mitunternehmerschaft beträgt 400.000 €. Er umfasst den steuerlichen KG-Gewinn in Höhe von 300.000 € (erste Stufe der Gewinnermittlung) sowie die Einkünfte aus dem Sonderbereich der Gesellschafter in Höhe von 100.000 € (zweite Stufe der Gewinnermittlung).

Bei der Ermittlung des steuerlichen Gewinns bzw. Verlustes gewerblicher Personengesellschaften (erste Stufe der Gewinnermittlung) ist zu beachten, dass zwischen dem Handelsbilanzgewinn und dem Steuerbilanzgewinn der Gesellschaft Unterschiede bestehen können und dass zur Erfüllung der steuerlichen Gewinnermittlungsvorschriften regelmäßig auch noch sog. außerbilanzielle

Korrekturen des Steuerbilanzergebnisses notwendig sind. Auf die infolge unterschiedlicher Bilanzierungs- und Bewertungsvorschriften bestehenden Abweichungen zwischen **Handels- und Steuerbilanz** wird an dieser Stelle nicht im Detail eingegangen.

KST (4)

BEISPIEL | Die XY KG weist in ihrer aus der Finanzbuchhaltung abgeleiteten Handelsbilanz einen Jahresüberschuss von 350.000 € aus. Auf Grund von abweichenden steuerlichen Bilanzierungs- und Bewertungsvorschriften beträgt der Steuerbilanzgewinn 380.000 €. Der Gewinn lt. Handelsbilanz bzw. Steuerbilanz beinhaltet 30.000 € Aufwand für Gewerbesteuer (GewSt).

Für die steuerliche Gewinnermittlung ist nicht der Handelsbilanzgewinn, sondern der Steuerbilanzgewinn relevant (380.000 €). Der Steuerbilanzgewinn beinhaltet unter anderem den betrieblichen GewSt-Aufwand. Die GewSt ist nach § 4 Abs. 5b EStG bei der Gewinnermittlung nicht als Betriebsausgabe abziehbar, obwohl sie unstreitig betrieblich veranlasst ist und zu einer Verminderung des betrieblichen Vermögens führt. Die steuerliche Nichtabziehbarkeit betrieblicher Aufwendungen wird nicht innerhalb der Steuerbilanz berücksichtigt, sondern durch rechnerische Korrekturen außerhalb der Steuerbilanz (sog. außerbilanzielle Korrekturen). Der steuerliche Gewinn der XY KG beträgt somit 410.000 € (380.000 € + 30.000 €). Er ist entsprechend dem vorgesehenen Gewinnverteilungsschlüssel auf die Gesellschafter der XY KG zu verteilen.

Der im Rahmen der Gewinnermittlung zu berücksichtigende Sonderbereich der Gesellschafter (zweite Stufe der Gewinnermittlung) umfasst neben den oben erwähnten Gesellschaftervergütungen auch noch andere, dem Ge-

sellschafter individuell zurechenbare Erträge (Sonder-
betriebseinnahmen) und Aufwendungen (Sonderbetriebsausgaben), die in einem engen wirtschaftlichen Zusammenhang mit seiner betrieblichen Tätigkeit stehen,
z.B. Aufwendungen für Wirtschaftsgüter, die dem Gesellschafter gehören und die er seiner Gesellschaft zur
betrieblichen Nutzung überlassen hat. Derartige Wirtschaftsgüter, die rechtlich nicht der Gesellschaft,
sondern einzelnen Gesellschaftern zuzurechnen sind,
gehören als „Sonderbetriebsvermögen" zum Betriebsvermögen der Mitunternehmerschaft und sind damit für die
steuerliche Gewinnermittlung grundsätzlich relevant.
Die Thematik des steuerlichen Sonderbetriebsvermögens
wird an dieser Stelle nicht weiter vertieft.

BEISPIEL | G ist Gesellschafter einer gewerblich tätigen OHG. Er
vermietet seiner Gesellschaft in 2018 ein ihm gehörendes Grundstück mit aufstehendem Bürogebäude. Die jährliche Miete von
24.000 € wird von der OHG als Mietaufwand verbucht. G lässt als
Eigentümer der Immobilie in 2018 das Dach des Gebäudes auf
seine Kosten reparieren (Reparaturaufwand 5.000 €). G ist zu 50%
an der OHG beteiligt. Der steuerliche Gewinn 2018 der OHG beträgt 200.000 €. Wie hoch sind die Einkünfte aus Gewerbebetrieb,
die G in 2018 aus der Mitunternehmerschaft zugerechnet werden?

Der im Rahmen der ersten Stufe der Gewinnermittlung auf
G entfallende Anteil am steuerlichen Gewinn der OHG beträgt
100.000 € (50% von 200.000 €). Hinzu kommen die Einkünfte
aus dem Gesellschafter-Sonderbereich (zweite Stufe der Gewinnermittlung). G hat im Zusammenhang mit der Vermietung seiner
betrieblich genutzten Immobilie von der OHG einerseits 24.000 €
Miete erhalten, andererseits aber auch 5.000 € objektbezogene

Reparaturaufwendungen getragen. Die Miete zählt als Gesellschaftervergütung nach § 15 Abs. 1 Nr. 2 Satz 1 EStG zu den Einkünften aus Gewerbebetrieb, die Reparaturaufwendungen sind als sog. Sonderbetriebsausgaben des G zu berücksichtigen (Ausgaben des G im Zusammenhang mit seinem Sonderbetriebsvermögen). Die Einkünfte aus Gewerbebetrieb des G aus dem Gesellschafter-Sonderbereich betragen im Saldo 19.000 €. Insgesamt werden G aus seiner Mitunternehmerschaft in 2018 119.000 € Einkünfte aus Gewerbebetrieb zugerechnet.

Abschließend sei erwähnt, dass die für gewerbliche Mitunternehmerschaften dargestellten „Spielregeln" auch auf Personenzusammenschlüsse bei den Einkünften aus Land- und Forstwirtschaft sowie bei den Einkünften aus selbständiger Arbeit entsprechend anzuwenden sind (vgl. § 13 Abs. 7 EStG, § 18 Abs. 4 EStG).

 Grundsatz der Einzelbesteuerung, Personenmehrheit, Personengesellschaft, Mitunternehmer, Mitunternehmerschaft, zweistufige Gewinnermittlung, Gewinn der Gesellschaft, Sonderbereich der Gesellschafter

DIVIDENDENBESTEUERUNG

Aktiengesellschaften (AG) und Gesellschaften mit beschränkter Haftung (GmbH) zählen zu den Kapitalgesellschaften. Als juristische Personen unterliegen Kapitalgesellschaften mit ihrem Einkommen nicht der ESt, sondern der Körperschaftsteuer (KSt). Zur KSt wird als Ergänzungsabgabe ein Solidaritätszuschlag (SolZ) erhoben. Kapitalgesellschaften gelten zudem stets als Gewerbebetriebe und werden somit auch mit Gewerbesteuer (GewSt) belastet. Die ertragsteuerliche Gesamtbelastung der Gewinne von Kapitalgesellschaften mit KSt, SolZ und GewSt liegt (unter vereinfachenden Annahmen) bei ungefähr 30%. Von Detailberechnungen zur steuerlichen Belastung von Kapitalgesellschaften wird in diesem Abschnitt noch abgesehen.

Die bei einer Kapitalgesellschaft nach Abzug von Steuern verbleibenden Gewinne stehen den Gesellschaftern zu. Die Auszahlung von Gewinnen setzt entsprechende Ausschüttungsbeschlüsse der Gesellschafter voraus. Die Gewinne einer Kapitalgesellschaft, welche an die Gesellschafter ausgeschüttet werden (sog. **Dividenden**), unterliegen beim Dividendenempfänger der Einkommensbesteuerung. Bei Kapitalerträgen in Form von Dividenden fällt in der Regel Kapitalertragsteuer (KapESt) an. Der für Dividenden relevante KapESt-Satz beträgt 25%.

Werden Anteile an Kapitalgesellschaften im steuerlichen **Privatvermögen natürlicher Personen** gehalten,
Est (16) gehören die betreffenden Dividenden zu den **Einkünften aus Kapitalvermögen** (§ 20 Abs. 1 Nr. 1 EStG). Die Einkünfte aus Kapitalvermögen unterliegen, abgesehen von wenigen Ausnahmen, nach § 32d Abs. 1 EStG dem Sonder-
Est (25) tarif in Höhe von 25% (**Sondertarif bei Einkünften aus**

Kapitalvermögen). Sofern bei der Auszahlung der Dividenden KapESt in Höhe von 25% einbehalten wurde, ist die ESt mit dem Steuerabzug abgegolten, wenn der Steuerpflichtige nicht zulässigerweise einen davon abweichenden Antrag stellt (**Steuererhebung**). Beteiligungsbezogene Ausgaben (etwa Finanzierungskosten) können bei den Einkünften aus Kapitalvermögen allerdings in der Regel nicht als Werbungskosten geltend gemacht werden, da § 20 Abs. 9 EStG den Abzug tatsächlich angefallener Werbungskosten verbietet.

ESt (26)

BEISPIEL | K besitzt 100% der Anteile an der XY GmbH. Die Anteile gehören zum Privatvermögen des K. Die XY GmbH erwirtschaftet in 2018 einen Gewinn vor Steuern in Höhe von 100.000 €. Geht man vereinfachend von einer 30%-igen Gesamtsteuerbelastung der GmbH aus, könnte K eine Gewinnausschüttung (Dividende) in Höhe von maximal 70.000 € erhalten.

Die Dividende unterliegt gemäß § 32d Abs. 1 EStG dem ESt-Sondertarif von 25% (17.500 €); die ESt ist durch den Einbehalt von 25% KapESt abgegolten (Ausnahmen vom Sondertarif sowie der SolZ werden im Bsp. nicht berücksichtigt). Die steuerliche Gesamtbelastung auf der Gesellschaftsebene (GmbH) und Gesellschafterebene (K) beträgt 47.500 €. Im Ergebnis wird durch die faktisch zweifache Besteuerung des Gewinns nahezu die Hälfte des von der GmbH erzielten Gewinns für Steuerzahlungen benötigt. Der Rest verbleibt dem Gesellschafter K. Hätte K seine Beteiligung mittels eines privat aufgenommenen Darlehens finanziert und wären in 2018 z.B. 6.000 € Zinsen angefallen, könnte K diese Zinsen bei Anwendung des Sondertarifs aufgrund des Werbungskosten-Abzugsverbots in § 20 Abs. 9 EStG nicht als Werbungskosten geltend machen.

Gehören Anteile an Kapitalgesellschaften zum steuerlichen **Betriebsvermögen natürlicher Personen**, handelt es sich bei den Dividenden aus diesen Beteiligungen um betriebliche Dividenden und nicht um private
Kapitalerträge. Die Dividenden sind der betreffenden
betrieblichen Einkunftsart (Einkünfte aus Land- und
Forstwirtschaft, Einkünfte aus Gewerbebetrieb, Einkünfte aus selbständiger Arbeit) zuzurechnen. Gemäß
§ 20 Abs. 8 EStG sind die Gewinneinkunftsarten vorrangig vor den Einkünften aus Kapitalvermögen. Da der
25%-ige Sondertarif nach § 32d Abs. 1 EStG aber nur
für private Kapitalerträge anwendbar ist, müssten betrieblich zugeordnete Dividenden im Rahmen der Gewinneinkunftsarten prinzipiell in voller Höhe angesetzt
und mit dem normalen (ungemilderten) ESt-Satz des Di-
videndenempfängers versteuert werden. Dies würde aber
im Vergleich zum Fall privater Dividenden zu einer
unangemessen hohen steuerlichen Gesamtbelastung der
Dividendenerträge führen, da der tarifliche ESt-Satz
bis zu 45% beträgt, während der Sondertarif einem 25%-
igen Steuersatz entspricht.

Im EStG wird eine zu hohe Gesamtbelastung betrieblicher Dividenden dadurch vermieden, dass nur ein
Teil der Dividende versteuert werden muss. Gemäß § 3
Nr. 40 d EStG sind 40% der Dividenden steuerfrei. Für
Dividenden, die dem 25%-igen Sondertarif unterliegen,
gilt das nicht, da in diesen Fällen bereits durch den
niedrigen Steuersatz eine zu hohe Gesamtsteuerlast ver-
hindert wird. Korrespondierend zu den Einnahmen bleiben Ausgaben, die im Zusammenhang mit der betrieblichen Beteiligung stehen, zu 40% unberücksichtigt (§ 3c
Abs. 2 EStG), so dass im Ergebnis nur ein Teil (60%) der

beteiligungsbezogenen Einkünfte versteuert werden muss (sog. **Teileinkünfteverfahren**). Es sei an dieser Stelle ausdrücklich darauf hingewiesen, dass das Teileinkünfteverfahren ausschließlich bei der Einkommensbesteuerung natürlicher Personen Anwendung findet; für die Einkommensbesteuerung von juristischen Personen gelten andere spezielle Vorschriften im KStG. Wenn z.B. eine GmbH eine Beteiligung an einer AG besitzt und die GmbH eine Dividende von der AG erhält, werden diese Einkünfte nicht nach dem Teileinkünfteverfahren, sondern nach § 8b KStG besteuert. Steuerliche Aspekte im Zusammenhang mit **Beteiligungsbesitz** von Kapitalgesellschaften werden im Rahmen der KSt behandelt.

KSt (8)

BEISPIEL | Der gewerbliche Einzelunternehmer E besitzt 100% der Anteile an der XY GmbH. Die Anteile sind in der Bilanz des Einzelunternehmens als betriebliche Beteiligung ausgewiesen. Die XY GmbH erwirtschaftet in 2018 einen Gewinn vor Steuern in Höhe von 100.000 €. Geht man vereinfachend von einer 30%-igen Gesamtsteuerbelastung der GmbH aus, könnte E eine Gewinnausschüttung (Dividende) in Höhe von maximal 70.000 € erhalten.

Die Dividende des E würde gemäß § 20 Abs. 8 EStG seinen Einkünften aus Gewerbebetrieb zugeordnet und damit nicht dem Sondertarif unterliegen (§ 32d Abs. 1 EStG). Nach § 3 Nr. 40 d EStG müsste E 60% der Dividende mit seinem individuellen Steuersatz versteuern. Nimmt man an, der ESt-Satz des E liegt bei 42%, müsste er auf die Dividende ESt in Höhe von 17.640 € zahlen (70.000 € * 0,6 * 0,42). Die steuerliche Gesamtbelastung von Gesellschaft und Gesellschafter im Fall der betrieblichen Dividende (47.640 €) entspricht in etwa derjenigen im Fall der privaten Dividendenerträge (47.500 €, vgl. Bsp. 1). Die bei

Auszahlung der Dividende einbehaltene KapESt in Höhe von 17.500 € (25% von 70.000 €) hat keine Abgeltungswirkung; sie wird gemäß § 36 Abs. 2 Nr. 2 EStG auf die ESt-Schuld des E angerechnet.

BEISPIEL | Das Jahresergebnis 2018 des gewerblichen Einzelunternehmens des E (90.000 €) enthält 20.000 € Dividendenerträge aus der Z AG sowie 6.000 € Zinsaufwand aus der Fremdfinanzierung der betrieblichen Beteiligung an der Z AG. Weitere Daten sind nicht zu berücksichtigen.

E muss gemäß § 3 Nr. 40 d EStG nur 60% der betrieblichen Dividende versteuern (12.000 €), darf gemäß § 3c Abs. 2 EStG aber auch nur 60% der beteiligungsbezogenen Aufwendungen abziehen (3.600 €). Da im Jahresergebnis (buchhalterisch völlig korrekt) die Dividendenerträge und die Zinsaufwendungen in voller Höhe enthalten sind, muss im Rahmen der steuerlichen Gewinnermittlung der steuerlich nicht zu berücksichtigende Teil außerbilanziell korrigiert werden. Der steuerliche Gewinn 2018 des Einzelunternehmens beträgt 84.400 € (90.000 € - 8.000 € + 2.400 €).

BEISPIEL | Das Jahresergebnis 2018 der gewerblichen LM OHG beträgt 90.000 €. Gesellschafter der OHG sind die natürlichen Personen L und M mit jeweils 50% Beteiligung. Die LM OHG wiederum hält eine Beteiligung an der Z AG. Der Jahresüberschuss der OHG beinhaltet Dividendenerträge aus der Z AG in Höhe von 20.000 € sowie 6.000 € Zinsaufwand aus der Fremdfinanzierung der betrieblichen Beteiligung an der Z AG. Weitere Daten sind nicht zu berücksichtigen.

Im Rahmen der steuerlichen Gewinnermittlung der OHG ist hinsichtlich der betrieblichen Dividendenerträge und der beteiligungsbezogenen Zinsaufwendungen das Teileinkünfteverfahren (§ 3 Nr. 40 d EStG, § 3c Abs. 2 EStG) zu berücksichtigen, da die Voraussetzungen hierfür erfüllt sind: Die Dividendenerträge sowie die Zinsen betreffen eine betriebliche Beteiligung und sie werden steuerlich bei natürlichen Personen (L und M) berücksichtigt. Der steuerliche OHG-Gewinn in Höhe von 84.400 € (90.000 € - 40% von 20.000 € + 40% von 6.000 €) ist den Mitunternehmern L und M entsprechend ihrer Beteiligung an der OHG zuzurechnen (jeweils 50%). Somit haben L und M als Mitunternehmer der OHG jeweils 42.200 € Einkünfte aus Gewerbebetrieb zu versteuern. Darin enthalten sind 60% der beteiligungsbezogenen Erträge und Aufwendungen.

Das Teileinkünfteverfahren (§ 3 Nr. 40 EStG, § 3c Abs. 2 EStG) wird nicht nur im Zusammenhang mit Dividendenerträgen, sondern auch für andere Sachverhalte benötigt, welche sämtlich im Zusammenhang mit Beteiligungen an Kapitalgesellschaften stehen, z.B. bei der Veräußerung von derartigen Beteiligungen durch natürliche Personen. Wie schon bei der Dividendenbesteuerung ist das Teileinkünfteverfahren auch bei anderen beteiligungsbezogenen Sachverhalten nur relevant, soweit es um die Einkommensbesteuerung natürlicher Personen geht und auch nur dann, wenn nicht der Sondertarif gemäß § 32d EStG Anwendung findet.

Abschließend sei noch auf einen praxisrelevanten Ausnahmefall hingewiesen. Für bestimmte private Anteilseigner besteht die Möglichkeit, mittels eines entsprechenden Antrags bei Dividendeneinkünften auf die Inanspruchnahme des Sondertarifs zu verzichten und stattdessen das Teileinkünfteverfahren zu nutzen (§ 32d Abs. 2 Nr. 3 EStG), obwohl dieses Verfahren bei den Einkünften aus Kapitalvermögen ansonsten nicht anwendbar ist. Der besondere Reiz eines derartigen Antrags besteht darin, dass in diesem speziellen Fall das für die Einkünfte aus Kapitalvermögen geltende Werbungskostenabzugsverbot des § 20 Abs. 9 EStG aufgehoben wird und die beteiligungsbezogenen Ausgaben nach § 3c Abs. 2 EStG zu 60% steuerlich geltend gemacht werden können.

BEISPIEL | Der Anteilseigner K aus Bsp. 1 könnte hinsichtlich seiner Dividende durch einen Antrag nach § 32d Abs. 2 Nr. 3 EStG auf die Anwendung des Sondertarifs verzichten, denn er verfügt über die für den Antrag notwendige Mindestbeteiligung an der XY GmbH. Auf die Dividendeneinnahmen und die angefallenen Zinsaufwendungen wäre in diesem Fall das Teileinkünfteverfahren anzuwenden.

Dividenden, Privatvermögen natürlicher Personen, Sondertarif, Betriebsvermögen natürlicher Personen, Teileinkünfteverfahren

Übersicht 8: Besteuerung von Kapitalerträgen im EStG

VERÄUSSERUNG VON BETRIEBSVERMÖGEN

Zum steuerlichen **Betriebsvermögen** gehören, etwas vereinfacht formuliert, diejenigen Wirtschaftsgüter (Aktiva und Passiva), die zur Erzielung laufender Gewinneinkünfte eingesetzt werden, etwa das Vermögen und die Verbindlichkeiten eines landwirtschaftlichen Betriebs, eines gewerblichen Betriebs oder eines Betriebs selbständiger Arbeit.

Bei **Mitunternehmerschaften** umfasst das Betriebs- ESt (29) vermögen einerseits die der Gesellschaft zuzurechnenden Wirtschaftsgüter (regelmäßig ersichtlich aus der Gesellschaftsbilanz), andererseits aber auch Wirtschaftsgüter der Gesellschafter, sofern diese Wirtschaftsgüter einen engen Bezug zum Betrieb der Gesellschaft oder zur Beteiligung des Gesellschafters aufweisen (sog. **Sonderbetriebsvermögen**).

BEISPIEL | In der steuerlichen Bilanz der XY OHG zum 31.12.2018 sind aktive Wirtschaftsgüter von 1 Mio. € (Anlagevermögen, Umlaufvermögen) und passive Wirtschaftsgüter von 800.000 € (Rückstellungen, Verbindlichkeiten) ausgewiesen. Das steuerliche Eigenkapital der OHG entspricht dem Saldo aus aktiven und passiven Wirtschaftsgütern. Es beträgt 200.000 €. Der Gesellschafter X hat der OHG einen ihm gehörenden Bagger zur betrieblichen Nutzung vermietet. Der Bagger hat zum 31.12.2018 einen steuerlichen Buchwert von 180.000 €.

Das steuerliche Betriebsvermögen der Mitunternehmerschaft zum 31.12.2018 umfasst das in der Bilanz ausgewiesene Netto-Vermögen der XY OHG (200.000 €) sowie den (nicht in der OHG-Bilanz enthaltenen) Bagger des Gesellschafters X mit seinem Restbuchwert (180.000 €). Das OHG-Vermögen stellt „normales" Betriebsvermögen dar, der Bagger ist Sonderbetriebsvermögen des X.

Bei der Veräußerung von steuerlichem Betriebsvermögen entstehende Veräußerungsgewinne bzw. Veräußerungsverluste sind grundsätzlich einkommensteuerlich zu erfassen. Veräußerungsgewinne (Veräußerungsverluste) ergeben sich, wenn der Veräußerungspreis höher (niedriger) ist als die Summe aus dem steuerlichen Buchwert des veräußerten Betriebsvermögens und eventuell angefallenen Veräußerungskosten. Der für die Veräußerung relevante steuerliche Buchwert (Steuerbilanzwert) ist auf den Zeitpunkt der Veräußerung zu ermitteln.

Die konkreten steuerlichen Folgen betrieblicher Veräußerungsvorgänge hängen einerseits von der Art und dem Umfang des veräußerten Betriebsvermögens ab und andererseits davon, ob das Veräußerungsergebnis dem Bereich der laufenden Einkünfte oder dem Bereich der nicht laufenden Einkünfte zugeordnet wird (sog. außerordentliche Einkünfte, § 34 Abs. 2 EStG).

A) VERÄUSSERUNG VON EINZELNEN WIRTSCHAFTSGÜTERN

Gewinne, die bei der Veräußerung von einzelnen Wirtschaftsgütern des Betriebsvermögens entstehen, gehören zu den laufenden Einkünften und werden in voller Höhe besteuert, sofern nicht steuerliche Sondervorschriften bestehen. Im Fall der Veräußerung von betrieblichen **Beteiligungen an Kapitalgesellschaften** ist einkommensteuerlich z.B. das Teileinkünfteverfahren zu berücksichtigen, wonach der Veräußerungspreis nur zu 60% steuerpflichtig ist (§ 3 Nr. 40 a EStG), der Buchwert der Beteiligung und die Veräußerungskosten

aber auch nur zu 60% gewinnmindernd angesetzt werden
können (§ 3c Abs. 2 EStG). Dadurch werden bei der Veräußerung von betrieblichen Kapitalgesellschafts-Beteiligungen einkommensteuerlich faktisch nur 60% des Veräußerungsgewinns bzw. -verlustes berücksichtigt. Zum
Teileinkünfteverfahren siehe auch die Ausführungen zur
Dividendenbesteuerung.

EST (30)

BEISPIEL | Der gewerblich tätige Bauunternehmer B (Einzelun-
ternehmer) veräußert ein Baufahrzeug aus dem Fuhrpark seines
Unternehmens zum Preis von 200.000 €. Der Buchwert des Fahrzeugs zum Veräußerungszeitpunkt beträgt 80.000 €. Bei B sind
1.000 € Aufwand für die Überführung des Fahrzeugs zum Käufer
angefallen.

Der Veräußerungsgewinn von 119.000 € (200.000 € -
80.000 € - 1.000 €) gehört zu den (laufenden) Einkünften aus
Gewerbebetrieb des B und unterliegt ungemildert der ESt. Die
Veräußerung des Fahrzeugs wird im Rahmen der Verbuchung der
laufenden Geschäftsvorfälle erfasst. Der Veräußerungsgewinn ist
Bestandteil des steuerlichen Jahresgewinns des Bauunternehmens.

BEISPIEL | Der gewerblich tätige Bauunternehmer B (Einzelun-
ternehmer) veräußert eine 80%-ige betriebliche GmbH-Beteiligung
(80% des Stammkapitals der GmbH gehören B) zum Preis von
200.000 €. Der Buchwert der Beteiligung entspricht den Anschaffungskosten der Beteiligung und beträgt 80.000 €. Im Zuge der
Veräußerung sind dem B 1.000 € Aufwendungen für die notarielle
Beurkundung des Kaufvertrags entstanden.

Die Veräußerung der betrieblichen GmbH-Beteiligung unterliegt dem Teileinkünfteverfahren. Der Veräußerungspreis ist zu 40% steuerfrei (§ 3 Nr. 40 a EStG) und damit zu 60% steuerpflichtig, der Buchwert der Beteiligung und die Veräußerungskosten dürfen nur zu 60% angesetzt werden (§ 3c Abs. 2 EStG). Der steuerpflichtige Veräußerungsgewinn beträgt 71.400 € (200.000 € * 0,6 - 80.000 € * 0,6 - 1.000 € * 0,6). B hat im Zusammenhang mit der Veräußerung der betrieblichen Beteiligung 71.400 € Einkünfte aus Gewerbebetrieb zu versteuern. Trotz der Besonderheit des Teileinkünfteverfahrens handelt es sich beim steuerpflichtigen Veräußerungsgewinn nicht um außerordentliche Einkünfte, da die Voraussetzungen des § 34 Abs. 2 Nr. 1 EStG nicht erfüllt sind.

B) AUSSERORDENTLICHE VERÄUSSERUNGSVORGÄNGE

Einkünfte aus Veräußerungsvorgängen, die nicht die laufende Tätigkeit eines gewerblichen Betriebs betreffen, sondern eher selten vorkommen, werden unter Umständen nach den §§ 16, 34 EStG besteuert. Diese Vorschriften beinhalten einige steuerliche Vergünstigungen (Freibetrag gemäß § 16 Abs. 4 EStG, besondere Steuerberechnung gemäß § 34 EStG).

Zu den von § 16 EStG erfassten **„seltenen" Veräußerungsfällen** gehören insbesondere die Veräußerung des gesamten Betriebs bzw. eines Teilbetriebs (§ 16 Abs. 1 Nr. 1 EStG) sowie die Veräußerung des gesamten Anteils eines Mitunternehmers an seiner Personengesellschaft (§ 16 Abs. 1 Nr. 2 EStG). Letzterer Fall führt zwangsläufig zum Ausscheiden des veräußernden Mitunternehmers aus der Gesellschaft. Als Veräußerung gilt aber z.B.

auch die Aufgabe des Gewerbebetriebs (§ 16 Abs. 3 EStG).
Kein Fall des § 16 EStG ist die Veräußerung von Beteiligungen an Kapitalgesellschaften mit einer Ausnahme:
Die Veräußerung einer betrieblichen 100%-Beteiligung
an einer Kapitalgesellschaft wird als Teilbetriebs-
Veräußerung angesehen (§ 16 Abs. 1 Nr. 1 Satz 2 EStG).
Gewinne bzw. Verluste aus Veräußerungen gemäß § 16
Abs. 1 und 3 EStG sind bei den Einkünften aus Gewerbe-
betrieb zu erfassen.

BEISPIEL | Der gewerblich tätige Bauunternehmer B (Einzelunternehmer) veräußert seinen Betrieb zum 31.12.2018 mit Gewinn an einen Konkurrenten. Der von B erzielte Veräußerungsgewinn gehört gemäß § 16 Abs. 1 Nr. 1 EStG zu den Einkünften aus Gewerbebetrieb.

BEISPIEL | Der zu 70% an einer gewerblichen OHG beteiligte Mitunternehmer F veräußert zum 31.12.2018 die Hälfte seiner OHG-Beteiligung (35% der OHG-Anteile) mit Gewinn an G. Da F nicht seine gesamte Beteiligung veräußert und damit auch nicht seine Gesellschafterstellung beendet, gehört sein bei der Veräußerung erzielter Gewinn nicht zu den Einkünften im Sinne des § 16 EStG, sondern zu den ungemildert zu besteuernden laufenden Einkünften aus Gewerbebetrieb (§ 16 Abs. 1 Satz 2 EStG).

Der **Veräußerungsgewinn bzw. –verlust** im Sinne des
§ 16 EStG ergibt sich, indem vom Veräußerungspreis der
Buchwert des veräußerten Betriebsvermögens sowie eventuell angefallene Veräußerungskosten abgezogen werden

(§ 16 Abs. 2 Satz 1 EStG). Der Buchwert des veräußerten Betriebsvermögens ist zum Veräußerungszeitpunkt
durch Bilanzierung zu ermitteln (§ 16 Abs. 2 Satz 2
EStG). Er entspricht dem (gegebenenfalls anteiligen)
Steuerbilanz-Eigenkapital zum Veräußerungszeitpunkt.

BEISPIEL | Der gewerblich tätige Bauunternehmer B (Einzelunter-
nehmer) veräußert seinen Betrieb zum 31.12.2018 zum Preis von
600.000 € an einen Konkurrenten. Das in der Steuerbilanz zum
31.12.2018 ausgewiesene Netto-Betriebsvermögen (Eigenkapital)
beträgt 200.000 €. Veräußerungskosten sind nicht angefallen.
  Bei der Veräußerung des Bauunternehmens handelt es sich
um eine Betriebsveräußerung im Sinne von § 16 Abs. 1 Nr. 1 EStG.
Der nach § 16 Abs. 2 EStG ermittelte Veräußerungsgewinn des B
beträgt 400.000 € und gehört bei B zu den Einkünften aus Gewerbebetrieb.

Von dem nach § 16 Abs. 2 EStG ermittelten Veräußerungsgewinn kann unter bestimmten Voraussetzungen
(Mindestalter 55 Jahre oder dauernde Berufsunfähigkeit) auf Antrag für einen einzigen Veräußerungsgewinn
ein **Freibetrag** in Höhe von maximal 45.000 € abgezogen
werden (§ 16 Abs. 4 EStG). Der maximal mögliche Freibetrag wird allerdings um den Betrag vermindert, um
den der Veräußerungsgewinn höher ist als 136.000 €.
Bei einem Veräußerungsgewinn von 181.000 € oder mehr
wird faktisch kein Freibetrag mehr gewährt.

BEISPIEL | S, T und U sind Gesellschafter der STU KG. S scheidet zum 30.6.2018 aus der KG dadurch aus, dass er seinen gesamten Mitunternehmeranteil zum Preis von 335.000 € an V veräußert. Gemäß einer von der KG zum 30.6.2018 aufgestellten Steuerbilanz entfällt vom gesamten Eigenkapital (200.000 €) ein Teilbetrag von 160.000 € auf S und ein Teilbetrag von jeweils 20.000 € auf T bzw. U. Im Zusammenhang mit dem Anteilsverkauf sind bei S 11.000 € Veräußerungskosten angefallen. S möchte wissen, ob der Anteilsverkauf sein zu versteuerndes Einkommen 2018 beeinflusst. S ist 60 Jahre alt und hat den Freibetrag nach § 16 Abs. 4 EStG bisher noch nicht in Anspruch genommen. S möchte sein zu versteuerndes Einkommen so gering wie möglich halten.

Die Veräußerung des gesamten Mitunternehmeranteils des S fällt unter § 16 Abs. 1 Nr. 2 EStG. Der gemäß § 16 Abs. 2 EStG ermittelte Veräußerungsgewinn beträgt 164.000 € (335.000 € - 160.000 € - 11.000 €). S könnte einen Antrag auf Gewährung des Freibetrags nach § 16 Abs. 4 EStG stellen, denn er erfüllt die in § 16 Abs. 4 EStG genannten Voraussetzungen für den Freibetrag. Da der Veräußerungsgewinn den nach § 16 Abs. 4 EStG vorgesehenen Höchstbetrag von 136.000 € aber um 28.000 € übersteigt, wird der in § 16 Abs. 4 EStG aufgeführte Freibetrag von 45.000 € um den „zu hohen" Teil des Veräußerungsgewinns gekürzt (gekürzter Freibetrag: 17.000 €). Hieraus resultiert ein steuerpflichtiger Veräußerungsgewinn in Höhe von 147.000 € (164.000 € - 17.000 €). Dieser Gewinn gehört zu den Einkünften aus Gewerbebetrieb des S. Das zu versteuernde Einkommen 2018 des S wird durch den Anteilsverkauf somit um 147.000 € erhöht.

Die zu Einkünften aus Gewerbebetrieb führende Vorschrift des § 16 EStG ist bei vergleichbaren Veräußerungsvorgängen im Bereich der anderen beiden

Gewinneinkunftsarten (Einkünfte aus Land- und Forstwirtschaft, Einkünfte aus selbständiger Arbeit) entsprechend anzuwenden (§ 14 EStG, § 18 Abs. 3 EStG),
z.B. bei der Veräußerung einer Arztpraxis.

§ 34 EStG ist eine **besondere Tarifvorschrift**, welche vorrangig vor der allgemeinen Tarifvorschrift des
§ 32a EStG anzuwenden ist, wenn das zu versteuernde
Einkommen außerordentliche Einkünfte enthält. Zu den
in § 34 Abs. 2 EStG aufgeführten außerordentlichen
Einkünften gehören unter anderem Veräußerungsgewinne
nach § 16 EStG (§ 34 Abs. 2 Nr. 1 EStG). § 34 EStG
beinhaltet zwei „Methoden" der Steuerberechnung bei
Vorliegen von außerordentlichen Einkünften: Die außerordentlichen Einkünfte werden entweder mittels der
„Fünftel-Methode" (§ 34 Abs. 1 EStG) oder durch die
Anwendung eines ermäßigten Steuersatzes (§ 34 Abs. 3
EStG) versteuert. § 34 Abs. 3 EStG kann allerdings nur
bei Erfüllung bestimmter, zusätzlicher Voraussetzungen genutzt werden; im Übrigen ist § 34 Abs. 1 EStG
anzuwenden.

Die (recht komplizierte) Steuerberechnung nach der
„Fünftel-Methode" des § 34 Abs. 1 EStG führt beim
Steuerpflichtigen unter Umständen zu einem Steuervorteil durch Abmilderung des progressiven ESt-Satzes.
Die ESt-Berechnung für ein zu versteuerndes Einkommen,
welches außerordentliche Einkünfte enthält, erfolgt in
fünf Schritten:

1. Berechnung der ESt auf das zu versteuernde Einkommen,
   welches ohne Einbeziehung der außerordentlichen
   Einkünfte verbleibt (sog. verbleibendes zu versteuerndes Einkommen)

2. Berechnung der ESt auf das um ein Fünftel der außerordentlichen Einkünfte erhöhte verbleibende zu versteuernde Einkommen

3. Berechnung des ESt-Unterschiedsbetrags (ESt lt. Nr. 2 abzüglich ESt lt. Nr. 1)

4. Berechnung des fünffachen ESt-Unterschiedsbetrags lt. Nr. 3

5. Berechnung der gesamten ESt (ESt lt. Nr. 1 zuzüglich ESt lt. Nr. 4)

BEISPIEL | Der ledige, 66-jährige G hat in 2018 ein zu versteuerndes Einkommen von 320.000 €. Darin enthalten sind außerordentliche Einkünfte von 300.000 €, da G zu Beginn des Jahres seinen gesamten OHG-Mitunternehmeranteil veräußert hat. Wie hoch ist die tarifliche ESt 2018 des G bei Anwendung der „Fünftel-Methode" nach § 34 Abs. 1 EStG?

Die tarifliche ESt gemäß § 34 Abs. 1 EStG lässt sich in fünf Schritten wie folgt ermitteln (zu den Schritten 1 bis 5 vgl. das im Textteil erläuterte Schema zu § 34 Abs. 1 EStG):

- Schritt 1 (gemäß § 32a Abs. 1 EStG berechnete ESt auf 20.000 €): 2.467 €

- Schritt 2 (gemäß § 32a Abs. 1 EStG berechnete ESt auf 80.000 €): 24.978 €

- Schritt 3 (ESt-Unterschiedsbetrag):
  24.978 € - 2.467 € = 22.511 €

- Schritt 4 (fünffacher Unterschiedsbetrag):
  22.511 € * 5 = 112.555 €

- Schritt 5 (gesamte tarifliche ESt):
  2.467 € + 112.555 € = 115.022 €

Die tarifliche ESt 2018 des G beträgt 115.022 €. Wäre das zu versteuernde Einkommen von 320.000 € insgesamt nach der allgemeinen Tarifvorschrift des § 32a EStG versteuert worden, hätte sich eine tarifliche ESt von 127.562 € ergeben. Der Steuervorteil durch die Anwendung von § 34 Abs. 1 EStG beträgt 12.540 €.

Erfüllt ein Steuerpflichtiger die zusätzlichen Voraussetzungen des § 34 Abs. 3 EStG (Vorliegen bestimmter außerordentlicher Einkünfte, Mindestalter 55 Jahre oder dauernde Berufsunfähigkeit), kann er für einen einzigen Veräußerungsgewinn bis zur Höhe von 5 Mio. € einen Antrag nach § 34 Abs. 3 EStG auf Besteuerung mit einem **ermäßigten Steuersatz** stellen. Der ermäßigte Steuersatz liegt bei 56% des durchschnittlichen Steuersatzes, der sich bei Anwendung der allgemeinen Tarifvorschrift des § 32a EStG auf das zu versteuernde Einkommen ergeben würde; er beträgt allerdings mindestens 14%. Die ESt auf die außerordentlichen Einkünfte wird bei Anwendung von § 34 Abs. 3 EStG gegenüber einer „Normalversteuerung" fast halbiert.

Die tarifliche ESt bei Anwendung von § 34 Abs. 3 EStG lässt sich, ähnlich der Berechnungsweise bei Anwendung von § 34 Abs. 1 EStG, in fünf Schritten ermitteln:

1. Berechnung der ESt auf das zu versteuernde Einkommen, welches ohne Einbeziehung der außerordentlichen Einkünfte verbleibt (sog. verbleibendes zu versteuerndes Einkommen)

2. Berechnung der ESt, die sich bei Anwendung von § 32a EStG auf das gesamte zu versteuernde Einkommen ergeben würde

3. Berechnung des ermäßigten Durchschnittssteuersatzes [(ESt lt. Nr. 2 / zu versteuerndes Einkommen) * 0,56]

4. Berechnung der ESt auf die außerordentlichen Einkünfte (ermäßigter Steuersatz * außerordentliche Einkünfte)

5. Berechnung der gesamten ESt (ESt lt. Nr. 1 zuzüglich ESt lt. Nr. 4)

BEISPIEL | Der ledige, 66-jährige G hat in 2018 ein zu versteuerndes Einkommen von 320.000 €. Darin enthalten sind außerordentliche Einkünfte von 300.000 €, da G zu Beginn des Jahres seinen gesamten OHG-Mitunternehmeranteil veräußert hat. Wie hoch ist die tarifliche ESt 2018 des G bei Anwendung des ermäßigten Steuersatzes nach § 34 Abs. 3 EStG?

Die tarifliche ESt gemäß § 34 Abs. 3 EStG lässt sich in fünf Schritten wie folgt ermitteln (zu den Schritten 1 bis 5 vgl. das im Textteil erläuterte Schema zu § 34 Abs. 3 EStG):

- Schritt 1 (gemäß § 32a Abs. 1 EStG berechnete ESt auf 20.000 €): 2.467 €

- Schritt 2 (gemäß § 32a Abs. 1 EStG berechnete ESt auf 320.000 €): 127.562 €

- Schritt 3 (ermäßigter Steuersatz): 127.562 € / 320.000 € * 0,56 = 0,2232; der Mindest-Steuersatz von 14% ist überschritten

- Schritt 4 (ESt auf die außerordentlichen Einkünfte):
  300.000 € * 0,2232 = 66.960 €

- Schritt 5 (gesamte tarifliche ESt):
  2.467 € + 66.960 € = 69.427 €

Die tarifliche ESt 2018 des G beträgt 69.427 €. Wäre das zu versteuernde Einkommen von 320.000 € insgesamt nach der allgemeinen Tarifvorschrift des § 32a EStG versteuert worden, hätte sich eine tarifliche ESt von 127.562 € ergeben. Der Steuervorteil durch die Anwendung von § 34 Abs. 3 EStG beträgt 58.135 €.

Betriebsvermögen, Sonderbetriebsvermögen, Einzelwirtschaftsgüter, Beteiligung an Kapitalgesellschaften, seltene Veräußerungsfälle, Veräußerungsgewinn bzw. -verlust, Freibetrag, Fünftel-Methode, ermäßigter Steuersatz

Übersicht 9: Veräußerung von Betriebsvermögen

VERÄUSSERUNG VON PRIVATVERMÖGEN

Während die Veräußerung von steuerlichem Betriebsvermögen grundsätzlich einkommensteuerlich relevant ist, führt die Veräußerung von **Privatvermögen** nur im Ausnahmefall zu steuerpflichtigen Einkünften. Allerdings ist der Umfang der zur Besteuerung führenden Ausnahmetatbestände im Laufe der Jahre deutlich erweitert worden. Das steuerliche Privatvermögen eines Steuerpflichtigen umfasst alle ihm zuzurechnenden Wirtschaftsgüter, die nicht zum Betriebsvermögen zählen, z.B. private Immobilien (selbstgenutzt oder vermietet), private Kapitalanlagen und Hausrat.

Gemäß § 20 Abs. 2 EStG gehören die bei der Veräußerung von privatem Kapitalvermögen erzielten Gewinne zu den **Einkünften aus Kapitalvermögen**, etwa Gewinne aus der Veräußerung von Anteilen an Kapitalgesellschaften. Dies gilt allerdings nur insoweit, als die Einkünfte nicht einer „stärkeren" Einkunftsart zuzuordnen sind (§ 20 Abs. 8 EStG), insbesondere einer Gewinneinkunftsart. ESt (16)

Wird Privatvermögen innerhalb bestimmter Fristen nach dem Erwerb wieder veräußert, handelt es sich um ein sog. **privates Veräußerungsgeschäft**. Details zu den privaten Veräußerungsgeschäften sind in § 23 EStG geregelt. Gewinne, die im Rahmen privater Veräußerungsgeschäfte erzielt werden, sind gemäß § 22 Nr. 2 EStG als **sonstige Einkünfte** zu versteuern. Nach § 23 Abs. 2 ESt (18)
EStG gilt dies aber nur dann, wenn sich der Gewinn aus dem privaten Veräußerungsgeschäft keiner anderen Einkunftsart zurechnen lässt.

BEISPIEL | Der Kapitalanleger K hat im Juli 2018 einige Aktien der XY AG erworben. Seine Beteiligung an der XY AG liegt bei 0,5% des Grundkapitals. Die Aktien gehören bei K zum Privatvermögen. K veräußert im September 2018 seine Aktien an der XY AG und erzielt dabei einen steuerlichen Gewinn von 800 €. Welche Einkunftsart ist für K relevant?

Bei der Veräußerung der Aktien des K handelt es sich um ein privates Veräußerungsgeschäft im Sinne von § 23 Abs. 1 Nr. 2 EStG, da der Erwerb und die Veräußerung der zum Privatvermögen gehörenden Aktien innerhalb der in § 23 Abs. 1 Nr. 2 EStG vorgesehenen Frist von einem Jahr erfolgt sind. Der steuerliche Gewinn gehört aber nur dann zu den sonstigen Einkünften, wenn keine andere Einkunftsart relevant ist (§ 23 Abs. 2 EStG). Gemäß § 20 Abs. 2 Nr. 1 EStG gehört der Veräußerungsgewinn aus dem Aktienverkauf zu den Einkünften aus Kapitalvermögen. Diese Einkunftsart ist vorrangig vor der Einkunftsart „sonstige Einkünfte". Da im Bsp. keine „noch stärkere" Einkunftsart erkennbar ist, zählt der Veräußerungsgewinn bei K zu dessen Einkünften aus Kapitalvermögen.

Gewinne aus der Veräußerung von im Privatvermögen befindlichen Anteilen an Kapitalgesellschaften gehören zu den **Einkünften aus Gewerbebetrieb**, wenn der Veräußerer innerhalb der letzten fünf Jahre vor der Veräußerung zu irgendeinem Zeitpunkt mit mindestens 1% am Kapital der Gesellschaft unmittelbar oder mittelbar beteiligt war (§ 17 Abs. 1 EStG). Die Verknüpfung von Privatvermögen mit Einkünften aus Gewerbebetrieb ist systematisch unbefriedigend.

Veräußerungsgewinn ist gemäß § 17 Abs. 2 EStG die Differenz aus dem Veräußerungspreis einerseits und den Anschaffungskosten sowie den Veräußerungskosten andererseits. Bei der Ermittlung des Veräußerungsgewinns ist das **Teileinkünfteverfahren** zu beachten. Nach § 3 Nr. 40 c EStG sind 40% des Veräußerungspreises steuerfrei (d.h. 60% sind steuerpflichtig); die gewinnmindernd anzusetzenden Anschaffungskosten und Veräußerungskosten dürfen nach § 3c Abs. 2 EStG nur zu 60% berücksichtigt werden.

Der Veräußerungsgewinn kann unter Umständen noch um einen **Freibetrag** gemindert werden (§ 17 Abs. 3 EStG). Bei Veräußerung einer 100%-igen Beteiligung beträgt der Freibetrag maximal 9.060 €; er wird im Fall der 100%-igen Beteiligung gekürzt, soweit der Veräußerungsgewinn höher ist als 36.100 €. Wird nicht eine 100%-ige Beteiligung, sondern ein geringerer Anteil an einer Kapitalgesellschaft veräußert, sind die in § 17 Abs. 3 EStG aufgeführten (auf die 100%-ige Beteiligung zugeschnittenen) Beträge entsprechend dem veräußerten Anteil umzurechnen.

BEISPIEL | Der Kapitalanleger K hat im Juli 2018 einige Aktien der XY AG erworben. Seine Beteiligung an der XY AG liegt bei 10% des Grundkapitals. Die Aktien gehören bei K zum Privatvermögen. K veräußert im September 2018 seine Aktien an der XY AG und erzielt dabei einen steuerlichen Gewinn von 800 €. Welche Einkunftsart ist für K relevant?

Bei der Veräußerung der Aktien des K handelt es sich um ein privates Veräußerungsgeschäft im Sinne von § 23 Abs. 1 Nr. 2 EStG, da der Erwerb und die Veräußerung der zum

Privatvermögen gehörenden Aktien innerhalb der in § 23 Abs. 1 Nr. 2 EStG vorgesehenen Frist von einem Jahr erfolgt sind. Der steuerliche Gewinn ist aber nur dann bei den sonstigen Einkünften zu erfassen, wenn keine andere Einkunftsart relevant ist. Gemäß § 20 Abs. 2 Nr. 1 EStG gehört der Veräußerungsgewinn aus dem Aktienverkauf zu den Einkünften aus Kapitalvermögen. Diese Einkunftsart ist vorrangig vor der Einkunftsart „sonstige Einkünfte". Die Einkünfte aus Kapitalvermögen sind allerdings nachrangig gegenüber den Gewinneinkunftsarten (§ 20 Abs. 8 EStG). Da K im vorliegenden Fall die Voraussetzungen des § 17 EStG erfüllt (Privatvermögen, Mindestbeteiligung innerhalb der letzten fünf Jahre), gehört der Veräußerungsgewinn bei ihm zu den Einkünften aus Gewerbebetrieb.

BEISPIEL | S veräußert einen 30%-igen GmbH-Anteil, der seinem Privatvermögen zuzurechnen war, für 30.000 €. Die Anschaffungskosten des veräußerten Anteils betrugen 8.000 €. Veräußerungskosten sind bei S nicht angefallen. Welche Einkunftsart ist relevant und wie hoch ist der steuerpflichtige Veräußerungsgewinn des S?

S veräußert eine Beteiligung im Sinne des § 17 EStG. Ein eventueller Veräußerungsgewinn gehört bei S zu dessen Einkünften aus Gewerbebetrieb (andere, vorrangige Vorschriften sind nicht vorhanden). Für die Ermittlung des Veräußerungsgewinns ist das Teileinkünfteverfahren (§ 3 Nr. 40 c EStG und § 3c Abs. 2 EStG) zu beachten. Der Veräußerungspreis und die Anschaffungskosten sind jeweils zu 60% anzusetzen. Der Veräußerungsgewinn beträgt somit 13.200 € (30.000 € *0,6 - 8.000 € * 0,6). S könnte gemäß § 17 Abs. 3 EStG vom Veräußerungsgewinn einen Freibetrag von maximal 2.718 € abziehen (9.060 € * 0,3). Soweit sein Veräußerungsgewinn den Betrag von 10.830 € übersteigt (36.100 € * 0,3), wird der Freibetrag allerdings wieder vermindert.

Der Veräußerungsgewinn überschreitet den Höchstbetrag um 2.370 €, so dass dem S letztlich nur ein Freibetrag in Höhe von 348 € verbleibt. Der steuerpflichtige Veräußerungsgewinn des S liegt somit bei 12.852 € (13.200 € - 348 €). S muss diesen Betrag bei den Einkünften aus Gewerbebetrieb versteuern.

 Privatvermögen, Einkünfte aus Kapitalvermögen, sonstige Einkünfte, privates Veräußerungsgeschäft, Einkünfte aus Gewerbebetrieb, Teileinkünfteverfahren, Freibetrag

 Übersicht 10: Veräußerung von Privatvermögen

STEUERERMÄSSIGUNG NACH § 35 ESTG

Die in den §§ 34c bis 35b EStG im Einzelnen geregelten Steuerermäßigungen führen lt. § 2 Abs. 6 EStG zu einer unmittelbaren Verminderung der tariflichen EST (4) ESt (vgl. hierzu auch **Steuertarif und Steuerzahlung**).

Nach § 35 EStG wird eine Steuerermäßigung in den Fällen gewährt, in denen gewerbliche Einkünfte von Einzelunternehmern bzw. Mitunternehmern nicht nur der ESt, sondern auch der GewSt unterliegen. Die zusätzliche Steuerbelastung infolge der GewSt wird durch eine Steuerentlastung bei der ESt abgemildert, eventuell sogar beseitigt. Würde keine GewSt erhoben, gäbe es auch keine steuerliche Doppelbelastung und die Steuerermäßigung des § 35 EStG wäre überflüssig. Einer „Abschaffung" der GewSt steht aber unter anderem entgegen, dass sie als Gemeindesteuer den Gemeinden zusteht und für diese eine unverzichtbare Einnahmequelle ist. Die gewollte Steuerentlastung gewerblicher Einkünfte wurde deshalb vom Gesetzgeber in Form einer Steuerermäßigung bei der ESt umgesetzt. Die Steuerermäßigung nach § 35 EStG wird auch als **Anrechnung der GewSt auf die ESt** bezeichnet.

Zum besseren Verständnis des § 35 EStG wird zunächst (in stark vereinfachter Darstellung und ohne Nennung von Vorschriften des GewStG) auf einige gewerbesteuerliche Grundlagen eingegangen. Der GewSt unterliegen gewerbliche Unternehmen, soweit sie im Inland betrieben werden. Besteuerungsgrundlage der GewSt ist der von einem Gewerbebetrieb während eines Jahres erzielte „gewerbesteuerliche Gewinn" (sog. Gewerbeertrag). Der mit einer Steuermesszahl von 3,5% multiplizierte Gewerbeertrag ergibt den **GewSt-Messbetrag** (Rechengröße). Die GewSt wird durch Anwendung eines von der Gemeinde festgesetzten **GewSt-Hebesatzes** auf den GewSt-Messbetrag ermittelt. Die Höhe der GewSt hängt somit einerseits vom Ertrag des Unternehmens, anderer-seits vom Hebesatz der steuerberechtigten Gemeinde ab.

 BEISPIEL | Der Unternehmer U betreibt ein gewerbliches Einzel-unternehmen in der Gemeinde A. Die Gemeinde hat für 2018 einen GewSt-Hebesatz von 400% festgelegt. U erzielt mit seinem Einzel-unternehmen einen Gewerbeertrag von 100.000 € (GewSt-Details werden an dieser Stelle noch nicht berücksichtigt).

Durch Anwendung einer Steuermesszahl in Höhe von 3,5% auf den Gewerbeertrag wird der GewSt-Messbetrag 2018 ermittelt (3.500 €). Die an die Gemeinde A zu zahlende GewSt 2018 ergibt sich durch Multiplikation des GewSt-Messbetrags mit dem von der Gemeinde für 2018 festgelegten GewSt-Hebesatz in Höhe von 400%. U muss für 2018 14.000 € GewSt zahlen.

Gemäß § 35 Abs. 1 EStG ermäßigt sich die tarif-liche ESt von Einzelunternehmern bzw. Mitunternehmern, soweit sie auf gewerbliche Einkünfte entfällt, die im zu versteuernden Einkommen enthalten sind. Die Ermä-ßigung beträgt bei Einzelunternehmern das 3,8-fache des festgesetzten GewSt-Messbetrags (§ 35 Abs. 1 Nr. 1 EStG), bei Mitunternehmern das 3,8-fache des anteilig auf den jeweiligen Mitunternehmer entfallenden GewSt-Messbetrags (§ 35 Abs. 1 Nr. 2 EStG). Die Ermäßigung darf allerdings die tatsächlich gezahlte GewSt nicht übersteigen (§ 35 Abs. 1 Satz 5 EStG).

Bei der Anwendung von § 35 EStG sind somit faktisch **drei Ermäßigungs-Obergrenzen** zu beachten: Es steht nur ein bestimmter Teil der tariflichen ESt für Zwecke der Steuerermäßigung zur Verfügung (sog. **Ermäßigungshöchstbetrag**), die Ermäßigung ist beschränkt auf das 3,8-fache des GewSt-Messbetrags und die Ermäßigung darf die tatsächlich gezahlte GewSt nicht übersteigen.

BEISPIEL | Der ledige S betreibt ein gewerbliches Einzelunternehmen. In 2018 erzielt er 20.000 € Einkünfte aus Gewerbebetrieb und 80.000 € Einkünfte aus Vermietung und Verpachtung. Die steuerlich berücksichtigungsfähigen Privatausgaben 2018 des S (z.B. Sonderausgaben) betragen 6.000 €. Für 2018 wurde ein GewSt-Messbetrag von 700 € festgesetzt. Der für das Unternehmen des S relevante GewSt-Hebesatz 2018 liegt bei 420%. Wie hoch ist die festzusetzende ESt 2018 des S?

Die Summe der Einkünfte des S beträgt in 2018 100.000 € und das zu versteuernde Einkommen 94.000 € (20.000 € + 80.000 € - 6.000 €). Gemäß Grundtarif (§ 32a Abs. 1 EStG) ergibt sich für 2018 eine tarifliche ESt in Höhe von 30.858 €. Für die Steuerermäßigung des § 35 EStG steht nur der Teil der tariflichen ESt zur Verfügung, der auf die im zu versteuernden Einkommen enthaltenen gewerblichen Einkünfte entfällt (Ermäßigungshöchstbetrag). Dieser wird gemäß § 35 Abs. 1 Satz 2 EStG ermittelt (etwas vereinfacht: [gewerbliche Einkünfte / Summe der Einkünfte] * tarifliche ESt). Der Ermäßigungshöchstbetrag liegt im vorliegenden Fall bei 6.172 € (erste Obergrenze). Gemäß § 35 Abs. 1 Nr. 1 EStG mindert sich die tarifliche ESt des S um das 3,8-fache des GewSt-Messbetrags 2018, somit um 2.660 € (zweite Obergrenze). Die Ermäßigung darf allerdings die gezahlte GewSt nicht übersteigen (dritte Obergrenze). Im Fall des S fällt GewSt in Höhe von 2.940 € an (700 € * 4,2). Die tarifliche ESt 2018 des S ermäßigt sich nach § 35 EStG um 2.660 €, wodurch sich für S eine festzusetzende ESt in Höhe von 28.198 € ergibt (30.858 € - 2.660 €).

BEISPIEL | T ist Gesellschafter einer OHG. Er ist zu 60% am Vermögen und am Ergebnis der Gesellschaft beteiligt. Der für die OHG festgesetzte GewSt-Messbetrag liegt in 2018 bei 7.000 €, der für die OHG relevante GewSt-Hebesatz der Gemeinde sei mit 360% angenommen. Die GewSt 2018 der OHG beträgt demzufolge 25.200 €. T fragt sich, ob sich seine tarifliche ESt 2018 nach § 35 EStG um das 3,8-fache des GewSt-Messbetrags ermäßigt. Es sei angenommen, dass der für T ermittelte Ermäßigungshöchstbetrag über den anderen Grenzwerten des § 35 Abs. 1 EStG liegt und deshalb nicht den „Engpass" für die Steuerermäßigung darstellt.

Da T nicht alleiniger Inhaber des Unternehmens, sondern lediglich einer von mehreren Gesellschaftern der OHG ist, kann er im Idealfall auch nicht das 3,8-fache des gesamten GewSt-Messbetrags, sondern lediglich das 3,8-fache des anteilig auf ihn entfallenden GewSt-Messbetrags als Steuerermäßigung geltend machen (§ 35 Abs. 1 Nr. 2 EStG). Sein Anteil richtet sich nach dem allgemeinen Gewinnverteilungsschlüssel der OHG (§ 35 Abs. 2 Satz 2 EStG). T, der zu 60% an der OHG beteiligt ist, kann seine tarifliche ESt somit maximal um 15.960 € Steuerermäßigung mindern (3,8 * 7.000 € * 0,6). Der Ermäßigungsbetrag darf aber nicht höher sein als die tatsächliche GewSt der OHG, die anteilig auf T entfällt (§ 35 Abs. 2 und 4 EStG). Die anteilig auf T entfallende tatsächliche GewSt beträgt 15.120 € (25.200 € * 0,6). Die für T mögliche Steuerermäßigung gemäß § 35 EStG wird somit durch die tatsächlich anfallende GewSt auf den Betrag von 15.120 € begrenzt.

Eine Steuerermäßigung in Höhe des 3,8-fachen des GewSt-Messbetrags entspricht der GewSt, die sich bei einem GewSt-Hebesatz von 380% ergeben würde. Bei Unternehmen, die einem GewSt-Hebesatz von 380% unterliegen, kann die GewSt-Belastung des Unternehmens somit durch eine entsprechend hohe Entlastung bei der ESt der Inhaber vollständig kompensiert werden. Liegt der für das Unternehmen relevante GewSt-Hebesatz unterhalb von 380%, bestimmt die tatsächliche GewSt den Ermäßigungsbetrag; bei GewSt-Hebesätzen über 380% wird die Ermäßigung auf das 3,8-fache des GewSt-Messbetrags beschränkt. In diesen Fällen kommt es nicht zu einer vollständigen Anrechnung der GewSt auf die ESt. Eine vollständige bzw. weitgehende Anrechnung der GewSt auf die ESt setzt allerdings voraus, dass der Ermäßigungshöchstbetrag im Sinne des § 35 Abs. 1 EStG nicht die kleinste der Obergrenzen darstellt, denn sonst wird die maximal mögliche Ermäßigung durch den Ermäßigungshöchstbetrag begrenzt. Die dadurch in einem Jahr nicht anrechenbaren GewSt-Beträge (sog. Anrechnungsüberhänge) können nicht in andere Jahre übertragen werden.

Die Steuerermäßigung nach § 35 EStG kann nur von natürlichen Personen in Anspruch genommen werden. Im Rahmen der Besteuerung des Einkommens von juristischen Personen, z.B. Kapitalgesellschaften, ist § 35 EStG nicht relevant.

Anrechnung der GewSt auf die ESt, GewSt-Messbetrag, GewSt-Hebesatz, drei Ermäßigungs-Obergrenzen, Ermäßigungshöchstbetrag

Übersicht 2: Systematik der ESt-Ermittlung

Teil II

Körperschaftsteuer

(KSt)

ALLGEMEINES UND RECHTSQUELLEN

Während natürliche Personen mit ihren Einkünften der ESt unterliegen, werden die Einkünfte anderer rechtsfähiger und nicht rechtsfähiger „Gebilde" der KSt unterworfen. Hierzu gehören insbesondere die Einkünfte von juristischen Personen in der Rechtsform einer **Kapitalgesellschaft**, etwa einer AG oder GmbH. Die KSt ist dem Grunde nach eine ESt für „nicht natürliche" Personen.

Personengesellschaften (steuerlich häufig auch als **Mitunternehmerschaften** bezeichnet) zählen trotz ihrer rechtlichen Eigenständigkeit nicht zu den KSt-pflichtigen Gebilden; die von einer Personengesellschaft erzielten Einkünfte werden steuerlich anteilig unmittelbar deren Gesellschaftern zugerechnet, welche die auf sie entfallenden Einkünfte nach den jeweiligen individuellen Verhältnissen versteuern müssen. ESt (29)

Die KSt-Schuld ergibt sich durch Anwendung eines **proportionalen Steuertarifs** (Steuersatz in Höhe von 15%) auf das während eines Jahres erzielte zu versteuernde Einkommen einer KSt-pflichtigen Person. Das zu versteuernde Einkommen wird nach einkommensteuerlichen sowie körperschaftsteuerlichen Vorschriften ermittelt. Steuerschuldner ist die KSt-pflichtige Person selbst.

Als Ergänzungsabgabe zur KSt wird, wie bei der ESt, ein Solidaritätszuschlag (SolZ) in Höhe von 5,5% der KSt-Schuld erhoben.

In der systematischen **Ordnung der Steuerarten** gehört die KSt wie die ESt zur Gruppe der direkten Steuern (Identität von Steuerschuldner und Steuerträger) und zur Gruppe der Ertragsteuern (Besteuerungsgrund ist die Erzielung von „Erträgen"). Das **Aufkommen** der KSt

2016 ist mit ca. 27 Mrd. € im Vergleich zum ESt-Aufkommen 2016 in Höhe von 264 Mrd. € recht gering (Quelle: Statistisches Bundesamt, www.destatis.de).

Rechtsquellen der KSt sind das Körperschaftsteuergesetz (KStG), die Körperschaftsteuer-Durchführungsverordnung (KStDV) sowie die Rechtsprechung (z.B. Bundesverfassungsgericht und Bundesfinanzhof). Die Bundesregierung hat zum Zwecke einer einheitlichen Anwendung der Rechtsvorschriften Körperschaftsteuer-Richtlinien (KStR) nebst Körperschaftsteuer-Hinweisen (KStH) veröffentlicht.

Einige der im KStG verwendeten Begriffe sind nicht in diesem Gesetz, sondern in der Abgabenordnung (AO) definiert, die neben Begrifflichkeiten insbesondere Vorschriften zum Besteuerungsverfahren enthält.

Kapitalgesellschaft, proportionaler Steuertarif, Ordnung der Steuerarten, Steueraufkommen, Rechtsquellen

PERSÖNLICHE STEUERPFLICHT (VON KAPITALGESELLSCHAFTEN)

Hinsichtlich der persönlichen Steuerpflicht wird bei der KSt (wie bei der ESt) zwischen der **unbeschränkten Steuerpflicht** und der **beschränkten Steuerpflicht** unterschieden (§§ 1, 2 KStG). Da der Besteuerungszeitraum bei der KSt (wie bei der ESt) dem Kalenderjahr entspricht, ist die persönliche Steuerpflicht jährlich zu überprüfen.

Gemäß § 1 Abs. 1 KStG sind die dort aufgeführten „...Körperschaften, Personenvereinigungen und Vermögensmassen, die ihre **Geschäftsleitung** oder ihren **Sitz** im Inland haben...", unbeschränkt KSt-pflichtig. Zu den in § 1 Abs. 1 Nr. 1 bis 6 KStG genannten KSt-pflichtigen „Gebilden" gehören in- und ausländische Kapitalgesellschaften (§ 1 Abs. 1 Nr. 1 KStG), aber auch z.B. Genossenschaften, Vereine und Betriebe gewerblicher Art von juristischen Personen des öffentlichen Rechts. Nachfolgende Ausführungen sind allein auf die Gruppe der Kapitalgesellschaften beschränkt. Notwendige Voraussetzung für die unbeschränkte KSt-Pflicht von Kapitalgesellschaften ist, dass sich der Ort der Geschäftsleitung (§ 10 AO) oder der Sitzort (§ 11 AO) im Inland befinden.

Die unbeschränkte KSt-Pflicht umfasst lt. § 1 Abs. 2 KStG sämtliche Einkünfte, die der Steuerpflichtige während des Besteuerungszeitraums erzielt (Besteuerung des Welteinkommens).

BEISPIEL | In der Satzung der X AG ist Köln als Sitzort der Gesellschaft bestimmt. Die Leitung der X AG erfolgt durch den Vorstand der Gesellschaft. Die Büros der Geschäftsleitung befinden sich ebenfalls in Köln. Sitzort und Ort der Geschäftsleitung sind seit vielen Jahren unverändert, so auch in 2018. Die X AG erzielt in 2018 1 Mio. € inländische Einkünfte und 2 Mio. € ausländische Einkünfte.

Die X AG ist in 2018 unbeschränkt KSt-pflichtig gemäß § 1 Abs. 1 Nr. 1 KStG, da es sich bei ihr um eine Kapitalgesellschaft handelt, deren Sitz und Geschäftsleitung sich im Inland befinden. Der Besteuerung unterliegt das Welteinkommen der X AG (3 Mio. €). Für die unbeschränkte KSt-Pflicht ist es allerdings nicht notwendig, dass beide Ortskriterien erfüllt sind. Würden die Geschäfte der X AG in 2018 z.B. von Belgien aus geleitet, wäre die X AG auf Grund ihres inländischen Sitzortes dennoch in der BRD unbeschränkt KSt-pflichtig.

Die in § 1 Abs. 1 KStG aufgeführten Körperschaften, Personenvereinigungen und Vermögensmassen sind, wenn sie weder ihre Geschäftsleitung noch ihren Sitz im Inland haben, beschränkt KSt-pflichtig mit ihren inländischen Einkünften (§ 2 Nr. 1 KStG, § 49 EStG). Beschränkt Steuerpflichtige versteuern somit nicht ihr Welteinkommen, sondern ihr Inlandseinkommen.

BEISPIEL | Die N BV hat seit ihrer Gründung vor einigen Jahren ihren Gesellschaftssitz und ihre Geschäftsleitung in Venlo. Die N BV erzielt in 2018 1 Mio. € inländische Einkünfte im Sinne des § 49 EStG und 2 Mio. € Einkünfte in den Niederlanden.

Die N BV ist beschränkt KSt-pflichtig lt. § 2 Nr. 1 KStG, da es sich bei ihr um eine Kapitalgesellschaft im Sinne von § 1 Abs. 1 Nr. 1 KStG handelt und sich weder Sitz noch Geschäftsleitung der N BV im Inland befinden. Die beschränkte Steuerpflicht umfasst lediglich die inländischen Einkünfte von 1 Mio. €.

2
K
S
T

§ 5 KStG beinhaltet eine Aufzählung von umfassenden persönlichen Steuerbefreiungen (z.B. Deutsche Bundesbank, § 5 Abs. 1 Nr. 2 KStG) und umfassenden sachlichen Steuerbefreiungen (z.B. gemeinnützige Unternehmen, § 5 Abs. 1 Nr. 9 KStG). Diese Vorschrift ist für „normale", gewinnorientierte Unternehmen in der Rechtsform einer Kapitalgesellschaft nicht anwendbar, da diese Unternehmen weder die persönlichen noch die sachlichen Voraussetzungen des § 5 KStG erfüllen.

Die weitere Betrachtung der KSt-Thematik beschränkt sich weitestgehend auf gewinnorientierte Unternehmen in der Rechtsform einer Kapitalgesellschaft. Dabei wird in der Regel eine unbeschränkt steuerpflichtige inländische AG bzw. GmbH unterstellt.

 Persönliche Steuerpflicht, unbeschränkte Steuerpflicht, beschränkte Steuerpflicht, Geschäftsleitung, Sitz

ÜBERBLICK

Bei der KSt handelt es sich, wie bei der ESt, um eine **Jahressteuer**, welche jeweils für ein Kalenderjahr (Veranlagungszeitraum) festgesetzt wird (§ 7 Abs. 3 KStG).

Bemessungsgrundlage der KSt ist das im Veranlagungszeitraum erzielte zu versteuernde Einkommen (§ 7 Abs. 1 KStG). Das zu versteuernde Einkommen entspricht dem Einkommen im Sinne von § 8 Abs. 1 KStG, vermindert um die in den §§ 24 und 25 KStG aufgeführten Freibeträge (§ 7 Abs. 2 KStG). Bei einer Beschränkung der Betrachtung auf Kapitalgesellschaften sind die vorgenannten Freibeträge allerdings nicht anwendbar. Das zu versteuernde Einkommen von Kapitalgesellschaften ist somit identisch mit dem Einkommen im Sinne des § 8 Abs. 1 KStG. Die konkrete Einkommensermittlung wird durch die Vorschriften des EStG und des KStG bestimmt (§ 8 Abs. 1 Satz 1 KStG).

Welche **Vorschriften des EStG** im Einzelnen bei der körperschaftsteuerlichen Einkommensermittlung zu beachten sind, ist in R 8.1 KStR aufgeführt. Nicht anwendbar sind z.B. die EStG-Vorschriften, die den Privatbereich natürlicher Personen betreffen, z.B. die Vorschriften zu den Sonderausgaben, außergewöhnlichen Belastungen oder zu familienbezogenen Besonderheiten.

Bei der Einkommensermittlung von unbeschränkt Steuerpflichtigen im Sinne von § 1 Abs. 1 Nr. 1 bis 3 KStG (dazu gehören auch die Kapitalgesellschaften) sind sämtliche Einkünfte als Einkünfte aus Gewerbebetrieb zu behandeln (§ 8 Abs. 2 KStG). Dadurch wird die Betrachtung auf eine einzige Einkunftsart reduziert. Bei beschränkter KSt-Pflicht kommen allerdings auch andere Einkunftsarten in Betracht, z.B. Einkünfte aus Vermietung und Verpachtung.

Neben den EStG-Vorschriften sind gemäß § 8 Abs. 1 Satz 1 KStG bei der Ermittlung des Einkommens KSt-pflichtiger Personen auch die **Vorschriften des KStG** zu beachten, insbesondere KSt-spezifische Regelungen zur steuerlichen Abziehbarkeit von Aufwendungen und zur Steuerfreiheit von Erträgen.

Auf Grund der Verweisung in § 8 Abs. 1 KStG gelten für die körperschaftsteuerliche Einkommensermittlung von Kapitalgesellschaften unter anderem auch die Gewinnermittlungsvorschriften des EStG, die für buchführende Steuerpflichtige als Gewinnermittlungsmethode den **Betriebsvermögensvergleich** vorsehen (§ 4 Abs. 1 EStG, § 5 EStG). Da Kapitalgesellschaften nach den Vorschriften des HGB als Kaufleute buchführungspflichtig sind und sie diese Verpflichtung nach § 140 AO auch steuerlich trifft, haben Kapitalgesellschaften ihren steuerlichen Gewinn stets durch Betriebsvermögensvergleich zu ermitteln.

ESt (11)

Bei der Ermittlung ihres Gewinns müssen Kapitalgesellschaften § 5 EStG berücksichtigen. Nach dieser Vorschrift ist das steuerliche Betriebsvermögen unter Beachtung der handelsrechtlichen Grundsätze ordnungsmäßiger Buchführung anzusetzen (sog. **Maßgeblichkeit der Handelsbilanz für die Steuerbilanz**; § 5 Abs. 1 Satz 1 EStG). Für die steuerliche Gewinnermittlung sind somit grundsätzlich die handelsrechtlichen Bilanzierungs- und Bewertungsvorschriften relevant, was bei isolierter Betrachtung dazu führen würde, dass der handelsrechtliche Jahresabschluss („Handelsbilanz") mit dem steuerlichen Jahresabschluss („Steuerbilanz") übereinstimmt. Der Handelsbilanzgewinn würde auf Grund der Maßgeblichkeit stets dem Steuerbilanzgewinn entsprechen.

KSt (4)

Zu einer **Durchbrechung der Maßgeblichkeit** der Handelsbilanz kommt es, soweit vom Handelsrecht abweichende steuerliche Wahlrechte genutzt werden bzw. soweit das Steuerrecht zwingend einen vom Handelsrecht abweichenden Ansatz vorschreibt (steuerliche Bilanzierungs- und Bewertungsvorbehalte). In diesen Fällen unterscheiden sich die Vermögensansätze in Handelsbilanz und Steuerbilanz; in der Folge sind regelmäßig auch der Handelsbilanzgewinn und der Steuerbilanzgewinn unterschiedlich hoch.

Einige der bei der steuerlichen Gewinnermittlung zu beachtenden Vorschriften des EStG bzw. KStG können nicht innerhalb, sondern nur außerhalb der Steuerbilanz „verarbeitet" werden. Dies betrifft insbesondere betrieblich bedingte Aufwendungen, die bei der steuerlichen Gewinnermittlung als nichtabziehbare Ausgaben eingestuft werden, sowie Erträge, die bei der steuerlichen Gewinnermittlung unversteuert bleiben sollen. Die betreffenden Aufwendungen bzw. Erträge sind in voller Höhe in der Handelsbilanz und auch in der Steuerbilanz erfasst; sie werden für Zwecke der Einkommensermittlung außerhalb der Bilanzen zu- bzw. abgerechnet

KST (5)   (sog. **außerbilanzielle Korrekturen**).

Bei der steuerlichen Gewinnermittlung von Kapitalgesellschaften wird regelmäßig vom handelsrechtlichen Ergebnis der Gesellschaft ausgegangen. Der Handelsbilanzgewinn bzw. -verlust wird durch entsprechende Anpassungen an die steuerbilanziell erlaubten bzw. vorgeschriebenen Vermögensansätze zum Steuerbilanzgewinn bzw. -verlust weiterentwickelt. Das Steuerbilanzergebnis wird anschließend noch außerbilanziell korrigiert, um den korrekten steuerlichen Gewinn bzw. Verlust der

Gesellschaft zu erhalten. In vielen Fällen wird der steuerliche Gewinn bzw. Verlust der Gesellschaft mit deren zu versteuerndem Einkommen übereinstimmen. Soweit die Kapitalgesellschaft allerdings bei ihrer Einkommensermittlung einen **Verlustabzug** geltend machen KST (7) kann, ist ihr zu versteuerndes Einkommen geringer als der steuerliche Gewinn des betrachteten Jahres. Die grundsätzliche Vorgehensweise bei der Ermittlung des zu versteuernden Einkommens von Kapitalgesellschaften zeigt auch die nachfolgende, stark vereinfachte Abbildung (zu einer etwas ausführlicheren Fassung vgl. Übersicht 11). Ein sehr ausführliches Schema zur Ermittlung des zu versteuernden Einkommens von Körperschaften findet sich in R 7.1 KStR.

	Jahresergebnis lt. Handelsbilanz
+/-	bilanzsteuerliche Ergebniskorrekturen
=	**Jahresergebnis lt. Steuerbilanz**
+/-	außerbilanzielle Korrekturen
=	**steuerlicher Gewinn bzw. Verlust der Gesellschaft (Gesamtbetrag der Einkünfte i.S.d. § 10d EStG)**
-	Verlustabzug (§ 10d EStG)
=	**Einkommen, zu versteuerndes Einkommen**

Um das zu versteuernde Einkommen einer Kapitalgesellschaft korrekt ermitteln zu können, muss man die
buchhalterische Behandlung der steuerlich zu beurtei-
lenden Sachverhalte kennen. Die vorstehende Abbildung
zeigt, dass die Einkommensermittlung faktisch „im
Rechnungswesen der Gesellschaft" ihren Ausgangspunkt
hat. Ist man sich nicht klar darüber, wie ein bestimmter Sachverhalt von der Gesellschaft verbucht wurde,
kann man regelmäßig auch die für die Einkommensermittlung eventuell notwendigen steuerlichen Korrekturen
nicht „treffsicher" durchführen.

BEISPIEL | Die T GmbH hat in 2018 einen handelsrechtlichen
Jahresüberschuss von 500.000 € erzielt. Das Jahresergebnis beinhaltet unter anderem 200.000 € Aufwand infolge der Bildung
einer handelsrechtlich gebotenen Rückstellung. Die Rückstellung
von 200.000 € ist in der Handelsbilanz zum 31.12.2018 ausgewiesen. Es sei angenommen, dass die Bildung dieser Rückstellung
in der Steuerbilanz nicht zulässig ist. Die betrieblichen Erträge der
T GmbH umfassen auch steuerfreie Erträge in Höhe von 30.000 €.
Von den betrieblichen Aufwendungen gehört ein Teilbetrag in Höhe
von 10.000 € steuerlich zu den nichtabziehbaren Betriebsausgaben. Verluste sind im Bsp. nicht relevant. Wie hoch ist das zu versteuernde Einkommen 2018 der T GmbH?

Das zu versteuernde Einkommen 2018 der T GmbH wird wie folgt
ermittelt:

Jahresüberschuss lt. Handelsbilanz	500.000 €
bilanzsteuerliche Ergebniskorrekturen	
(Rückstellung)	+200.000 €
Jahresüberschuss lt. Steuerbilanz	700.000 €

außerbilanzielle Korrekturen

- steuerfreie Erträge   -30.000 €
- nichtabziehbare Betriebsausgaben   +10.000 €

steuerlicher Gewinn der Gesellschaft   **680.000 €**

(= zu versteuerndes Einkommen)

 Jahressteuer, zu versteuerndes Einkommen, Vorschriften des EStG, Vorschriften des KStG, Betriebsvermögensvergleich, Maßgeblichkeit der Handelsbilanz für die Steuerbilanz, Durchbrechung der Maßgeblichkeit, außerbilanzielle Korrekturen, Verlustabzug

 Übersicht 11: Ermittlung des zu versteuernden Einkommens von Kapitalgesellschaften (verkürzte Darstellung)

HANDELSBILANZ / STEUERBILANZ

Kapitalgesellschaften sind nach dem HGB zur Führung von Büchern und zur Erstellung von Jahresabschlüssen verpflichtet. Sie haben dabei insbesondere die für alle Kaufleute geltenden Vorschriften (§ 238 ff. HGB) und die ergänzenden Vorschriften für Kapitalgesellschaften (§ 264 ff. HGB) zu beachten. Die Berücksichtigung spezieller steuerlicher Bestimmungen ist nicht Gegenstand der handelsrechtlichen Rechnungslegung. Insoweit ist die **Handelsbilanz** für steuerliche Zwecke nur eingeschränkt zu gebrauchen.

Für die steuerliche Gewinnermittlung durch Betriebsvermögensvergleich (§ 4 Abs. 1 EStG) benötigt man eine Bilanz, welche die steuerlichen Bilanzierungs- und Bewertungsvorschriften erfüllt, die sog. **Steuerbilanz**. Diese ist in ihrer Konzeption eng mit der Handelsbilanz verknüpft, denn beim Ansatz des steuerlichen Betriebsvermögens sind gemäß § 5 Abs. 1 Satz 1 EStG die handelsrechtlichen Grundsätze ordnungsmäßiger Buchführung zu beachten. Die Handelsbilanz ist somit maßgeblich für die Steuerbilanz (**Maßgeblichkeitsprinzip**).

Das Maßgeblichkeitsprinzip wird allerdings in mehreren „Fallgruppen" durchbrochen, unter anderem bei steuerlichen Wahlrechten sowie bei steuerlichen Bilanzierungs- und Bewertungsvorbehalten. Trotz dieser **Durchbrechungen der Maßgeblichkeit** verlangt der Gesetzgeber von den Unternehmen nicht, dass sie eine separate Steuerbilanz aufstellen. Es ist ausreichend, bei der steuerlichen Gewinnermittlung vom handelsrechtlichen Jahresabschluss auszugehen und diesen durch entsprechende Erläuterungen und Berechnungen an die steuerlich relevanten Ansätze anzupassen (§ 60 Abs. 2 EStDV, § 5b Abs. 1 EStG). Von dieser Möglichkeit macht die Praxis bisher regelmäßig Gebrauch.

Gemäß § 5 Abs. 1 Satz 1 EStG darf in der Steuerbilanz ein anderer Ansatz als in der Handelsbilanz erfolgen, sofern die Abweichung durch die Ausübung **steuerlicher Wahlrechte** begründet ist. Steuerliche Wahlrechte sind teilweise gesetzlich geregelt (z.B. § 6 Abs. 2 EStG, § 6b Abs. 3 EStG, § 7g Abs. 5 EStG), teilweise aber auch in den Verwaltungsanweisungen enthalten (z.B. R 6.5 EStR, R 6.6 EStR).

BEISPIEL | Die Z AG erwirbt zum 2.1.2018 eine Produktionsmaschine. Die Anschaffungskosten betragen 100.000 €, die betriebliche Nutzungsdauer wird mit fünf Jahren angenommen und als Abschreibungsmethode wird die lineare Abschreibung gewählt. Der handelsrechtliche Jahresüberschuss (Handelsbilanzgewinn) der Z AG liegt bei 290.000 €. Er enthält unter anderem 20.000 € Aufwand für die Abschreibung der Produktionsmaschine. Die Firma möchte ihren steuerlichen Gewinn möglichst gering halten und deshalb eine möglichst hohe Sonderabschreibung gemäß § 7g Abs. 5 EStG geltend machen.

Sofern die Z AG die in § 7g Abs. 5 und 6 EStG genannten Voraussetzungen erfüllt, kann sie im Jahr 2018 neben der „normalen" linearen Abschreibung von 20.000 € steuerlich eine Sonderabschreibung in Höhe von 20.000 € geltend machen. Der Wertansatz der Maschine in der Steuerbilanz zum 31.12.2018 beträgt dann 60.000 € (Handelsbilanz: 80.000 €). Der Steuerbilanzgewinn 2018 liegt auf Grund der in der Steuerbilanz vorgenommenen Sonderabschreibung bei 270.000 € (290.000 € Handelsbilanzgewinn - 20.000 € Sonderabschreibung). Durch die Ausübung des steuerlichen Abschreibungswahlrechts stimmt die Handelsbilanz der Z AG nicht mehr mit ihrer Steuerbilanz überein (Durchbrechung des Maßgeblichkeitsprinzips).

Das Maßgeblichkeitsprinzip wird auch in den Fällen durchbrochen, in denen das Steuerrecht zwingend einen vom Handelsrecht abweichenden Ansatz des Betriebsvermögens vorschreibt (sog. steuerliche Bilanzierungs- und Bewertungsvorbehalte). Derartige Regelungen finden sich insbesondere in den §§ 5 bis 7 EStG. Tendenziell führen die steuerlichen Bilanzierungs- und Bewertungsvorschriften dazu, dass in der Steuerbilanz aktive Wirtschaftsgüter (Vermögen) höher als in der Handelsbilanz und passive Wirtschaftsgüter (Rückstellungen, Verbindlichkeiten) niedriger als in der Handelsbilanz anzusetzen sind, wodurch sich, zumindest bei kurzfristiger Betrachtungsweise, insgesamt ein höheres steuerliches Betriebsvermögen und ein höherer steuerlicher Gewinn ergeben.

Als Beispiel für einen **steuerlichen Bilanzierungsvorbehalt** kann § 5 Abs. 4a EStG genannt werden. Nach dieser Vorschrift ist die Bildung von Rückstellungen für drohende Verluste aus schwebenden Geschäften in der Steuerbilanz (abgesehen von einem Sonderfall) verboten. In der Handelsbilanz hingegen besteht eine Verpflichtung zur Bildung von Drohverlustrückstellungen (§ 249 Abs. 1 HGB). Im Fall der Existenz von Drohverlustrückstellungen weichen die Handelsbilanz und die Steuerbilanz eines Unternehmens somit regelmäßig voneinander ab.

BEISPIEL | Die V GmbH schließt mit ihrem Kunden K in 2018 einen Vertrag über eine Warenlieferung (Verkaufspreis 40.000 €). Die Ware, die in 2019 an K geliefert werden soll, muss von der V GmbH erst noch beschafft werden. Es stellt sich heraus, dass die V GmbH für die Ware infolge unerwarteter Preisentwicklungen 100.000 € aufwenden muss. Es droht ein Verlust von 60.000 €. Die V GmbH bildet im Jahresabschluss 2018 aufwandswirksam eine Rückstellung in Höhe von 60.000 € für drohende Verluste aus schwebenden Geschäften. Der Handelsbilanzgewinn 2018 der V GmbH beträgt 500.000 €. Wie hoch ist der Steuerbilanzgewinn 2018 der V GmbH?

Gemäß § 5 Abs. 4a EStG ist die Bildung einer Drohverlustrückstellung in der Steuerbilanz nicht zulässig, anders als in der Handelsbilanz, in welcher lt. § 249 Abs. 1 HGB eine Pflicht zur Rückstellungsbildung besteht. Folglich gibt es steuerbilanziell auch den Aufwand von 60.000 € aus der Rückstellungsbildung nicht. Ausgehend vom Handelsbilanzgewinn ergibt sich ein Steuerbilanzgewinn von 560.000 € (500.000 € Handelsbilanzgewinn + 60.000 € Aufwandskorrektur). Der Steuerbilanzgewinn 2018 liegt somit um 60.000 € über dem Handelsbilanzgewinn 2018.

BEISPIEL | Wie sind die steuerbilanziellen Auswirkungen bei der V GmbH im Jahr 2019, wenn das in Bsp. 2 beschriebene Verkaufsgeschäft wie geplant realisiert wird?

Der Verkauf der Ware in 2019 führt bei der V GmbH zu Umsatzerlösen von 40.000 € und zu einem Wareneinsatz von 100.000 €. Hieraus resultiert ein Verlust von 60.000 €, der in dieser Höhe in das Steuerbilanzergebnis 2019 eingeht. Handelsrechtlich wird der in 2019 eingetretene Verlust von 60.000 € durch den Verbrauch der bereits in 2018 gebildeten Rückstellung „neutralisiert".

Im Ergebnis wirkt sich der Verlust von 60.000 € sowohl handelsrechtlich als auch steuerlich einmal aus, steuerlich allerdings erst in 2019, also in dem Jahr, in dem der Verlust tatsächlich eintritt.

Die steuerlichen Bewertungsvorschriften für das in der Steuerbilanz ausgewiesene Betriebsvermögen weichen von den handelsrechtlichen Werten zum Teil erheblich ab (**steuerliche Bewertungsvorbehalte**), wodurch das Maßgeblichkeitsprinzip ebenfalls durchbrochen wird. So enthalten z.B. die §§ 6, 6a und 7 EStG zahlreiche steuerliche Wertvorgaben für diverse Bilanzposten aus dem Bereich des Anlagevermögens, des Umlaufvermögens, der Rückstellungen und der Verbindlichkeiten. Besonders komplex erscheint die Bewertung von Rückstellungen, da deren Werte sowohl in der Handelsbilanz als auch in der Steuerbilanz von mehreren Faktoren abhängen (z.B. Art der Rückstellung, Umfang der einzubeziehenden Aufwendungen, Abzinsung) und die Berücksichtigung der einzelnen Faktoren in der Handelsbilanz und der Steuerbilanz unterschiedlich ausgestaltet ist (vgl. § 6 Abs. 1 Nr. 3a EStG, § 6a EStG, § 253 HGB). Sofern die Bildung einer Rückstellung in der Steuerbilanz überhaupt zulässig ist, weicht deren Wert vom handelsbilanziellen Wert im Regelfall ab.

Soweit sich ein Posten in der Steuerbilanz und Handelsbilanz über mehrere Jahre unterschiedlich entwickelt, kann man bei einer Ableitung des Steuerbilanzergebnisses aus dem Handelsbilanzergebnis die mit diesem Posten zusammenhängenden handelsbilanziellen Aufwendungen bzw. Erträge durch die steuerlich zulässigen Aufwendungen bzw. Erträge ersetzen. Alternativ kann man auch direkt die „Ergebnis-Unterschiedsbeträge" von Handels- und Steuerbilanz verarbeiten.

BEISPIEL | Die T AG weist in ihrer Handelsbilanz zum 31.12.2017 eine Pensionsrückstellung in Höhe von 800.000 € aus. In der Handelsbilanz zum 31.12.2018 ist die Pensionsrückstellung mit insgesamt 1.200.000 € anzusetzen. Die Erhöhung der Pensionsrückstellung um 400.000 € erfolgt aufwandswirksam in 2018. Die T AG erzielt in 2018 einen handelsrechtlichen Gewinn in Höhe von 500.000 €. Gemäß steuerlichem Pensionsgutachten beträgt der steuerbilanzielle Ansatz der Pensionsrückstellung zum 31.12.2017 600.000 € und zum 31.12.2018 900.000 €. Wie hoch ist der Steuerbilanzgewinn 2018 der T AG?

Die von der T AG bilanzierte Pensionsrückstellung entwickelt sich in der Handelsbilanz bzw. Steuerbilanz der AG unterschiedlich. Für die Ermittlung des Steuerbilanzgewinns 2018 kommt es aber nur auf die Ergebnisauswirkungen des Jahres 2018 an. Die Erhöhung der Pensionsrückstellung hat in 2018 einen handelsrechtlichen Aufwand von 400.000 € verursacht, während die in 2018 steuerlich zulässige Erhöhung der Rückstellung lediglich mit Aufwand von 300.000 € verbunden ist. Der Steuerbilanzgewinn 2018 der T AG beträgt somit 600.000 € (500.000 € + 400.000 € - 300.000 €). Zu diesem Ergebnis gelangt man auch, wenn man mit dem rückstellungsbezogenen Ergebnis-Unterschiedsbetrag zwischen Handels- und Steuerbilanz arbeitet. Der in der Steuerbilanz erlaubte Rückstellungsaufwand ist um 100.000 € geringer als der handelsrechtlich gebotene Aufwand; daraus resultiert ein Steuerbilanzgewinn von 600.000 € (500.000 € handelsrechtlicher Gewinn + 100.000 € „Unterschiedsbetrag").

Abschließend wird zur Thematik der Abweichungen zwischen Handelsbilanz und Steuerbilanz noch auf eine weitere „Fallgruppe" eingegangen, welche allerdings derzeit kaum praktische Relevanz besitzt. Durch die Rechtsprechung ist festgelegt worden, dass handelsrechtliche Aktivierungswahlrechte (Passivierungswahlrechte), zu denen im Steuerrecht keine ausdrückliche gesetzliche Regelung existiert, in der Steuerbilanz zu Aktivierungsgeboten (Passivierungsverboten) führen. Als Beispiel für die vorstehende „**Rechtsprechungs-Regel**" kann das in § 250 Abs. 3 HGB enthaltene handelsrechtliche Aktivierungswahlrecht beim Disagio genannt werden, welches in der Steuerbilanz auf Grund der Rechtsprechung zu einer Aktivierungspflicht führt.

Handelsbilanz, Steuerbilanz, Maßgeblichkeitsprinzip, Durchbrechung der Maßgeblichkeit, steuerliche Wahlrechte, steuerliche Bilanzierungsvorbehalte, steuerliche Bewertungsvorbehalte, Rechtsprechungs-Regel

AUSSERBILANZIELLE KORREKTUREN

Im Rahmen der Einkommensermittlung einer Kapitalgesellschaft muss das aus dem Handelsbilanzergebnis
abgeleitete Steuerbilanzergebnis weiter „korrigiert"
werden, soweit es noch Bestandteile enthält, die den
steuerlichen Gewinnermittlungsvorschriften nicht entsprechen. Bei den zu korrigierenden Ergebnisbestand-
teilen geht es aber nicht mehr um den korrekten Ansatz
des Betriebsvermögens in der Steuerbilanz, denn die
in diesem Zusammenhang durchzuführenden Anpassungen
sind mit der Ableitung des Steuerbilanzergebnisses aus
dem Handelsbilanzergebnis bereits vollständig durchgeführt. Die Weiterentwicklung des Steuerbilanzergebnisses zum steuerlichen Einkommen erfolgt außerhalb
der Steuerbilanz durch entsprechende Zu- bzw. Abrechnungen (sog. außerbilanzielle Korrekturen).

Außerbilanzielle Zurechnungen sind notwendig, soweit der steuerbilanzielle Aufwand Beträge enthält,
die bei der steuerlichen Gewinnermittlung nicht abgezogen werden dürfen (nichtabziehbare Ausgaben). **Außerbilanzielle Abrechnungen** sind erforderlich, soweit der
steuerbilanzielle Ertrag Beträge umfasst, die bei der
steuerlichen Gewinnermittlung außer Ansatz bleiben
sollen (steuerfreie bzw. nicht steuerbare Erträge).

Durch die Verweisung in § 8 Abs. 1 KStG sind bei
der Einkommensermittlung einer Kapitalgesellschaft
die Vorschriften des EStG zu beachten, etwa die Vorschriften zur steuerlichen Abziehbarkeit von betrieblich veranlassten Ausgaben. Beispielhaft sind einige
EStG-Vorschriften aufgeführt, deren Beachtung außerbilanzielle Zurechnungen erfordert.

EST (9)

- Lt. § 4 Abs. 5 EStG werden bestimmte betriebliche Aufwendungen als **nichtabziehbare Betriebsausgaben** eingestuft, z.B. Aufwendungen für „zu teure" Geschenke an Geschäftspartner (§ 4 Abs. 5 Nr. 1 EStG), ein Teil der geschäftlich veranlassten Bewirtungsaufwendungen (§ 4 Abs. 5 Nr. 2 EStG), unter Umständen Aufwendungen für Gästehäuser (§ 4 Abs. 5 Nr. 3 EStG) oder Aufwendungen für Verwarnungsgelder (§ 4 Abs. 5 Nr. 8 EStG).

- Lt. § 4 Abs. 5b EStG gehören die aufwandswirksam zu erfassende, betrieblich veranlasste GewSt und auch die im Zusammenhang mit der GewSt angefallenen steuerlichen Nebenleistungen, z.B. Säumniszuschläge, Verspätungszuschläge und Zinsen (vgl. § 3 Abs. 4 AO), nicht zu den Betriebsausgaben.

Ebenfalls für die Einkommensermittlung relevant sind die im KStG enthaltenen Vorschriften zur steuerlichen Abziehbarkeit von Aufwendungen. Nachfolgend werden beispielhaft einige **KStG-Vorschriften** genannt, deren Beachtung entsprechende außerbilanzielle Zurechnungen erfordert.

- § 10 Nr. 2 KStG schließt den steuerlichen Ausgabenabzug unter anderem für die Steuern vom Einkommen (KSt), für sonstige Personensteuern (z.B. SolZ) und für die damit zusammenhängenden steuerlichen Nebenleistungen (vgl. § 3 Abs. 4 AO) aus.

- § 10 Nr. 4 KStG verbietet den steuerlichen Abzug von 50% der Aufwendungen für ein Kontrollgremium der Kapitalgesellschaft, etwa für einen Aufsichtsrat oder Beirat der Gesellschaft.

- § 8b KStG beinhaltet mehrere Ausgabenabzugsverbote im Zusammenhang mit Beteiligungen, welche eine Kapitalgesellschaft an anderen Kapitalgesellschaften hält. Auf die steuerlichen Besonderheiten im Fall von **Beteiligungsbesitz** wird separat eingegangen.   KST (8)

- § 8 Abs. 3 Satz 2 KStG bestimmt, dass sog. **verdeckte**   KST (9) **Gewinnausschüttungen** den steuerlichen Gewinn einer Kapitalgesellschaft nicht mindern dürfen. Die bei Kapitalgesellschaften sehr praxisrelevante Thematik der verdeckten Gewinnausschüttung wird ebenfalls gesondert erörtert.

Wird im EStG, im KStG oder in einem anderen Gesetz mit steuerlicher Relevanz vorgeschrieben, dass bestimmte Erträge bei der Einkommensermittlung außer Ansatz bleiben, ist dies durch einen entsprechenden Abzug vom Steuerbilanzergebnis zu berücksichtigen. Nachstehend werden beispielhaft einige dieser Bestimmungen erwähnt.

- § 8b KStG umfasst Steuerbefreiungen für bestimmte Erträge aus Beteiligungen, die eine Kapitalgesellschaft an anderen Kapitalgesellschaften hält. Die steuerlichen Besonderheiten im Fall von **Beteili-**   KST (8) **gungsbesitz** werden separat behandelt.

- Lt. § 8 Abs. 3 Satz 3 KStG dürfen verdeckte Einlagen den steuerlichen Gewinn einer Kapitalgesellschaft nicht erhöhen. Auf die steuerliche Behandlung von **Gesellschaftereinlagen** wird an anderer   KST (10) Stelle eingegangen.

Werden zunächst aufwandswirksam verbuchte nichtabziehbare Steuern (KSt, SolZ, GewSt) später erstattet, erfolgt dies handelsrechtlich regelmäßig erneut erfolgswirksam. Die Erstattung nichtabziehbarer Ausgaben führt zu einem entsprechenden Ertrag. Derartige Erträge dürfen aber die Höhe des Einkommens nicht beeinflussen, da auch die ursprünglichen Aufwendungen bei der Einkommensermittlung nicht berücksichtigt wurden (**Umkehrschluss** aus den Vorschriften zur Nichtabziehbarkeit von Ausgaben).

BEISPIEL | Die U GmbH hat in 2018 einen Handelsbilanzgewinn von 700.000 € erzielt, welcher (im Bsp. vereinfachend angenommen) mit dem Steuerbilanzgewinn 2018 übereinstimmt. Das Jahresergebnis enthält unter anderem folgende Aufwendungen: KSt-Aufwand 2018 (150.000 €), SolZ-Aufwand 2018 (8.250 €), GewSt-Aufwand 2018 (140.000 €), Aufwand für die Bewirtung von Kunden (10.000 €) sowie Aufwand für Säumniszuschläge zur KSt wegen nicht fristgemäßer KSt-Zahlung (750 €). Bei den Erträgen ist eine GewSt-Erstattung für 2017 (2.000 €) ausgewiesen. Wie hoch ist das zu versteuernde Einkommen 2018 der U GmbH?

Das zu versteuernde Einkommen 2018 der U GmbH wird wie folgt ermittelt:

Jahresüberschuss lt. Handelsbilanz	700.000 €
bilanzsteuerliche Ergebniskorrekturen	0 €
Jahresüberschuss lt. Steuerbilanz	700.000 €
außerbilanzielle Korrekturen	
- KSt-Aufwand 2018 (§ 10 Nr. 2 KStG)	+150.000 €
- SolZ-Aufwand 2018 (§ 10 Nr. 2 KStG)	+8.250 €

- GewSt-Aufwand 2018 (§ 4 Abs. 5b EStG)	+140.000 €
- 30% des Bewirtungsaufwandes (§ 4 Abs. 5 Nr. 2 EStG)	+3.000 €
- Aufwand Säumniszuschlag (§ 10 Nr. 2 KStG)	+750 €
- Ertrag GewSt 2017 (Umkehrschluss aus § 4 Abs. 5b EStG)	-2.000 €
steuerlicher Gewinn der Gesellschaft	**1.000.000 €**
(= zu versteuerndes Einkommen)	

Außerbilanzielle Zurechnungen, außerbilanzielle Abrechnungen, relevante Vorschriften (EStG, KStG, andere Gesetze), Umkehrschluss

Übersicht 11: Ermittlung des zu versteuernden Einkommens von Kapitalgesellschaften (verkürzte Darstellung)

STEUERTARIF, STEUERERHEBUNG UND VERARBEITUNG IM JAHRESABSCHLUSS

Gemäß § 23 Abs. 1 KStG beträgt die tarifliche KSt regelmäßig 15% des in einem Veranlagungszeitraum erzielten zu versteuernden Einkommens. Kapitalgesellschaften unterliegen somit einem **proportionalen KSt-Tarif**. Abgesehen von bestimmten, hier nicht weiter ausgeführten Sonderfällen stimmt die tarifliche KSt mit der im Rahmen der KSt-Veranlagung festzusetzenden KSt überein. Auf die festzusetzende KSt werden die für den Veranlagungszeitraum bereits geleisteten Steuerbeträge angerechnet (KSt-Vorauszahlungen, Steuerabzugsbeträge), woraus sich im Saldo eine Steuernachzahlung bzw. eine Steuererstattung ergibt.

Als Ergänzungsabgabe zur KSt wird **SolZ** in Höhe von 5,5% der festgesetzten KSt erhoben (§§ 1, 3, 4 SolZG). Auch auf Steuervorauszahlungen und Steuerabzugsbeträge fällt SolZ an. Wie bei der KSt werden diese SolZ-Beträge im Rahmen der Steuerveranlagung auf die SolZ-Jahressteuerschuld angerechnet.

Hinsichtlich der Durchführung der Besteuerung verweist § 31 Abs. 1 KStG auf die entsprechenden einkommensteuerlichen Vorschriften. Dies betrifft unter EST (26) anderem auch die **Steuererhebung** sowie die Anrechnung von Steuerbeträgen.

Die Erhebung der KSt (und des SolZ) kann durch Festsetzung von Steuervorauszahlungen (§ 37 EStG), durch Steuerabzüge (z.B. Abzug von KapESt im Fall von Kapitalerträgen; § 43 ff. EStG) sowie durch eine Veranlagung (§ 25 EStG) erfolgen. Durchaus üblich ist eine Kombination sämtlicher Erhebungsformen. Unterjährig sind quartalsweise KSt- und SolZ-Vorauszahlungen zu leisten und werden Kapitalerträge unter Einbehaltung von KapESt und SolZ ausgezahlt. Nach Ablauf des Jahres wird eine Veranlagung durchgeführt (Abgabe einer Jahressteuererklärung, Ermittlung der Besteuerungsgrundlagen durch das Finanzamt und Festsetzung der KSt und des SolZ durch einen Steuerbescheid unter Anrechnung vorausgezahlter bzw. einbehaltener Steuerbeträge). Die von Kapitalerträgen einbehaltene KapESt stellt faktisch eine an einem Einzelsachverhalt anknüpfende Vorauszahlung auf die im Veranlagungsverfahren festzusetzende KSt-Jahresschuld dar. Von einer Veranlagung kann nur in Ausnahmefällen abgesehen werden, auf die hier nicht weiter eingegangen wird.

In der Buchführung einer Kapitalgesellschaft werden die KSt, der SolZ und die GewSt erfolgswirksam unter dem Posten „Steuern vom Einkommen und vom Ertrag" erfasst. Dies gilt sowohl für die während des Geschäftsjahres anfallenden Steuervorauszahlungen und Steuerabzüge als auch für die im Rahmen der Aufstellung des Jahresabschlusses ermittelten Steuernachzahlungs- bzw. Steuererstattungsbeträge.

 BEISPIEL | Die X GmbH besitzt einige Aktien der Y AG. Die Y AG schüttet in 2018 an ihre Anteilseigner eine Dividende aus, von der ein Teilbetrag in Höhe von 12.000 € auf die X GmbH entfällt. Bei der Auszahlung der Dividende an die X GmbH behält die Y AG 25% KapESt (3.000 €) sowie SolZ in Höhe von 5,5% der KapESt (165 €) ein. Die X GmbH verbucht „im Soll" einen Geldzugang von 8.835 €, KSt-Aufwand von 3.000 € sowie SolZ-Aufwand von 165 € und „im Haben" einen Ertrag in Höhe der Bruttodividende von 12.000 €.

Bilanziell zählen Steuernachzahlungen zu den Schuldposten und Steuererstattungsansprüche zu den Forderungen. Übersteigt die voraussichtliche Steuerschuld eines Jahres die hierauf bereits vorausgezahlten Steuerbeträge, ist im Jahresabschluss eine **Steuerrückstellung** zu bilden. Im Fall zu hoher Vorauszahlungen ist ein Erstattungsanspruch (**Steuerforderung**) auszuweisen. Steueraufwendungen sind buchhalterisch grundsätzlich in dem Jahr zu erfassen, zu dem sie wirtschaftlich gehören. Ist eine periodengerechte Zuordnung nicht möglich (z.B. wegen bereits erfolgter Feststellung des betreffenden Jahresabschlusses), muss die Berücksichtigung im nächstmöglichen Jahr erfolgen. Steuerliche Bilanzposten bleiben so lange bestehen, bis der betreffende Sachverhalt „abgewickelt" ist. Dies kann sich unter Umständen über mehrere Bilanzstichtage erstrecken.

BEISPIEL | Im handelsrechtlichen Jahresabschluss 2018 der Y GmbH ist der Steueraufwand für das Geschäftsjahr 2018 (KSt, SolZ) ordnungsgemäß berücksichtigt worden (z.B. 200.000 €). In Höhe der zu erwartenden Steuernachzahlungen wurden entsprechende Steuerrückstellungen gebildet (z.B. 30.000 €). Das für die Y GmbH zuständige Finanzamt hat in 2018 nach einer bei der Y GmbH durchgeführten Betriebsprüfung für 2015 erhebliche KSt- und SolZ-Nachzahlungen festgesetzt (z.B. 60.000 €). Es sei angenommen, dass die Vorjahresabschlüsse (2015, 2016, 2017) nicht mehr änderbar sind, da sie von den Gesellschaftern bereits ordnungsgemäß festgestellt wurden.

Der Steueraufwand 2018 wurde von der Y GmbH zutreffend in dem Geschäftsjahr verarbeitet, zu dem der Aufwand gehört. Hinsichtlich der Steuernachzahlung für 2015 ist eine periodengerechte

Erfassung allerdings nicht mehr möglich. Die GmbH hat den Steueraufwand für 2015 deshalb im nächstmöglichen „offenen" Jahr, somit in 2018, zu berücksichtigen. Der im Geschäftsjahr 2018 insgesamt verbuchte Steueraufwand beträgt somit 260.000 €. Die Steuerrückstellungen für 2018 (30.000 €) und die Steuerverbindlichkeiten für 2015 (60.000 €) bleiben bis zu Ihrer Abwicklung bestehen. Die Abwicklung erfolgt meist durch Zahlung der betreffenden Steuerschulden.

Der unterjährig verbuchte KSt- und SolZ-Aufwand für das laufende Geschäftsjahr (Vorauszahlungen, Steuerabzüge) stimmt höchstens zufällig mit der Steuer überein, die sich bei der späteren Veranlagung für das betreffende Geschäftsjahr tatsächlich ergibt. Insoweit „startet" man bei der Steuerermittlung im Jahresabschluss mit einem **vorläufigen handelsrechtlichen Jahresergebnis**, welches hinsichtlich des KSt- und SolZ-Aufwandes noch nicht korrekt ist. Dies gilt auch für die GewSt, deren Berechnung aber zunächst noch nicht weiter betrachtet wird.

Aus dem vorläufigen handelsrechtlichen Jahresergebnis wird zunächst das zu versteuernde Einkommen der Kapitalgesellschaft ermittelt; dabei sind sowohl **steuerbilanzielle Anpassungen** als auch **außerbilanzielle Korrekturen** zu beachten. Anschließend werden die KSt und der damit zusammenhängende SolZ berechnet. Durch Abzug der unterjährig jeweils bereits geleisteten Steuerbeträge von der KSt-Schuld bzw. SolZ-Schuld erhält man den jeweiligen Nachzahlungsbetrag oder Erstattungsanspruch. Für Steuernachzahlungsbeträge werden

KST (4)
KST (5)

entsprechende Steuerrückstellungen gebildet, für Steuererstattungsansprüche entsprechende Forderungen ausgewiesen. Durch die erfolgswirksame Verbuchung der Steuerrückstellungen bzw. Erstattungsansprüche ergibt sich das **endgültige handelsrechtliche Jahresergebnis**.

BEISPIEL | Der vorläufige handelsrechtliche Jahresüberschuss 2018 der W GmbH beträgt 554.500 €. Darin sind unter anderem folgende Aufwendungen enthalten: Aufwand für die Bildung einer Drohverlustrückstellung infolge eines Verlustgeschäfts (200.000 €), Aufwand für KSt-Vorauszahlungen 2018 (100.000 €), Aufwand für SolZ-Vorauszahlungen 2018 (5.500 €) und Aufwand für GewSt 2018 (140.000 €). Wie hoch ist der endgültige handelsrechtliche Jahresüberschuss 2018 der W GmbH?

    Die Bearbeitung der Frage verlangt die Herleitung des zu versteuernden Einkommens, die korrekte Berechnung der KSt und des SolZ, die Ermittlung der Steuerrückstellungen bzw. Steuererstattungsansprüche sowie die abschließende Ableitung des endgültigen Jahresüberschusses aus dem vorläufigen Jahresüberschuss. Der Rechenweg ist nachfolgend skizziert. Dabei sind auch einige lösungsrelevante Vorschriften aufgeführt (allerdings ohne Angabe der Vorschriften-Verweise in § 8 Abs. 1 KStG bzw. § 31 Abs. 1 KStG).

vorläufiger Jahresüberschuss lt. Handelsbilanz	554.500 €
Aufwand Drohverlustrückstellung	
(§ 5 Abs. 4a EStG)	+200.000 €
vorläufiger Jahresüberschuss lt. Steuerbilanz	754.500 €
außerbilanzielle Korrekturen	
- KSt-Aufwand 2018 (§ 10 Nr. 2 KStG)	+100.000 €
- SolZ-Aufwand 2018 (§ 10 Nr. 2 KStG)	+5.500 €

- GewSt-Aufwand 2018 (§ 4 Abs. 5b EStG)	+140.000 €
steuerlicher Gewinn der Gesellschaft	1.000.000 €
(= zu versteuerndes Einkommen)	
KSt 2018 (§ 23 Abs. 1 KStG, 15%)	150.000 €
KSt-Vorauszahlungen 2018	
(§ 36 Abs. 2 Nr. 1 EStG)	-100.000 €
KSt-Rückstellung 2018	50.000 €
SolZ 2018 (lt. SolZG 5,5% der KSt)	8.250 €
SolZ-Vorauszahlungen 2018 (§ 1 Abs. 2 SolZG)	-5.500 €
SolZ-Rückstellung 2018	2.750 €
vorläufiger Jahresüberschuss 2018	554.500 €
Wirkung der KSt-Rückstellung	
(Ergebnisminderung)	-50.000 €
Wirkung der SolZ-Rückstellung	
(Ergebnisminderung)	-2.750 €
endgültiger Jahresüberschuss 2018	**501.750 €**

 Proportionaler KSt-Tarif, SolZ, Steuererhebung, Steuer-rückstellung, Steuerforderung, vorläufiges Jahreser-gebnis, endgültiges Jahresergebnis

VERLUSTE

ESt (19)   Steuerliche **Verluste** von natürlichen Personen werden nach dem im EStG vorgesehenen Verlustverrechnungs-
Mechanismus entweder im Verlustjahr selbst (sog. Verlustausgleich) oder aber in anderen Jahren verrechnet
(sog. Verlustabzug). Der Verlustausgleich ergibt sich
„automatisch" aus der Systematik der Einkommensermittlung gemäß § 2 EStG. Er ist vor einem Verlustabzug zu
berücksichtigen und kann horizontal (d.h. Verlustausgleich innerhalb derselben Einkunftsart) oder vertikal (d.h. Verlustausgleich mit Einkünften aus anderen
Einkunftsarten) erfolgen. Der Verlustabzug wird durch
§ 10d EStG bestimmt. Die Vorschrift umfasst einen ein-
jährigen Verlustrücktrag (Beachtung eines Höchstbe-
trags, ein Verzicht auf den Rücktrag ist möglich) und
einen zeitlich unbegrenzten Verlustvortrag (jährliche
Höchstgrenze im Rahmen der sog. Mindestbesteuerung).
Rücktragsfähige bzw. vortragsfähige Verluste werden im
Abzugsjahr vom Gesamtbetrag der Einkünfte abgezogen.
In Sonderfällen wird vom grundsätzlichen Mechanismus der Verlustverrechnung abgewichen, was regelmäßig
mit einer mehr oder weniger starken Einschränkung der
„normalen" Verlustverrechnungsmöglichkeiten verbunden
ist (z.B. § 2a EStG oder § 15a EStG).

Gemäß der Verweisung in § 8 Abs. 1 KStG gelten
die einkommensteuerlichen Verlustvorschriften auch
für die Einkommensermittlung von Kapitalgesellschaften. Da Kapitalgesellschaften, zumindest im Fall der
unbeschränkten Steuerpflicht, lt. § 8 Abs. 2 KStG ausschließlich Einkünfte aus Gewerbebetrieb erzielen und
dies auch nur im Rahmen eines einzigen Gewerbebetriebs, kommen der horizontale oder vertikale Verlustausgleich regelmäßig nicht in Betracht. Die Vorschrift

zum **Verlustabzug (§ 10d EStG)** ist hingegen auch für Kapitalgesellschaften relevant. Steuerlich abzugsfähige Verluste können nach § 10d Abs. 1 EStG bis zum Höchstbetrag von 1 Mio. € in das Vorjahr zurückgetragen bzw. unter Beachtung der vorgegebenen Höchstgrenzen gemäß § 10d Abs. 2 EStG vorgetragen werden.

Nach § 10d Abs. 1 und 2 EStG ist der Abzug von Verlusten vom Gesamtbetrag der Einkünfte des Abzugsjahres vorzunehmen. Dieser Betrag entspricht bei Kapitalgesellschaften, abgesehen von Sonderfällen, ihrem steuerlichen Gewinn im Abzugsjahr (vgl. auch R 7.1 Abs. 1 KStR).

§ 10d Abs. 2 EStG sieht vor, dass ein positiver Gesamtbetrag der Einkünfte des jeweiligen Vortragsjahres durch vortragsfähige Verluste maximal um 1 Mio. € zuzüglich 60% des restlichen Gesamtbetrags der Einkünfte gemindert werden kann. Die Anwendung der Maximalregelung setzt allerdings entsprechend hohe Verluste voraus. Liegt der Gesamtbetrag der Einkünfte im Vortragsjahr nicht über 1 Mio. €, steht er bei ausreichend hohen Verlustvorträgen in voller Höhe für die Verlustverrechnung zur Verfügung.

Der zum Ende eines Jahres bestehende körperschaftsteuerliche Verlustvortrag wird vom Finanzamt gesondert festgestellt. Es ergeht ein entsprechender Feststellungsbescheid, aus dem die Höhe des Verlustvortrags und dessen Entwicklung im betreffenden Jahr (Erhöhung bzw. Verminderung) ersichtlich sind.

BEISPIEL | Die V AG ermittelt für 2018 einen steuerlichen Verlust von 6 Mio. €. Der steuerliche Gewinn 2017 beträgt 2 Mio. €, der steuerliche Gewinn 2019 liegt bei 7 Mio. €. Wie hoch ist das zu versteuernde Einkommen 2019 der V AG und wie hoch ist der vom Finanzamt zum 31.12.2019 festzustellende körperschaftsteuerliche Verlustvortrag, wenn die V AG hinsichtlich des Verlustrücktrags keinerlei Anträge stellt?

Da die V AG auf den in § 10d Abs. 1 EStG vorgesehenen Verlustrücktrag nicht insgesamt bzw. partiell verzichtet, wird zunächst ein Teil des Verlustes (der Maximalbetrag von 1 Mio. €) in das Jahr 2017 zurückgetragen, wodurch das bisherige zu versteuernde Einkommen 2017 (2 Mio. €) nachträglich um 1 Mio. € vermindert wird, was wiederum zu einer nachträglichen Minderung der Steuerschuld 2017 führt. Zum 31.12.2018 wird ein Verlustvortrag von 5 Mio. € festgestellt (6 Mio. € - 1 Mio. €). Vom Gesamtbetrag der Einkünfte 2019 (= steuerlicher Gewinn 2019 in Höhe von 7 Mio. €) wird gemäß § 10d Abs. 2 EStG ein Verlust von 4.600.000 € abgezogen (1 Mio. € + 0,6 * 6 Mio. €). Das zu versteuernde Einkommen 2019 der V AG beträgt 2.400.000 € (7 Mio. € - 4.600.000 €), der zum 31.12.2019 festzustellende Verlustvortrag 400.000 € (5 Mio. € - 4.600.000 €).

BEISPIEL | Die Z AG ermittelt für 2018 einen steuerlichen Verlust von 900.000 €. Auf den Verlustrücktrag gemäß § 10d Abs. 1 EStG verzichtet die Z AG durch einen entsprechenden Antrag. Der steuerliche Gewinn 2019 liegt bei 8 Mio. €. Wie hoch ist das zu versteuernde Einkommen 2019 der Z AG?

Vom Gesamtbetrag der Einkünfte 2019 (= steuerlicher Gewinn 2019 in Höhe von 8 Mio. €) wird gemäß § 10d Abs. 2 EStG ein Verlust von 900.000 € abgezogen. Der durch § 10d Abs. 2

EStG vorgegebene Maximalwert für den Verlustabzug in Höhe von 5.200.000 € (1 Mio. € + 0,6 * 7 Mio. €). kommt mangels ausreichend hoher Verluste nicht zur Anwendung. Das zu versteuernde Einkommen 2019 der Z AG beträgt 7.100.000 € (8 Mio. € - 900.000 €). Zum 31.12.2019 besteht kein Verlustvortrag mehr.

BEISPIEL | Die D AG erzielt in 2016 einen steuerlichen Gewinn von 0 €, in 2017 einen steuerlichen Verlust von 500.000 €, in 2018 einen steuerlichen Gewinn von 1 Mio. € und in 2019 einen steuerlichen Verlust von 500.000 €. Steuerliche Anträge werden nicht gestellt. Wie hoch ist das zu versteuernde Einkommen der D AG in den Jahren 2017 bis 2019?

Das zu versteuernde Einkommen 2017 der D AG beträgt -500.000 €. Ein Verlustrücktrag in das Jahr 2016 ist nicht möglich. Der zum 31.12.2017 bestehende Verlustvortrag in Höhe von 500.000 € vermindert nach § 10d Abs. 2 EStG den Gesamtbetrag der Einkünfte des Jahres 2018, so dass sich für 2018 zunächst ein zu versteuerndes Einkommen von 500.000 € ergibt. Da keine steuerlichen Anträge gestellt werden, ist der in 2019 erzielte steuerliche Verlust gemäß § 10d Abs. 1 EStG in voller Höhe in das Jahr 2018 zurückzutragen. Hierdurch ergibt sich letztlich für 2018 ein zu versteuerndes Einkommen in Höhe von 0 €. Im Jahr 2018 wird sowohl ein Verlustvortrag als auch ein Verlustrücktrag berücksichtigt. Das zu versteuernde Einkommen des Jahres 2019 beträgt -500.000 €. Das ändert sich auch durch den Verlustrücktrag in das Jahr 2018 nicht.

Beim Abzug von körperschaftsteuerlichen Verlusten ist neben § 10d EStG auch die **spezielle Verlustvorschrift des § 8c KStG** zu beachten. Wenn sich die gesellschaftsrechtlichen Machtstrukturen in einer Körperschaft, insbesondere durch Anteilsübertragungen, innerhalb von fünf Jahren „in schädlicher Weise" verändern, führt dies gemäß § 8c KStG häufig zu einem teilweisen bzw. sogar vollständigen Verlustabzugsverbot. Der Gesetzgeber möchte mit dieser Regelung, die aus verschiedenen Gründen äußerst kritisch diskutiert wird, verhindern, dass die in einer Kapitalgesellschaft angefallenen Verluste, z.B. durch Anteilsübertragungen, faktisch von einer anderen Person genutzt werden können (sog. **Mantelkauf**).

BEISPIEL | A kauft von B (Alleingesellschafter der B GmbH) sämtliche Anteile der B GmbH. Die B GmbH hat zu diesem Zeitpunkt einen steuerlichen Verlustvortrag von 2 Mio. €. A ist nicht an der Fortführung des Betriebs der GmbH interessiert, sondern nur an deren Verlustvortrag. Er beabsichtigt, seinen eigenen lukrativen Betrieb in die B GmbH einzubringen und erwartet, dass die Gewinne, die dann in der umgestalteten GmbH entstehen, bis zur Höhe des vorhandenen Verlustvortrags nicht versteuert werden müssen.

Beim Erwerb der Anteile durch A handelt es sich um einen sog. Mantelkauf. A hat einen Verlustmantel erworben in der Absicht, die Verluste der B GmbH für seine eigenen Zwecke zu nutzen. § 8c KStG soll derartige Gestaltungsversuche durch ein entsprechendes Verlustabzugsverbot unterbinden.

Bei der Übertragung von Anteilen an Kapitalgesellschaften liegt ein sog. schädlicher Beteiligungserwerb vor, wenn innerhalb von fünf Jahren mehr als 25% des gezeichneten Kapitals an einen Erwerber übertragen werden. Sämtliche Übertragungen an einen Erwerber innerhalb der fünfjährigen Frist werden zusammengerechnet. Die Frist beginnt mit dem ersten Erwerb.

Die Rechtsfolgen eines schädlichen Beteiligungserwerbs sind abhängig von der Höhe des Erwerbs. Werden innerhalb von 5 Jahren an einen Erwerber mehr als 25%, aber nicht mehr als 50% der Anteile einer Kapitalgesellschaft übertragen, entfällt der bis zum Zeitpunkt des schädlichen Beteiligungserwerbs nicht ausgeglichene bzw. abgezogene Verlust der Kapitalgesellschaft entsprechend dem veräußerten Anteil (§ 8c Abs. 1 Satz 1 KStG). Bei einer mehr als 50%-igen Anteilsübertragung entfällt der Verlust vollständig (§ 8c Abs. 1 Satz 2 KStG).

BEISPIEL | A ist Alleingesellschafter der A GmbH, für die zum 31.12.2018 gemäß § 10d EStG ein KSt-Verlustvortrag von 3 Mio. € festgestellt worden ist. A möchte Anfang Januar 2019 alternativ 20%, 40% bzw. 70% seiner Anteile an B veräußern. Welche Konsequenzen hat die jeweilige Veräußerungsalternative für die Verlustverrechnung der A GmbH?

Bei der Veräußerung von 20% der GmbH-Anteile liegt kein schädlicher Anteilserwerb im Sinne des § 8c KStG vor. Der Verlustabzug der A GmbH in Höhe von 3 Mio. € bleibt der Gesellschaft in vollem Umfang erhalten. Veräußert A 40% seiner Anteile, entfällt der vorhandene Verlustabzug lt. § 8c Abs. 1 Satz 1 KStG in Höhe von 40% (1.200.000 €). Der Verlustvortrag der A GmbH wird folglich auf 1.800.000 € reduziert. Im Fall der Veräußerung von 70% der Anteile entfällt lt. § 8c Abs. 1 Satz 2 KStG der zum Zeitpunkt der Veräußerung vorhandene Verlust der A GmbH vollständig.

BEISPIEL | A ist Alleingesellschafter der A GmbH, für die zum 31.12.2018 gemäß § 10d EStG ein KSt-Verlustvortrag von 3 Mio. € festgestellt worden ist. A möchte Anfang Januar 2019 20% seiner Anteile an B und 40% seiner Anteile an C veräußern. Welche Auswirkungen ergeben sich daraus für die Verlustverrechnung der A GmbH?

Die Veräußerung von 20% der GmbH-Anteile an den Erwerber B stellt keinen schädlichen Anteilserwerb im Sinne des § 8c KStG dar. Anders ist die Beurteilung im Fall der Veräußerung von 40% der GmbH-Anteile an C, da hier mehr als 25% der GmbH-Anteile an einen Erwerber übertragen werden. Obwohl A innerhalb der fünfjährigen Frist des § 8c KStG insgesamt mehr als 50% seiner Anteile veräußert, erfolgt keine Zusammenrechnung der Veräußerungen, da die Anteile nicht an einen Erwerber, sondern an zwei verschiedene Erwerber übertragen werden. Zwar kann auch eine Gruppe von mehreren Erwerbern lt. § 8c Abs. 1 Satz 3 KStG wie ein einziger Erwerber zu beurteilen sein; hierfür liegen aber im Bsp. keine konkreten Anhaltspunkte vor. Der zum Zeitpunkt der Anteilsübertragung an C vorhandene Verlust der A GmbH entfällt somit anteilig in Höhe von 40% (1.200.000 €).

§ 8c KStG wird seit seiner Einführung aus verschiedenen Gründen kritisiert. So wird dem Gesetzgeber unter anderem vorgeworfen, dass die Regelung zu pauschal ausgestaltet ist und dadurch das Verlustabzugsverbot auch viele Unternehmen ungerechtfertigt trifft (z.B. dann, wenn jemand die Anteile an einer Verlustgesellschaft erwirbt, um das bestehende Unternehmen zu sanieren). Vor diesem Hintergrund wurde die Regelung bereits mehrfach um Ausnahmetatbestände erweitert (§ 8c Abs. 1 Satz 5 ff. KStG, § 8c Abs. 1a KStG, § 8d KStG),

die aber teilweise rechtlich bedenklich sind und insoweit nicht angewendet werden. Die verschiedenen „Aus-
nahmeklauseln" des § 8c KStG (Konzernklausel, Stille
Reserven-Klausel, Sanierungsklausel, fortführungsge-
bundener Verlustvortrag) werden an dieser Stelle nicht
weiter thematisiert.

**Verlustabzug gemäß § 10d EStG, spezielle Verlustvor-
schrift des § 8c KStG, Mantelkauf**

Übersicht 5: Grundlagen der Verlustverrechnung im EStG

**Übersicht 11: Ermittlung des zu versteuernden Einkommens
von Kapitalgesellschaften (verkürzte Darstellung)**

BETEILIGUNGSBESITZ

Eine Kapitalgesellschaft kann sich an anderen Unternehmen unterschiedlicher Rechtsform beteiligen (Personengesellschaften, Kapitalgesellschaften). Die Kapitalgesellschaft, die eine Beteiligung besitzt, wird nachfolgend auch **Muttergesellschaft** genannt; die Gesellschaft, an der die Muttergesellschaft beteiligt ist, wird auch als **Tochtergesellschaft** oder kurz Tochter bezeichnet.

ESt (29)

Hat die Tochter die Rechtsform einer **Personengesellschaft** (etwa OHG oder KG), liegt steuerlich regelmäßig eine **Mitunternehmerschaft** vor. Die Muttergesellschaft hat den anteilig auf sie entfallenden Gewinn bzw. Verlust der Mitunternehmerschaft unmittelbar als eigene Einkünfte zu versteuern. Die Zurechnung von laufenden und außerordentlichen Einkünften erfolgt im Wege der bei der Mitunternehmerschaft durchgeführten einheitlichen und gesonderten Gewinnfeststellung. Die in der handelsrechtlichen Gewinn- und Verlustrechnung der Muttergesellschaft erfassten Erträge und Aufwendungen im Zusammenhang mit einer Beteiligung an einer Personengesellschaft sind für Zwecke der Einkommensermittlung der Muttergesellschaft irrelevant. Sie werden durch die im Rahmen der Mitunternehmerschaft für die Muttergesellschaft festgestellten Einkünfte ersetzt. Auf die Steuerbilanz-Besonderheiten von Beteiligungen an Personengesellschaften soll an dieser Stelle nicht eingegangen werden. Deshalb wird vereinfachend davon ausgegangen, dass entsprechende steuerliche Ergebniskorrekturen insgesamt außerbilanziell vorzunehmen sind.

BEISPIEL | Die X GmbH hält eine 50%-ige Beteiligung an der Y OHG. Im handelsrechtlichen Jahresüberschuss 2018 der X GmbH (500.000 €) ist der auf die GmbH entfallende handelsrechtliche Gewinnanteil 2018 aus der Beteiligung an der Y OHG als Ertrag ausgewiesen (100.000 €). Der lt. gesonderter Feststellung auf die X GmbH entfallende steuerliche Gewinnanteil 2018 der Y OHG beträgt 110.000 €. Wie ist der Beteiligungssachverhalt bei der X GmbH für Zwecke der steuerlichen Gewinnermittlung 2018 zu behandeln?

Der handelsrechtliche Jahresüberschuss 2018 von 500.000 € ist außerbilanziell um 100.000 € zu vermindern sowie um 110.000 € zu erhöhen. Der im Jahresüberschuss der X GmbH enthaltene handelsrechtliche Gewinnanteil aus der Y OHG wird somit faktisch durch den steuerlichen Gewinnanteil aus der Y OHG ersetzt.

Nachfolgend werden ausschließlich Fälle betrachtet, in denen sowohl die Muttergesellschaft als auch die Tochtergesellschaft die Rechtsform einer **Kapitalgesellschaft** haben. Dabei werden Grundlagen der Rechnungslegung sowie die körperschaftsteuerliche Behandlung von Gewinnausschüttungen (Dividenden), von Anteilsveräußerungen und von Wertänderungen bei Beteiligungen behandelt. Die nichtsteuerlichen Ausführungen zu den beteiligungsbezogenen Sachverhalten sollen lediglich das Verständnis der notwendigen steuerlichen Ergebniskorrekturen erleichtern. Steuerliche „Kernvorschrift" im Zusammenhang mit Beteiligungen an Kapitalgesellschaften ist **§ 8b KStG**.

A) GEWINNAUSSCHÜTTUNGEN (DIVIDENDEN)

Bei Kapitalgesellschaften besteht auf Grund ihrer rechtlichen Eigenständigkeit eine strikte Trennung zwischen der Gesellschaft und ihren Gesellschaftern. Die von einer Kapitalgesellschaft erwirtschafteten Gewinne stehen zwar grundsätzlich den Gesellschaftern zu, müssen aber zuvor von den Gesellschaftern durch einen entsprechenden Ausschüttungsbeschluss „freigegeben" werden. Die Gesellschafter entscheiden dabei auch über die Höhe des Ausschüttungsbetrags und den Zeitpunkt der Ausschüttung. Eine ordnungsgemäß beschlossene Gewinnausschüttung wird als **offene Gewinnausschüttung** bezeichnet, da hier, für jeden erkennbar, Unternehmensgewinne an die Anteilseigner fließen. Der auf die einzelnen Gesellschafter entfallende Anteil an einer beschlossenen Gewinnausschüttung richtet sich in der Regel nach den Beteiligungsverhältnissen. Ausnahmen hiervon sind möglich. Gewinnausschüttungen können nur in dem Maße vorgenommen werden, in dem die Gesellschaft über ausschüttbare Gewinne verfügt.

Wird im Rahmen eines Beteiligungsverhältnisses, bei dem die Mutter- und die Tochtergesellschaft Kapitalgesellschaften sind, eine Gewinnausschüttung von der Tochter an die Muttergesellschaft vorgenommen, ergeben sich für die Beteiligten unterschiedliche bilanzielle Konsequenzen. Bei der Tochter wird die Gewinnausschüttung unmittelbar dem Eigenkapital entnommen; die Dividende wird somit erfolgsneutral verbucht. Dabei ist zu beachten, dass die Dividende zu den Kapitalerträgen zählt und die Tochter als Schuldner der Kapitalerträge regelmäßig zur Einbehaltung und Abführung von 25%

KapESt zuzüglich SolZ in Höhe von 5,5% der KapESt verpflichtet ist. Der Steuereinbehalt erfolgt allerdings
für die Muttergesellschaft, so dass diese lediglich einen um die Abzugsteuern verminderten Dividendenbetrag
erhält (sog. **Bardividende**). Die Muttergesellschaft hat
die auf sie entfallende ungekürzte Dividende (sog.
Bruttodividende) als Beteiligungsertrag und die Abzugsteuern als eigenen Steueraufwand zu erfassen, da
der Steuereinbehalt seitens der Tochter lediglich für
Rechnung der Muttergesellschaft erfolgt.

BEISPIEL | Die M AG hält eine 100%-ige Beteiligung an der T
AG. Die M AG als Gesellschafterin der T AG beschließt eine Gewinnausschüttung der T AG in Höhe von 800.000 €. Die T AG
ist zur Einbehaltung von KapESt und SolZ verpflichtet. Wie ist die
Gewinnausschüttung bei der T AG buchhalterisch zu behandeln,
wenn die einzelnen Beträge bei der Verbuchung noch nicht bezahlt
sind?

Die T AG hat Verbindlichkeiten in Höhe der beschlossenen
Dividende. Auf Grund der Verpflichtung zum Einbehalt von Ab-
zugsteuern betreffen die Verbindlichkeiten sowohl die Auszah-
lungsansprüche der M AG als auch die Steuerforderungen des
Finanzamts. Die T AG verbucht „im Soll" die ausschüttungsbeding-
te Verminderung des Eigenkapitals (800.000 €) und „im Haben"
Steuerverbindlichkeiten gegenüber dem Finanzamt (200.000 €
KapESt, 11.000 € SolZ) sowie Verbindlichkeiten gegenüber der
Gesellschafterin (589.000 €). Die Verbindlichkeitsposten werden
durch die spätere Zahlung der Beträge erfolgsneutral aufgelöst.
Eine Gewinnausschüttung führt im Ergebnis bei der ausschüttenden Gesellschaft zu einer Verminderung des Eigenkapitals und zu
einer entsprechend hohen Verminderung des Geldvermögens. Der
gesamte Vorgang wird erfolgsneutral verbucht.

BEISPIEL | Die M AG hält eine 100%-ige Beteiligung an der T AG. Die M AG als Gesellschafterin der T AG beschließt eine Gewinnausschüttung der T AG in Höhe von 800.000 €. Die T AG ist zur Einbehaltung von KapESt und SolZ verpflichtet. Wie ist die Gewinnausschüttung bei der M AG buchhalterisch zu behandeln, wenn die Verbuchung zeitlich vor der Zahlung der einzelnen Beträge erfolgt?

Die M AG verbucht „im Soll" eine Forderung gegenüber der T AG in Höhe der Bardividende (589.000 €), KSt-Aufwand (200.000 €) sowie SolZ-Aufwand (11.000 €) und „im Haben" einen Ertrag in Höhe der Bruttodividende (800.000 €). Der Forderungsposten wird durch die spätere Zahlung der Bardividende erfolgsneutral aufgelöst. Bei der empfangenden Gesellschaft führt eine Gewinnausschüttung somit zu einer erfolgswirksamen Erfassung der Dividende und der darauf lastenden Abzugsteuern. Die Abzugsteuern werden beim Dividendenempfänger im Rahmen der späteren Steuerveranlagung als Vorausleistung auf die Jahressteuern (KSt, SolZ) angerechnet.

Das Prinzip der getrennten Betrachtung von Gesellschaft und Gesellschaftern gilt bei Kapitalgesellschaften auch für die Einkommensbesteuerung. Eine Tochtergesellschaft wird mit ihrem steuerlichen Gewinn selbst zur KSt, SolZ und GewSt herangezogen. Der nach der Besteuerung auf der Gesellschaftsebene verbleibende Gewinn kann an die Gesellschafter ausgeschüttet werden, welche die erhaltene Ausschüttung als eigene Einkünfte zu versteuern haben. Der von einer Kapitalgesellschaft erzielte Gewinn wird somit faktisch mehrfach versteuert.

Die zu den Kapitalerträgen im Sinne von § 20 Abs. 1 Nr. 1 EStG gehörenden Dividenden sind bei Dividendenempfängern in der Rechtsform einer Kapitalgesellschaft als gewerbliche Erträge anzusehen und unter Beachtung der Vorschriften des EStG und des KStG zu versteuern. Gemäß § 8b Abs. 1 Satz 1 KStG bleiben die Dividenden bei der Ermittlung des körperschaftsteuerlichen Einkommens der Muttergesellschaft außer Ansatz. Die vollständige Steuerfreiheit der Dividendenerträge würde nach § 3c Abs. 1 EStG zu einem Abzugsverbot sämtlicher beteiligungsbezogener Aufwendungen führen (z.B. Finanzierungsaufwand). Dieses Abzugsverbot hat der Gesetzgeber in § 8b Abs. 5 KStG allerdings ausdrücklich „ausgehebelt": In Höhe von 5% der steuerfreien Bruttodividende werden (pauschal) nichtabziehbare Betriebsausgaben unterstellt und § 3c Abs. 1 EStG wird für nicht anwendbar erklärt. Im Ergebnis bleiben damit bei Beteiligungen von Kapitalgesellschaften an anderen Kapitalgesellschaften faktisch 95% der Dividendenerträge unversteuert.

Die Verarbeitung der Steuerfreiheit von Dividendenerträgen lt. § 8b Abs. 1 KStG sowie der pauschal festgelegten nichtabziehbaren Betriebsausgaben lt. § 8b Abs.5 KStG erfolgt durch entsprechende außerbilanzielle Korrekturen des Jahresergebnisses.

 BEISPIEL | Die M AG hat in 2018 einen vorläufigen Handelsbilanzgewinn (= vorläufiger Steuerbilanzgewinn) von 600.000 € erzielt. Das Jahresergebnis enthält unter anderem Dividendenerträge in Höhe von 800.000 € aus einer langjährig bestehenden, 100%-igen

Beteiligung an der T AG. Die im Zusammenhang mit der Dividende seitens der T AG einbehaltenen Abzugsteuern (KapESt 200.000 €, SolZ 11.000 €) wurden von der M AG als Steueraufwand verbucht. Wie hoch ist das zu versteuernde Einkommen 2018 der M AG, wenn weitere Sachverhalte nicht zu berücksichtigen sind?

Das zu versteuernde Einkommen 2018 der M AG wird wie folgt ermittelt:

vorläufiger Gewinn 2018 lt. Handels- bzw. Steuerbilanz	600.000 €
außerbilanzielle Korrekturen	
- Dividendenerträge (§ 8b Abs. 1 KStG)	-800.000 €
- Pauschalbetrag von 5% der Dividende (§ 8b Abs. 5 KStG)	+40.000 €
- KapESt-Aufwand (§ 10 Nr. 2 KStG)	+200.000 €
- SolZ-Aufwand (§ 10 Nr. 2 KStG)	+11.000 €
steuerlicher Gewinn der Gesellschaft (= zu versteuerndes Einkommen)	**51.000 €**

BEISPIEL | Wie hoch sind, in Fortführung von Bsp. 4, die sich für die M AG bei der Veranlagung 2018 ergebenden Steuernachzahlungsbeträge bzw. Steuererstattungsbeträge (KSt, SolZ) und wie hoch ist das endgültige Jahresergebnis 2018 der M AG?

Die für 2018 zu leistende Nachzahlung bzw. die sich ergebende Erstattung an KSt bzw. SolZ sowie das endgültige Jahresergebnis werden wie folgt ermittelt:

KSt 2018 (§ 23 Abs. 1 KStG, 15%)	7.650 €
KapESt (§ 36 Abs. 2 Nr. 2 EStG)	-200.000 €
KSt-Erstattung 2018 (-)	**-192.350 €**

SolZ 2018 (lt. SolZG 5,5% der KSt; im Bsp. gerundet)	421 €
SolZ auf die KapESt (§ 1 Abs. 2 SolZG)	-11.000 €
SolZ-Erstattung 2018 (-)	**-10.579 €**
vorläufiges Jahresergebnis 2018	600.000 €
Wirkung der KSt-Erstattung (Ergebniserhöhung)	+192.350 €
Wirkung der SolZ-Erstattung (Ergebniserhöhung)	+10.579 €
endgültiges Jahresergebnis 2018	**802.929 €**

§ 8b Abs. 1 und 5 KStG sind auf Dividenden aller-dings nicht anzuwenden, wenn die zugrunde liegende Beteiligung zu Beginn des Kalenderjahres unmittelbar weniger als 10% des Grund- oder Stammkapitals betragen hat (sog. „Streubesitz", § 8b Abs. 4 Satz 1 und 7 KStG). Auf die in § 8b Abs. 4 KStG enthaltenen Details zur **„Streubesitz-Beteiligung"** wird nachfolgend nicht weiter eingegangen. **„Streubesitz-Dividenden"** sind in voller Höhe steuerpflichtig.

B) VERÄUSSERUNG VON BETEILIGUNGEN AN KAPITALGESELLSCHAFTEN

Veräußert eine Kapitalgesellschaft eine Beteili-gung an einer anderen Kapitalgesellschaft, ergibt sich regelmäßig entweder ein Veräußerungsgewinn oder ein Veräußerungsverlust. Die Höhe des Veräußerungserge-nisses wird bestimmt vom Veräußerungspreis der Anteile, vom Buchwert der Beteiligung zum Veräußerungszeitpunkt und von den bei der Veräußerung eventuell angefallenen Veräußerungskosten.

Gemäß § 8b Abs. 2 Satz 1 und 2 KStG ist ein beim Beteiligungsverkauf entstehender **Veräußerungsgewinn** im Rahmen der Einkommensermittlung der veräußernden Kapitalgesellschaft außer Ansatz zu lassen. Die Problematik des damit verbundenen steuerlichen Ausgabenabzugsverbots nach § 3c Abs. 1 EStG wird bei der Veräußerung von Kapitalgesellschaftsbeteiligungen in gleicher Weise gelöst wie im Fall von Gewinnausschüttungen: Gemäß § 8b Abs. 3 Satz 1 und 2 KStG wird ein pauschaler Betrag an nichtabziehbaren Betriebsausgaben in Höhe von 5% des Veräußerungsgewinns unterstellt und § 3c Abs. 1 EStG für nicht anwendbar erklärt. Entsprechend dem Dividendenfall bleiben faktisch 95% des Veräußerungsgewinns unversteuert. Dies gilt im Übrigen unabhängig von der Beteiligungshöhe; bei Veräußerungen ist (noch) keine Streubesitz-Regelung zu beachten.

Entsteht bei der Veräußerung einer Beteiligung an einer Kapitalgesellschaft ein **Veräußerungsverlust**, darf dieser gemäß § 8b Abs. 3 Satz 3 KStG bei der Einkommensermittlung der veräußernden Kapitalgesellschaft nicht gewinnmindernd berücksichtigt werden.

Die „Umsetzung" der in § 8b Abs. 2 und 3 KStG gemachten Vorgaben erfolgt durch entsprechende außerbilanzielle Korrekturen des Jahresergebnisses.

BEISPIEL | Die M AG ist zu 100% an der T1 AG und ebenfalls zu 100% an der T2 AG beteiligt. Der Buchwert der beiden Beteiligungen beträgt jeweils 500.000 €. Die M AG veräußert in 2018 ihre gesamte Beteiligung an der T1 AG für 400.000 € und 50% der Anteile an der T2 AG für 300.000 €. Bei der Veräußerung der Beteiligung an der T1 AG sind der M AG Veräußerungskosten von 10.000 € entstanden. Das vorläufige handelsbilanzielle Jahresergebnis 2018 der M AG (= vorläufiges steuerbilanzielles Jahresergebnis 2018) beträgt 900.000 €. Wie hoch ist das zu versteuernde Einkommen 2018 der M AG, wenn keine weiteren Sachverhalte zu berücksichtigen sind?

Die Veräußerung der Anteile an der T1 AG hat in der Gewinn- und Verlustrechnung 2018 der M AG zu einem Veräußerungsverlust von 110.000 € geführt (400.000 € - 500.000 € - 10.000 €). Aus dem Verkauf von 50% der Anteile an der T2 AG resultiert bei der M AG ein Veräußerungsgewinn von 50.000 € (300.000 € - 50% von 500.000 €). Das zu versteuernde Einkommen 2018 der M AG wird wie folgt ermittelt:

vorläufiger Gewinn 2018 lt. Handels- bzw. Steuerbilanz	900.000 €
außerbilanzielle Korrekturen	
- Veräußerungsverlust T1 AG (§ 8b Abs. 3 Satz 3 KStG)	+110.000 €
- Veräußerungsgewinn T2 AG (§ 8b Abs. 2 Satz 1 KStG)	-50.000 €
- Pauschalbetrag von 5% auf 50.000 € (§ 8b Abs. 3 Satz 1 KStG)	+2.500 €
steuerlicher Gewinn der Gesellschaft (= zu versteuerndes Einkommen)	**962.500 €**

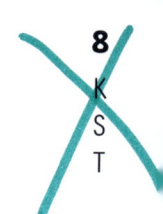

C) WERTÄNDERUNGEN BEI KAPITAL-GESELLSCHAFTS-BETEILIGUNGEN

Beteiligungen an Kapitalgesellschaften werden mit ihren Anschaffungskosten bilanziert und im Normalfall nicht abgeschrieben. Im Fall einer Wertminderung der Beteiligung kann es allerdings zu einer **außerplanmäßigen Abschreibung** auf den niedrigeren beizulegenden Wert kommen, was bei der Gesellschaft zu einem entsprechenden Abschreibungsaufwand führt. Erholt sich der Wert einer außerplanmäßig abgeschriebenen Beteiligung später wieder, ist eine ertragswirksame **Zuschreibung** des Beteiligungsbuchwertes vorzunehmen, maximal bis zum Betrag der ursprünglichen Anschaffungskosten der Beteiligung.

Nach § 8b Abs. 3 Satz 3 KStG dürfen Gewinnminderungen im Zusammenhang mit Beteiligungen an Kapitalgesellschaften bei der Ermittlung des Einkommens nicht berücksichtigt werden. Hierzu zählen auch außerplanmäßige Abschreibungen des Beteiligungsbuchwertes.

Wird im Fall der Werterholung einer Beteiligung später eine Zuschreibung vorgenommen, bleibt der daraus resultierende Ertrag gemäß § 8b Abs. 2 Satz 3 KStG i.V.m. § 6 Abs. 1 Nr. 2 EStG bei der Einkommensermittlung außer Ansatz. Allerdings erfolgt auch in diesem Fall eine pauschale Zurechnung von nichtabziehbaren Betriebsausgaben in Höhe von 5% des Ertrags aus der Zuschreibung (§ 8b Abs. 3 Satz 1 und 2 KStG).

BEISPIEL | Die M AG ist zu 100% an der T AG beteiligt. Der Buchwert der Beteiligung beträgt 200.000 €. In 2018 nimmt die M AG eine außerplanmäßige Abschreibung auf ihre Beteiligung an der T AG vor (Aufwand 100.000 €). In 2019 wird der Beteiligungsbuchwert nach einer unerwarteten Werterholung wieder auf den ursprünglichen Buchwert zugeschrieben (Ertrag 100.000 €).

Die in 2018 bei der M AG aufwandswirksam erfasste Wertminderung der Beteiligung in Höhe von 100.000 € darf bei der Einkommensermittlung 2018 nicht gewinnmindernd berücksichtigt werden (§ 8b Abs. 3 Satz 3 KStG). Die in 2019 ertragswirksam vorgenommene Zuschreibung in Höhe von 100.000 € wird bei der Einkommensermittlung 2019 ebenfalls nicht berücksichtigt (§ 8b Abs. 2 Satz 3 KStG). Allerdings werden nach § 8b Abs. 3 Satz 1 KStG in Höhe von 5% des Zuschreibungsbetrags nichtabziehbare Betriebsausgaben unterstellt, welche in 2019 bei der M AG zu einer Einkommenserhöhung von 5.000 € führen.

Die im Zusammenhang mit Wertänderungen von Beteiligungen zu beachtenden steuerlichen Vorschriften werden durch außerbilanzielle Korrekturen des Jahresergebnisses der Muttergesellschaft berücksichtigt.

 Muttergesellschaft, Tochtergesellschaft (Personengesellschaft, Kapitalgesellschaft), § 8b KStG, offene Gewinnausschüttung, Bardividende, Bruttodividende, Streubesitz-Beteiligung, Streubesitz-Dividende, Veräußerungsgewinn, Veräußerungsverlust, außerplanmäßige Abschreibung, Zuschreibung

 Übersicht 11: Ermittlung des zu versteuernden Einkommens von Kapitalgesellschaften (verkürzte Darstellung)

VERDECKTE GEWINNAUSSCHÜTTUNGEN

Die von einer Kapitalgesellschaft an ihre Gesellschafter ausgeschütteten Gewinne mindern unmittelbar das Eigenkapital der ausschüttenden Gesellschaft. Eine aufwandswirksame Verbuchung von Gewinnausschüttungen ist weder handels- noch steuerrechtlich zulässig. So ist in § 8 Abs. 3 Satz 1 KStG ausdrücklich erwähnt, dass die Einkommensverwendung für die Einkommensermittlung irrelevant ist und somit die Höhe des Einkommens der ausschüttenden Kapitalgesellschaft nicht beeinflussen darf.

Von den Gesellschaftern einer Kapitalgesellschaft ordnungsgemäß beschlossene Gewinnausschüttungen werden als **offene Gewinnausschüttungen** bezeichnet. Je nach „Gesellschaftertyp" werden Dividendeneinkünfte beim Empfänger unterschiedlichen Einkunftsarten zugeordnet und in unterschiedlicher Weise besteuert. So gehören

EST (30) **Dividenden bei natürlichen Personen** im Rahmen der Einkommensbesteuerung in der Regel entweder zu den Einkünften aus Kapitalvermögen (dann ist, abgesehen von einigen Ausnahmen, der Sondertarif des § 32d EStG anzuwenden) oder zu einer Gewinneinkunftsart (dann gilt das sog. Teileinkünfteverfahren gemäß § 3 Nr. 40 d EStG, § 3c Abs. 2 EStG). Bei Gesellschaftern in der Rechtsform einer Kapitalgesellschaft zählen die Dividendeneinkünfte zu deren Einkünften aus Gewerbebetrieb; allerdings

KST (8) sind **Dividendeneinkünfte von Kapitalgesellschaften**, sofern es sich nicht um Dividenden aus Streubesitz-Beteiligungen im Sinne von § 8b Abs. 4 KStG handelt, gemäß § 8b Abs. 1 und 5 KStG im Ergebnis zu 95% steuerfrei (100%-ige Befreiung der Dividende, pauschaler Ansatz von nichtabziehbaren Betriebsausgaben in Höhe von 5% der Dividende).

§ 8 Abs. 3 Satz 2 KStG bestimmt, dass auch **verdeckte Gewinnausschüttungen** das körperschaftsteuerliche Einkommen nicht mindern dürfen. Die steuerliche Problematik verdeckter Gewinnausschüttungen hängt mit dem bei Kapitalgesellschaften geltenden Trennungsprinzip zusammen, demzufolge die Ebene der Gesellschaft steuerlich getrennt von der Ebene der Gesellschafter zu betrachten ist. Infolge dieser getrennten Betrachtungsweise ist es möglich, dass die Gesellschafter einer Kapitalgesellschaft mit ihrer Gesellschaft schuldrechtliche Verträge abschließen (z.B. Dienstverträge, Darlehensverträge, Mietverträge oder Kaufverträge), welche steuerlich anerkannt werden.

BEISPIEL | A ist zu 95% an einer GmbH beteiligt. Er ist alleiniger Geschäftsführer der GmbH und hat mit seiner GmbH einen Anstellungsvertrag abgeschlossen, in welchem ein angemessenes Jahresgehalt von 100.000 € vereinbart ist. Überdies hat A der Gesellschaft ein Darlehen von 50.000 € gewährt. Der zwischen der GmbH und A vereinbarte Darlehenszinssatz ist marktüblich und liegt bei 6% jährlich.

Grundsätzlich ist es möglich, dass A mit steuerlicher Wirkung schuldrechtliche Verträge mit seiner Gesellschaft abschließt. Das Geschäftsführergehalt und die Darlehenszinsen werden von der Gesellschaft als betrieblicher Aufwand behandelt. Sie mindern den handelsbilanziellen bzw. steuerbilanziellen Gewinn und damit auch das Einkommen sowie die Steuerbelastung der GmbH. A hat im Rahmen seiner Einkommensbesteuerung das Geschäftsführergehalt bei den Einkünften aus nichtselbständiger Arbeit und die Darlehenszinsen bei den Einkünften aus Kapitalvermögen anzusetzen.

Da die Entscheidungen der Gesellschaft in vielen Fällen aber von den Gesellschaftern selbst getroffen werden, können sie die Vertragsbedingungen mehr oder weniger beliebig „diktieren". Der Interessengegensatz, der bei Geschäften zwischen Fremden im Normalfall für eine Ausgewogenheit der Bedingungen sorgt, fehlt häufig bei Verträgen zwischen einer Gesellschaft und ihren Gesellschaftern.

BEISPIEL | A ist zu 95% an einer GmbH beteiligt. Er ist alleiniger Geschäftsführer der GmbH und hat mit der Gesellschaft einen Anstellungsvertrag abgeschlossen, in welchem ein angemessenes Jahresgehalt von 100.000 € vereinbart ist.

Auf Grund seiner Gesellschafterstellung könnte A, zivilrechtlich wirksam, die Höhe seines eigenen Gehalts mehr oder weniger beliebig festlegen. Durch die Vereinbarung eines jährlichen Gehalts in Höhe von beispielsweise 300.000 € ließe sich der Gewinn der Gesellschaft und damit deren Steuerlast deutlich stärker mindern als bei einem Jahresgehalt von 100.000 €. A hätte dann zwar auch entsprechend höhere Einkünfte aus nichtselbständiger Arbeit zu versteuern (300.000 € anstelle von 100.000 €), würde aber im Gegenzug die Ausschüttungsbesteuerung vermeiden, die angefallen wäre, wenn ihm die zusätzlichen 200.000 € seitens der Gesellschaft als Gewinnausschüttung und nicht als Gehalt zufließen.

Schuldrechtliche Vertragsgestaltungen zwischen einer Gesellschaft und ihren Gesellschaftern, die den Gesellschaftern zu Lasten der Gesellschaft Vermögensvorteile verschaffen, werden steuerrechtlich nur anerkannt, soweit es sich nicht um verdeckte Gewinnausschüttungen handelt. In den Steuergesetzen wird der Begriff der verdeckten Gewinnausschüttung (vGA) zwar erwähnt, aber nicht erläutert.

Gemäß der vGA-Definition in R 8.5 Abs. 1 KStR weist eine vGA vier Merkmale auf: „Eine vGA im Sinne des § 8 Abs. 3 Satz 2 KStG ist eine Vermögensminderung oder verhinderte Vermögensmehrung, die durch das Gesellschaftsverhältnis veranlasst ist, sich auf die Höhe des Unterschiedsbetrags i.S.d. § 4 Abs. 1 Satz 1 EStG auswirkt und nicht auf einem den gesellschaftsrechtlichen Vorschriften entsprechenden Gewinnverteilungsbeschluss beruht."

Eine bei der Gesellschaft eingetretene Vermögensminderung bzw. eine bei der Gesellschaft eingetretene verhinderte Vermögensmehrung (z.B. durch Verzicht der Gesellschaft auf mögliche höhere Verkaufserlöse) ist durch das Gesellschaftsverhältnis verursacht, wenn ein ordentlicher und gewissenhafter Geschäftsleiter das durchgeführte Geschäft mit „Nicht-Gesellschaftern" in dieser Weise nicht abgeschlossen hätte (Fremdvergleich). Dies betrifft insbesondere Fälle, in denen eine Gesellschaft dadurch benachteiligt wird, dass sie mit ihren Gesellschaftern bzw. mit den Gesellschaftern nahestehenden Personen „unangemessene" schuldrechtliche Vereinbarungen trifft. Gesellschafter mit großem Einfluss auf die Gesellschaft (sog. beherrschende Gesellschafter) müssen besonders strenge Anforderungen erfüllen, um den „Verdacht" der Veranlassung durch das Gesellschaftsverhältnis zu entkräften. Vermögensminderungen bzw. verhinderte Vermögensmehrungen wirken sich auf den Unterschiedsbetrag im Sinne von § 4 Abs. 1 Satz 1 EStG insbesondere dann aus, wenn sie zu einer Verringerung des Steuerbilanzgewinns führen.

BEISPIEL | A ist zu 95% an einer GmbH beteiligt. Er ist alleiniger Geschäftsführer der GmbH und hat mit der Gesellschaft einen Anstellungsvertrag abgeschlossen, in welchem ein Jahresgehalt von 300.000 € vereinbart ist. Dementsprechend hoch ist der bei der GmbH für A im Geschäftsjahr 2018 angefallene Personalaufwand. Es sei angenommen, dass man einem Nicht-Gesellschafter bei vergleichbarer Leistung lediglich 100.000 € Gehalt zugestanden hätte (= angemessenes Gehalt). Inwieweit ist die Geschäftsführervergütung 2018 des A als vGA zu beurteilen?

Der für die Tätigkeit des A bei der GmbH angefallene Personalaufwand der GmbH (300.000 €) hat in 2018 zu einer Verminderung des Vermögens der GmbH geführt. In Höhe eines Teilbetrags von 200.000 € ist die Vermögensminderung durch das Gesellschaftsverhältnis verursacht, denn ein Nicht-Gesellschafter hätte für die gleiche Tätigkeit nur 100.000 € erhalten. Der überhöhte Teil des Gehalts hat sich auch auf den Unterschiedsbetrag im Sinne des § 4 Abs. 1 Satz 1 EStG ausgewirkt (Minderung des Steuerbilanzgewinns). Eine offene Gewinnausschüttung ist hinsichtlich des Teilbetrags von 200.000 € mangels eines Ausschüttungsbeschlusses nicht gegeben. Im Ergebnis liegt in Höhe von 200.000 € eine vGA vor.

Abweichend von der zivilrechtlichen Gestaltung wird bei Vorliegen einer vGA steuerlich unterstellt, dass es sich hinsichtlich des Betrags der vGA nicht um Leistungen der Gesellschaft aus einer schuldrechtlichen Vereinbarung, sondern um eine Gewinnausschüttung der Gesellschaft an die betreffenden Gesellschafter handelt. Die Ausschüttung ist allerdings nicht auf der Grundlage eines ordnungsgemäßen Ausschüttungsbeschlusses als offene Gewinnausschüttung erfolgt; sie wird vielmehr „verdeckt" durch eine schuldrechtliche Vereinbarung zwischen der Gesellschaft und ihren Gesellschaftern (verdeckte Gewinnausschüttung).

Gemäß § 8 Abs. 3 Satz 2 KStG darf das Einkommen einer Kapitalgesellschaft durch eine vGA nicht gemindert werden. Diese gesetzliche Vorgabe wird im Rahmen der Einkommensermittlung durch eine entsprechende **außerbilanzielle Zurechnung** in Höhe des Betrags der vGA berücksichtigt.

Beim Gesellschafter wird steuerlich eine Ausschüttung in Höhe der vGA unterstellt. Insoweit werden die Einkünfte des Gesellschafters, die sich gemäß der vertraglichen Vereinbarung ergeben, teilweise in Dividendeneinkünfte umqualifiziert. VGA gehören zu den sonstigen Bezügen im Sinne von § 20 Abs. 1 Nr. 1 Satz 1 EStG (vgl. § 20 Abs. 1 Nr. 1 Satz 2 EStG). Die Besteuerung von vGA entspricht, abgesehen von wenigen Ausnahmen, der Besteuerung von offenen Gewinnausschüttungen. Von einer Behandlung der Ausnahmefälle wird abgesehen.

BEISPIEL | Der handelsbilanzielle bzw. steuerbilanzielle Gewinn 2018 der X GmbH (Alleingesellschafter ist X) beträgt 400.000 €. Darin enthalten sind 300.000 € Personalaufwand für die Geschäftsführertätigkeit des X (angemessenes Jahresgehalt: 100.000 €). Die Aufwendungen der GmbH enthalten noch weitere, steuerlich nicht-abziehbare Betriebsausgaben in Höhe von 120.000 €. Wie hoch ist das zu versteuernde Einkommen 2018 der X GmbH?

Hinsichtlich des überhöhten Teils der Personalaufwendungen (200.000 €) liegt eine vGA vor. Im Rahmen der Ermittlung des zu versteuernden Einkommens 2018 der X GmbH wird der Steuerbilanzgewinn (400.000 €) außerbilanziell um die vGA (200.000 €)

und die übrigen nichtabziehbaren Betriebsausgaben (120.000 €) erhöht. Das zu versteuernde Einkommen 2018 der X GmbH beträgt somit 720.000 €. Gewinnmindernd berücksichtigt ist nach der Korrektur nur noch der angemessene Teil des Geschäftsführergehaltes von X (100.000 €).

BEISPIEL | Welche steuerlichen Auswirkungen ergeben sich im Bsp. 4 für die Einkommensbesteuerung 2018 des X?

X erhält aus dem mit der GmbH abgeschlossenen Dienstvertrag 300.000 € Gehalt. Steuerlich werden die Einkünfte jedoch teilweise umqualifiziert. Der angemessene Teil seiner Tätigkeitsvergütung (100.000 €) gehört bei X zu den Einkünften aus nichtselbständiger Arbeit. Den als vGA anzusehenden Teil der Vergütung (200.000 €) muss X als Gewinnausschüttung versteuern. Er erzielt als natürliche Person insoweit Einkünfte aus Kapitalvermögen im Sinne von § 20 Abs. 1 Nr. 1 Satz 2 EStG. Diese Einkünfte unterliegen dem 25%-igen Sondertarif des § 32d EStG, soweit keine der in § 32d EStG enthaltenen Ausnahmeregelungen zur Anwendung kommt.

Offene Gewinnausschüttung, verdeckte Gewinnausschüttung (vGA), vGA-Definition, außerbilanzielle Zurechnung

Übersicht 11: Ermittlung des zu versteuernden Einkommens von Kapitalgesellschaften (verkürzte Darstellung)

GESELLSCHAFTEREINLAGEN

Die nachfolgenden Ausführungen befassen sich mit der Frage, wie Gesellschaftereinlagen im Rahmen der Einkommensermittlung einer Kapitalgesellschaft zu behandeln sind. Auf das steuerliche Einlagekonto im Sinne des § 27 KStG, auf die steuerlichen Besonderheiten bei der Rückzahlung von Einlagen an die Gesellschafter und auf Details der steuerlichen Bewertung von Einlagen wird nicht eingegangen.

Gesellschafter von Kapitalgesellschaften können aus unterschiedlichen Gründen Einlagen in die Gesellschaft leisten. So besteht z.B. bei der Gründung einer Kapitalgesellschaft die gesellschaftsrechtliche Verpflichtung zur Erbringung von Einlagen in Höhe des gezeichneten Kapitals. Gleiches gilt im Fall einer späteren Kapitalerhöhung gegen Einlageleistung. Gesellschaftsrechtlich veranlasste Einlagen (auch als **offene Einlagen** bezeichnet) werden regelmäßig erfolgsneutral unmittelbar in die hierfür vorgesehenen Eigenkapitalposten eingestellt. Sofern die Einlagen nicht zwingend einem bestimmten Eigenkapitalposten zugeordnet sind, können gesellschaftsrechtlich begründete Zuzahlungen der Gesellschafter aber auch durch eine entsprechende Ertragsbuchung dem Eigenkapital zugeführt werden. In diesem Fall wird das Jahresergebnis durch die Einlagen erhöht.

Bei der steuerlichen Gewinnermittlung durch Betriebsvermögensvergleich ist auch bei Kapitalgesellschaften zu beachten, dass Einlagen den Gewinn nicht erhöhen dürfen (§ 4 Abs. 1 Satz 1 EStG). Sofern offene Einlagen erfolgsneutral verbucht wurden, besteht im Rahmen der steuerlichen Gewinnermittlung kein Handlungsbedarf. Wurden die Einlagen allerdings erfolgs-

wirksam erfasst, ist dies bei der Einkommensermittlung der Kapitalgesellschaft durch eine außerbilanzielle Korrektur (Abzug vom Steuerbilanzgewinn) zu berücksichtigen. Aus Sicht der Gesellschafter stellen geleistete Einlagen Anschaffungskosten der Gesellschaftsanteile dar.

BEISPIEL | Die VW GmbH hat in 2018 ihr Stammkapital (Gezeichnetes Kapital) um 100.000 € erhöht. Die Kapitalerhöhung erfolgte gegen Einlageleistung. Die von den Gesellschaftern V und W in 2018 durch Zahlung geleisteten Einlagen in Höhe von insgesamt 100.000 € wurden seitens der GmbH unmittelbar im Eigenkapital erfasst (Buchung: per Geldkonto an Eigenkapital). V und W haben ihrer GmbH auf Grund eines entsprechenden Gesellschafterbeschlusses einen zusätzlichen Geldbetrag von 50.000 € als Einlage zur Verfügung gestellt. Dieser Betrag wurde in der GmbH als Ertrag erfasst (Buchung: per Bank an Ertrag) und ist somit im handelsbilanziellen und steuerbilanziellen Gewinn 2018 der GmbH enthalten. Wie sind die Gesellschaftereinlagen im Rahmen der Einkommensermittlung 2018 der VW GmbH zu behandeln?

Die infolge der Kapitalerhöhung geleisteten Einlagen haben das Steuerbilanzergebnis 2018 nicht beeinflusst. Eine Einkommenskorrektur ist insoweit nicht nötig. Die erfolgswirksam erfasste zusätzliche Einlage von 50.000 € muss bei der Einkommensermittlung 2018 der VW GmbH vom Steuerbilanzgewinn abgezogen werden, denn bei diesem „Ertrag" handelt es sich nicht um von der GmbH erwirtschaftetes Einkommen, sondern um eine nicht zum steuerlichen Gewinn gehörende Gesellschaftereinlage.

Einlagen, welche Gesellschafter einer Kapitalgesellschaft außerhalb gesellschaftsrechtlicher Einlagen leisten, werden steuerlich als **verdeckte Einlagen**
bezeichnet. Sie dürfen, wie offene Einlagen, das Einkommen einer Kapitalgesellschaft nicht erhöhen (§ 8
Abs. 3 Satz 3 KStG). Ausgenommen davon sind Fälle im
Sinne von § 8 Abs. 3 Satz 4 KStG, die nachfolgend aber
nicht weiter erörtert werden. Soweit verdeckte Einlagen den Steuerbilanzgewinn erhöht haben, ist außerbilanziell ein entsprechender Abzug vom Steuerbilanzergebnis vorzunehmen.

Was unter einer verdeckten Einlage zu verstehen
ist, wird nicht im Gesetz, sondern in R 8.9 KStR aus-
geführt. Gemäß R 8.9 Abs. 1 KStR liegt eine verdeckte
Einlage vor, „…wenn ein Gesellschafter oder eine ihm
nahestehende Person der Körperschaft außerhalb der gesellschaftsrechtlichen Einlagen einen einlagefähigen
Vermögensvorteil zuwendet und diese Zuwendung durch
das Gesellschaftsverhältnis veranlasst ist."

Ein einlagefähiger Vermögensvorteil setzt lt.
Rechtsprechung voraus, dass die Einlage, müsste man
im Moment ihrer Zuführung eine Steuerbilanz aufstellen, zum Ansatz eines Aktivpostens bzw. zum Wegfall
eines Passivpostens führen würde. Einlagefähig in diesem Sinne sind z.B. Gegenstände, Forderungen oder der
Verzicht eines Gesellschafters auf eine Forderung gegen die Gesellschaft (in letzterem Fall entfällt ein
Schuldposten der Gesellschaft). Demgegenüber werden
Vorteile in Form einer verbilligten bzw. unentgeltlichen Nutzungsüberlassung (z.B. mietfreie Überlassung
von Geschäftsräumen an die Gesellschaft) nicht als ein-

lagefähige Wirtschaftsgüter angesehen, da diese Vorteile in einer Steuerbilanz nicht ansetzbar sind.

Der steuerliche Wert einer Einlage orientiert sich, in stark vereinfachter Betrachtung, regelmäßig an ihrem Zeitwert (steuerlicher Teilwert, § 6 Abs. 1 Nr. 5 EStG). Auf steuerliche Bewertungsfragen wird nicht weiter eingegangen. Eine Veranlassung durch das Gesellschaftsverhältnis ist gegeben, wenn ein ordentlicher Geschäftsführer das zu beurteilende Geschäft mit Nicht-Gesellschaftern in dieser Weise nicht durchgeführt hätte.

BEISPIEL | A ist Alleingesellschafter der A GmbH. Die GmbH hat von A Geschäftsräume angemietet (jährlicher Mietaufwand 120.000 €). Als Geschäftsführer der GmbH erhält A ein angemessenes jährliches Gehalt von 84.000 €. Um seine GmbH ergebnismäßig „aufzupolieren", trifft A im Juni 2018 einige Maßnahmen. Er ändert die Mietvereinbarung in der Weise, dass die GmbH ab Juli 2018 die Geschäftsräume mietfrei nutzen darf. Auf die von der GmbH noch nicht bezahlte Miete für die Monate April bis Juni 2018 verzichtet A. Die GmbH hat die Miete für das erste Halbjahr 2018 als Aufwand erfasst und in Höhe der noch nicht bezahlten Beträge Mietverbindlichkeiten in Höhe von 30.000 € ausgewiesen. Nach dem Verzicht des A hat die GmbH die Mietverbindlichkeiten in 2018 erfolgswirksam ausgebucht (Buchung: per Verbindlichkeit an Ertrag). A ändert darüber hinaus seinen Anstellungsvertrag mit der GmbH. Ab Juli 2018 arbeitet er ohne Entgelt für die GmbH. Die GmbH hat das im ersten Halbjahr 2018 gezahlte Geschäftsführergehalt (42.000 €) als Personalaufwand verbucht. Der Steuerbilanzgewinn 2018 der A GmbH beträgt 400.000 €. Darin enthalten sind Aufwendungen in Höhe von 28.000 €, die steuerlich zu den

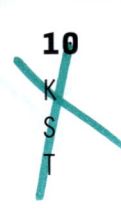

nichtabziehbaren Betriebsausgaben gehören. Wie hoch ist das zu versteuernde Einkommen 2018 der A GmbH?

Der Verzicht des A auf die ausstehende Miete in Höhe von 30.000 € stellt eine verdeckte Einlage dar, da die GmbH von ihrem Gesellschafter einen einlagefähigen Vermögensvorteil (Wegfall der Mietverbindlichkeiten) erhalten hat und dies auch durch das Gesellschaftsverhältnis veranlasst war. Gemäß § 8 Abs. 3 Satz 3 KStG darf die verdeckte Einlage das Einkommen der GmbH nicht erhöhen; das Steuerbilanzergebnis 2018 ist somit außerbilanziell um 30.000 € zu vermindern. Die entgeltfreie Nutzungsüberlassung ab Juli 2018 sowie die unentgeltliche Tätigkeit des A im zweiten Halbjahr 2018 führen zwar zu Vermögensvorteilen für die GmbH, welche allerdings mangels Bilanzierbarkeit nicht einlagefähig sind. Das Ergebnis der GmbH fällt infolge der ersparten Miet- und Personalaufwendungen höher aus, wird aber steuerlich nicht korrigiert, da insoweit keine verdeckte Einlage vorliegt. Das zu versteuernde Einkommen 2018 der A GmbH beträgt somit 398.000 € (400.000 € Steuerbilanzgewinn - 30.000 € verdeckte Einlage + 28.000 € nichtabziehbare Betriebsausgaben).

Offene Einlage, verdeckte Einlage, Definition der verdeckten Einlage, außerbilanzielle Abrechnung

Übersicht 11: Ermittlung des zu versteuernden Einkommens von Kapitalgesellschaften (verkürzte Darstellung)

Teil III

Gewerbesteuer

(GEWST)

ÜBERBLICK

Gewerbliche Unternehmen unterliegen, soweit sie im Inland betrieben werden, der GewSt. Besteuerungsgrundlage ist der in einem Kalenderjahr durch den Betrieb erzielte Gewerbeertrag. Die GewSt zählt, wie die ESt und die KSt, zu den **direkten Steuern** und zu den **Ertragsteuern**. Sie wird auch als **Objektsteuer** bezeichnet, da Besteuerungsgegenstand der GewSt nicht eine Person, sondern ein „Objekt" ist (der Gewerbebetrieb).

Gemäß Artikel 106 Abs. 6 Grundgesetz gehört die GewSt zu den **Gemeindesteuern**; ihre Erhebung erfolgt durch die Gemeinden (§ 1 GewStG). Die Höhe der GewSt-Schuld eines Unternehmens hängt nicht nur vom erzielten Gewerbeertrag ab, sondern auch von den anzuwendenden GewSt-Hebesätzen, welche seitens der jeweils zuständigen Gemeinden für das betreffende Jahr festgesetzt werden. Für die Gemeinden ist die GewSt eine bedeutsame und damit unverzichtbare Einnahmequelle. Das GewSt-Aufkommen 2016 lag bei ca. 50 Mrd. € (zum Vergleich: ESt-Aufkommen 2016 ca. 264 Mrd. €; KSt-Aufkommen 2016 ca. 27 Mrd. €; Quelle: Statistisches Bundesamt, www.destatis.de).

Rechtsquellen der GewSt sind das Gewerbesteuergesetz (GewStG), die Gewerbesteuer-Durchführungsverordnung (GewStDV) sowie die Rechtsprechung zur GewSt. Zur einheitlichen Anwendung der gewerbesteuerlichen Regelungen hat die Bundesregierung GewSt-Richtlinien (GewStR) nebst GewSt-Hinweisen (GewStH) erlassen.

Die GewSt stellt für die betroffenen gewerblichen Unternehmen eine erhebliche Zusatzbelastung dar, da die erzielten Unternehmensgewinne nicht nur der GewSt, sondern auch der ESt bzw. KSt unterworfen werden. Besonders ungünstig ist in diesem Zusammenhang, dass die betrieblich veranlasste GewSt gemäß § 4 Abs. 5b EStG bei der steuerlichen Gewinnermittlung nicht als Betriebsausgabe abgezogen werden darf. Allerdings erhalten natürliche Personen, deren gewerbliche Einkünfte mit GewSt belastet sind, zum Ausgleich dieser zusätzlichen Steuerbelastung einen gewissen „Steuernachlass" EST (33)   bei der ESt (**Steuerermäßigung gemäß § 35 EStG**). Unternehmen in der Rechtsform einer Kapitalgesellschaft wird eine derartige Steuerermäßigung nicht gewährt.

Das **GewSt-Ermittlungsschema** auf der nachfolgenden Seite zeigt in vereinfachter Form, wie die GewSt grundsätzlich berechnet wird. Die einzelnen Ermittlungs-Schritte werden insbesondere durch die §§ 7 bis 11 GewStG bestimmt.

BEISPIEL | E betreibt ein gewerbliches Einzelunternehmen in der Gemeinde A. Der nach den Vorschriften des EStG ermittelte Gewinn 2018 des Unternehmens beträgt 100.350 €. Es sei angenommen, dass dieser Gewinn für gewerbesteuerliche Zwecke noch durch Hinzurechnungen gemäß § 8 GewStG (10.000 €) sowie Kürzungen gemäß § 9 GewStG (20.000 €) verändert wird. Der sich daraus ergebende maßgebende Gewerbeertrag von 90.350 € wird gegebenenfalls noch um in Vorjahren angefallene Gewerbeverluste vermindert. Nimmt man an, dass E in 2017 z.B. einen Gewerbeverlust von 6.000 € erlitten hat, ergibt sich für 2018 ein Gewerbeertrag von 84.350 €, welcher auf den Betrag von 84.300 € abzurunden ist. Da es sich beim Unternehmen des E um ein Personenunternehmen handelt, ist vom Gewerbeertrag ein Freibetrag in Höhe von 24.500 € abzuziehen. Der daraus resultierende endgültige Gewerbeertrag von 59.800 € wird zur Berechnung des Steuermessbetrags mit der Steuermesszahl von 3,5% multipliziert. Beim Steuermessbetrag (im Bsp. 2.093 €) handelt es sich noch nicht um einen Steuerbetrag, sondern lediglich um eine Rechengröße. Die GewSt ergibt sich durch Anwendung des von der hebeberechtigten Gemeinde A festgelegten GewSt-Hebesatzes auf den GewSt-Messbetrag. Unterstellt man, dass der GewSt-Hebesatz der Gemeinde A 400% beträgt, ergibt sich für das Unternehmen des E in 2018 eine GewSt von 8.372 €.

	Ausgangsgröße: Gewinn bzw. Verlust aus Gewerbebetrieb lt. EStG bzw. KStG (§ 7 GewStG)
+	Hinzurechnungen (§ 8 GewStG)
-	Kürzungen (§ 9 GewStG)
=	maßgebender Gewerbeertrag (§ 10 GewStG)
-	Gewerbeverluste aus Vorjahren (§ 10a GewStG)
=	Gewerbeertrag (abzurunden auf volle 100 €; § 11 Abs. 1 Satz 3 GewStG)
-	Freibetrag von 24.500 € für natürliche Personen bzw. Personengesellschaften (§ 11 Abs. 1 Satz 3 GewStG)
=	endgültiger Gewerbeertrag
*	Steuermesszahl in Höhe von 3,5% (§ 11 Abs. 1 Satz 2 und Abs. 2 GewStG)
=	Steuermessbetrag (§ 11 Abs. 1 Satz 1 und 2 GewStG)
*	Hebesatz der Gemeinde (§ 16 GewStG)
=	für das Kalenderjahr festgesetzte GewSt (§§ 16, 18 GewStG)

 Direkte Steuer, Ertragsteuer, Objektsteuer, Gemeindesteuer, Rechtsquellen, Steuerermäßigung gemäß § 35 EStG, GewSt-Ermittlungsschema

STEUERGEGENSTAND
UND STEUERSCHULDNER

Steuergegenstand der GewSt ist jeder stehende Gewerbebetrieb, soweit er im Inland betrieben wird (§ 2 Abs. 1 Satz 1 GewStG).

Als **stehender Gewerbebetrieb** wird jeder Gewerbebetrieb bezeichnet, bei dem es sich nicht um ein Reisegewerbe handelt (§ 1 GewStDV). Auf Betriebe des Reisegewerbes wird nachfolgend nicht weiter eingegangen. Ein Gewerbebetrieb wird im Inland betrieben, soweit die betriebliche Tätigkeit im Rahmen einer inländischen **Betriebsstätte** ausgeübt wird (§ 2 Abs. 1 Satz 3 GewStG). Die einer ausländischen Betriebsstätte zuzurechnenden Erfolgsbeiträge unterliegen nicht der GewSt. Gemäß § 12 AO ist eine Betriebsstätte „…jede feste Geschäftseinrichtung oder Anlage, die der Tätigkeit eines Unternehmens dient." Dazu gehören z.B. die Räumlichkeiten der Geschäftsleitung, Zweigniederlassungen, Produktionsstätten und Warenlager.

Unter einem „Gewerbebetrieb" sind insbesondere gewerbliche Unternehmen im Sinne des EStG zu verstehen (§ 2 Abs. 1 Satz 2 GewStG). In § 15 Abs. 2 und 3 EStG wird zwischen Gewerbebetrieben kraft **gewerblicher Tätigkeit** und Gewerbebetrieben kraft „gewerblicher Prägung" unterschieden. Im Normalfall entsteht ein Gewerbebetrieb durch die Ausübung einer gewerblichen Tätigkeit. Die Tätigkeit einer Kapitalgesellschaft gilt allerdings gemäß § 2 Abs. 2 GewStG **kraft Rechtsform** regelmäßig in vollem Umfang als Gewerbebetrieb. In § 2 Abs. 2 und 3 GewStG sind noch weitere Fälle aufgeführt, in denen ein Gewerbebetrieb gesetzlich „angeordnet" wird.

Natürliche Personen können mehrere, getrennt zur GewSt heranzuziehende Gewerbebetriebe haben, Personengesellschaften und Kapitalgesellschaften nur einen einzigen, einheitlichen Betrieb (R 2.4 GewStR).

BEISPIEL | E betreibt eine Bäckerei in Bochum. Seine Brüder F und G sind Gesellschafter einer OHG, welche in Frankfurt Möbel herstellt und verkauft. Die Schwester des E ist Steuerberaterin und Alleingesellschafterin einer Steuerberatungs-GmbH in Düsseldorf. Inwieweit unterliegen die Aktivitäten der Familienmitglieder der GewSt?

Bei der Bäckerei, bei der OHG und bei der Steuerberatungs-GmbH handelt es sich um stehende Gewerbebetriebe, die im Inland eine Betriebsstätte haben. Die Bäckerei und die OHG sind Gewerbebetriebe kraft gewerblicher Tätigkeit (§ 2 Abs. 1 Satz 2 GewStG, § 15 Abs. 2 EStG). Die Tätigkeit der Steuerberatungs-GmbH stellt einen Gewerbebetrieb kraft Rechtsform dar (§ 2 Abs. 2 GewStG). Soweit die Tätigkeit der vorgenannten drei Gewerbebetriebe der jeweiligen inländischen Betriebsstätte zugerechnet werden kann, unterliegen die Betriebe gemäß § 2 Abs. 1 Satz 1 GewStG der GewSt.

Schuldner der GewSt ist lt. § 5 Abs. 1 Satz 1 GewStG der Unternehmer. Als Unternehmer ist derjenige anzusehen, „...für dessen Rechnung das Gewerbe betrieben wird" (§ 5 Abs. 1 Satz 2 GewStG). Bei Einzelunternehmen ist dies der Inhaber des Unternehmens, bei Kapitalgesellschaften die Kapitalgesellschaft selbst. Für Personengesellschaften bestimmt § 5 Abs. 1 Satz 3 GewStG, dass die Personengesellschaft Schuldner der GewSt ist.

BEISPIEL | E betreibt eine Bäckerei in Bochum. Seine Brüder F und G sind Gesellschafter einer OHG, welche in Frankfurt Möbel herstellt und verkauft. Die Schwester des E ist Steuerberaterin und Alleingesellschafterin einer Steuerberatungs-GmbH in Düsseldorf. In Bsp. 1 wurde festgestellt, dass es sich bei den drei Unternehmen jeweils um Gewerbebetriebe handelt, die der GewSt unterliegen. Wer ist der jeweilige Schuldner der GewSt?

Gemäß § 5 Abs. 1 GewSt ist der Unternehmer Schuldner der GewSt. Die im Rahmen des Bäckereibetriebs anfallende GewSt wird von Betriebsinhaber E geschuldet. Schuldner der für die OHG festgesetzten GewSt ist die Gesellschaft selbst. Gleiches gilt für die GewSt der Steuerberatungs-GmbH.

§ 3 GewStG enthält eine Auflistung umfassender persönlicher und sachlicher Befreiungen von der GewSt. Die Befreiungen sind für „normale" gewinnorientierte Unternehmen nicht relevant, da diese Unternehmen nicht die persönlichen bzw. sachlichen Voraussetzungen des § 3 GewStG erfüllen. Die Vorschrift wird nachfolgend nicht weiter berücksichtigt.

Steuergegenstand, stehender Gewerbebetrieb, inländische Betriebsstätte, Gewerbebetrieb kraft gewerblicher Tätigkeit, Gewerbebetrieb kraft Rechtsform, Schuldner der GewSt

AUSGANGSGRÖSSE

Besteuerungsgrundlage der GewSt ist der Gewerbeertrag (§ 6 GewStG). Gemäß § 7 Satz 1 GewStG entspricht der Gewerbeertrag dem nach den Vorschriften des EStG bzw. KStG ermittelten Gewinn (bzw. Verlust) aus Gewerbebetrieb, vermehrt um die Hinzurechnungen lt. § 8 GewStG und vermindert um die Kürzungen lt. § 9 GewStG.

Ausgangsgröße für die Ermittlung des Gewerbeertrags ist somit der einkommensteuerlich bzw. körperschaftsteuerlich relevante Gewinn gewerblicher Unternehmen (**Gewinn aus Gewerbebetrieb**). Damit ist allerdings nicht der Steuerbilanzgewinn gemeint; als Ausgangsgröße werden vielmehr die im Rahmen des jeweiligen Betriebs erzielten (laufenden) Einkünfte aus Gewerbebetrieb im Sinne des § 15 EStG herangezogen. Da die Einkünfteermittlung unter Berücksichtigung der sog. außerbilanziellen Korrekturen erfolgt, sind diese Korrekturen auch gewerbesteuerlich relevant.

Bei bilanzierenden **gewerblichen Einzelunternehmen** entspricht die gewerbesteuerliche Ausgangsgröße dem um außerbilanzielle Korrekturen modifizierten Steuerbilanzgewinn. Im Fall von Gewerbetreibenden, die ihren steuerlichen Gewinn durch Überschuss der Betriebseinnahmen über die Betriebsausgaben ermitteln, stellt der unter Beachtung der einkommensteuerlichen Vorschriften erzielte Einnahmen-Überschuss die gewerbesteuerliche Ausgangsgröße dar. Bei **gewerblichen Personengesellschaften** (Mitunternehmerschaften) umfasst der gewerbesteuerlich relevante Gewinn aus Gewerbebetrieb die steuerlichen Gewinnanteile der einzelnen Gesellschafter aus der Gesellschaft sowie die Einkünfte aus dem Sonderbereich der Gesellschafter (insbesondere Gesellschaftervergütungen und Sonderbetriebsausgaben).

ESt (29)

Bei **Kapitalgesellschaften** stimmt die gewerbesteuerliche Ausgangsgröße mit dem von der Kapitalgesellschaft erzielten zu versteuernden Einkommen (vor Verlustabzug) überein. Die bei der Einkommensermittlung von Kapitalgesellschaften eventuell zu berücksichtigenden körperschaftsteuerlichen Verluste dürfen den Gewerbeertrag der Kapitalgesellschaft nicht beeinflussen, da Gewerbeverluste im GewStG eigenständig berücksichtigt werden. Eine „Vermischung" von körperschaftsteuerlichen Verlusten und Gewerbeverlusten ist nicht zulässig.

BEISPIEL | E betreibt ein gewerbliches Einzelunternehmen. Der Steuerbilanzgewinn 2018 beträgt 300.000 €. Das Jahresergebnis beinhaltet unter anderem GewSt-Aufwand (50.000 €) und Bewirtungsaufwendungen im Sinne von § 4 Abs. 5 Nr. 2 EStG (4.000 €). Wie hoch ist der gewerbesteuerlich relevante Gewinn aus Gewerbebetrieb 2018 des Einzelunternehmens?

Der gemäß § 7 Satz 1 GewStG für die Ermittlung des Gewerbeertrags relevante Gewinn aus Gewerbebetrieb des Einzelunternehmens (GewSt-Ausgangsgröße) wird für 2018 wie folgt ermittelt:

Steuerbilanzgewinn des Unternehmens	300.000 €
außerbilanzielle Korrekturen	
- GewSt-Aufwand (§ 4 Abs. 5b EStG)	+50.000 €
- 30% des Bewirtungsaufwands	
(§ 4 Abs. 5 Nr. 2 EStG)	+1.200 €
Gewinn aus Gewerbebetrieb gemäß	
§ 7 Satz 1 GewStG	**351.200 €**
(= Einkünfte aus Gewerbebetrieb des E)	

BEISPIEL | A und B sind zu je 50% an der gewerblich tätigen AB OHG beteiligt. Der Steuerbilanzgewinn 2018 der OHG beträgt 300.000 €. Das Jahresergebnis beinhaltet unter anderem GewSt-Aufwand (50.000 €) und Bewirtungsaufwendungen im Sinne von § 4 Abs. 5 Nr. 2 EStG (4.000 €). A hat als Geschäftsführer der Gesellschaft in 2018 eine Tätigkeitsvergütung erhalten (insgesamt 120.000 €), die seitens der AB OHG als Personalaufwand verbucht wurde. B hat seiner Gesellschaft ein Bürogebäude vermietet. Dafür erhielt er in 2018 von der OHG Miete (insgesamt 24.000 €). Die Vergütung an B wurde von der OHG in 2018 als Mietaufwand verbucht. B hat als Grundstückseigentümer in 2018 an dem vermieteten Gebäude Instandhaltungsarbeiten durchführen lassen und die dafür angefallenen Ausgaben (20.000 €) selbst bezahlt. Wie hoch ist der gewerbesteuerlich relevante Gewinn aus Gewerbebetrieb 2018 der Mitunternehmerschaft?

Der gemäß § 7 Satz 1 GewStG für die Ermittlung des Gewerbeertrags relevante Gewinn aus Gewerbebetrieb 2018 der Mitunternehmerschaft (= GewSt-Ausgangsgröße) wird wie folgt ermittelt:

Steuerbilanzgewinn der OHG	300.000 €
außerbilanzielle Korrekturen	
- GewSt-Aufwand (§ 4 Abs. 5b EStG)	+50.000 €
- 30% des Bewirtungsaufwands	
(§ 4 Abs. 5 Nr. 2 EStG)	+1.200 €
steuerlicher Gewinn der Gesellschaft	351.200 €
Vergütung an A (§ 15 Abs. 1 Nr. 2 EStG)	+120.000 €
Vergütung an B (§ 15 Abs. 1 Nr. 2 EStG)	+24.000 €
Reparaturaufwand B	
(Sonderbetriebsausgaben des B)	-20.000 €
Gewinn aus Gewerbebetrieb gemäß	
§ 7 Satz 1 GewStG	**475.200 €**

(Einkünfte aus Gewerbebetrieb der Mitunternehmer
- A: 0,5 * 351.200 € + 120.000 € = 295.600 €
- B: 0,5 * 351.200 € + 24.000 € - 20.000 € = 179.600 €)

BEISPIEL | Der Steuerbilanzgewinn 2018 der X GmbH beträgt 300.000 €. Das Jahresergebnis beinhaltet unter anderem GewSt-Aufwand (50.000 €) sowie sonstige nichtabziehbare Betriebsausgaben in Höhe von 1.200 € (z.B. KSt, SolZ). Zum 31.12.2017 wurde für die X GmbH ein vortragsfähiger körperschaftsteuerlicher Verlust in Höhe von 345.200 € festgestellt. Wie hoch ist der gewerbesteuerlich relevante Gewinn aus Gewerbebetrieb 2018 der X GmbH und wie hoch ist ihr körperschaftsteuerliches zu versteuerndes Einkommen 2018?

Der gemäß § 7 Satz 1 GewStG für die Ermittlung des Gewerbeertrags relevante Gewinn aus Gewerbebetrieb 2018 (GewSt-Ausgangsgröße) sowie das zu versteuernde Einkommen 2018 der X GmbH werden wie folgt ermittelt:

Steuerbilanzgewinn der GmbH	300.000 €
außerbilanzielle Korrekturen	
- GewSt-Aufwand (§ 4 Abs. 5b EStG)	+50.000 €
- sonstige nichtabziehbare Betriebsausgaben	+1.200 €
Gewinn aus Gewerbebetrieb gemäß	
§ 7 Satz 1 GewStG	**351.200 €**
Verlustabzug (§ 10d Abs. 2 EStG)	-345.200 €
zu versteuerndes Einkommen der X GmbH	**6.000 €**

EST (31) Für gewerbesteuerliche Zwecke ist zusätzlich zu beachten, dass **Veräußerungsgewinne im Sinne von § 16 EStG** regelmäßig nicht in die Ausgangsgröße einzubeziehen

sind, soweit sie von natürlichen Personen erzielt werden (vgl. hierzu und zu einer Ausnahme R 7.1 Abs. 3
GewStR, H 7.1 Abs. 3 GewStH). Derartige Veräußerungsgewinne gehören zwar zu den Einkünften aus Gewerbebetrieb, sind aber nicht durch den laufenden Betrieb des
Unternehmens verursacht. Werden diese Gewinne allerdings von Personengesellschaften bzw. Kapitalgesellschaften erzielt, sind sie Bestandteil der gewerbesteuerlichen Ausgangsgröße (§ 7 Satz 2 GewStG).

BEISPIEL | Der Einzelunternehmer G erzielt in 2018 mit seinem
Betrieb aus laufender Geschäftstätigkeit einen Steuerbilanzgewinn
von 300.000 €. Im Rahmen der steuerlichen Gewinnermittlung
2018 sind noch außerbilanzielle Zurechnungen in Höhe von insgesamt 51.200 € vorzunehmen, so dass sich für 2018 ein laufender
steuerlicher Gewinn aus Gewerbebetrieb in Höhe von 351.200 €
ergibt. G veräußert sein Unternehmen zum 31.12.2018 an H. Dabei erzielt er einen steuerpflichtigen Veräußerungsgewinn im Sinne
des § 16 EStG in Höhe von 200.000 €, welcher in 2018 gemäß
§ 16 Abs. 1 EStG zu den Einkünften aus Gewerbebetrieb des G
gehört. Wie hoch ist der gewerbesteuerlich relevante Gewinn aus
Gewerbebetrieb 2018 des Einzelunternehmens?

Obwohl G in 2018 insgesamt 551.200 € Einkünfte aus Gewerbebetrieb erzielt, gehört der Gewinn aus der Betriebsveräußerung nicht zum gewerbesteuerlich relevanten Gewinn aus Gewerbebetrieb, da es sich bei Veräußerungsgewinnen im Sinne
von § 16 EStG nicht um laufende, sondern um außerordentliche
Einkünfte handelt. Der Gewinn aus der Veräußerung des Betriebs unterliegt zwar der ESt, nicht aber der GewSt. Der in 2018
gewerbesteuerlich relevante Gewinn aus dem Gewerbebetrieb
des G (= Ausgangsgröße für den Gewerbeertrag) beträgt somit
lediglich 351.200 €.

EST (32)

Einkünfte aus Gewerbebetrieb, die trotz ihrer Zuordnung zu dieser Einkunftsart nicht im Rahmen eines Gewerbebetriebs erzielt werden, unterliegen mangels Gewerbebetrieb nicht der GewSt. Dies betrifft die bei der Veräußerung von zum Privatvermögen gehörenden Anteilen an Kapitalgesellschaften erzielten **Veräußerungsgewinne im Sinne von § 17 EStG**.

BEISPIEL | K ist zu 40% an einer inländischen GmbH beteiligt. Die GmbH-Anteile gehören zum Privatvermögen des K. In 2018 veräußert K seine GmbH-Beteiligung an L. Dabei erzielt K einen hohen Veräußerungsgewinn. Ist der Sachverhalt gewerbesteuerlich relevant?

Die Veräußerung der GmbH-Anteile führt bei K zu Einkünften aus Gewerbebetrieb gemäß § 17 EStG, da die Beteiligung des K zu dessen Privatvermögen gehört und die für die Anwendung von § 17 EStG notwendige Mindestbeteiligung überschritten ist. Der Veräußerungsvorgang ist gewerbesteuerlich irrelevant, da K überhaupt kein Gewerbe betreibt.

GewSt-Ausgangsgröße, Gewinn aus Gewerbebetrieb, gewerbliche Einzelunternehmen, gewerbliche Personengesellschaften, Kapitalgesellschaften, Veräußerungsgewinne gemäß § 16 EStG bzw. § 17 EStG

Übersicht 12: Ermittlung der GewSt

HINZURECHNUNGEN UND KÜRZUNGEN

Bei der Berechnung des Gewerbeertrags wird die nach einkommensteuerlichen bzw. körperschaftsteuerlichen Vorschriften ermittelte Ausgangsgröße, der Gewinn aus Gewerbebetrieb, noch durch Vorschriften des GewStG „modifiziert" (§ 7 GewStG).

So ist die Ausgangsgröße noch um die in § 8 Nr. 1 bis 12 GewStG aufgeführten Hinzurechnungen zu erhöhen, sofern diese im Einzelfall relevant sind. Hinzurechnungen werden nur insoweit vorgenommen, als die hinzuzurechnenden Beträge bei der Ermittlung der Ausgangsgröße abgezogen worden sind (§ 8 Satz 1 GewStG). Durch die gewerbesteuerlichen Hinzurechnungen werden einkommensteuerlich korrekte Gewinnminderungen für Zwecke der GewSt wieder zugerechnet. Hierdurch erhöht sich der Gewerbeertrag gegenüber der Ausgangsgröße.

Die Summe aus Gewinn und Hinzurechnungen wird, soweit dies im Einzelfall relevant ist, noch um die in § 9 Nr. 1 bis 8 GewStG aufgeführten Beträge gekürzt. Durch die Kürzungen werden, etwas vereinfacht formuliert, gewinnwirksame bzw. hinzugerechnete Beträge, welche nach den Vorstellungen des Gesetzgebers nicht in den Gewerbeertrag eingehen sollen, für Zwecke der GewSt wieder abgezogen. Die Kürzungen führen somit zu einer Verminderung des Gewerbeertrags.

Nachfolgend werden ausgewählte gewerbesteuerliche Hinzurechnungen und Kürzungen erläutert. Bei der Auswahl sind insbesondere solche Sachverhalte nicht berücksichtigt worden, die Detailkenntnisse des internationalen Steuerrechts verlangen. Sofern zwischen den in § 8 GewStG und § 9 GewStG enthaltenen Hinzurechnungen und Kürzungen ein sachlicher Zusammenhang besteht, werden die betreffenden Sachverhalte auch zusammenhängend dargestellt. Im Einzelnen wird auf die gewerbesteuer-liche Behandlung von Finanzierungsaufwendungen (§ 8 Nr. 1 GewStG), von Gewinn- bzw. Verlustanteilen aus Beteiligungsbesitz (§ 8 Nr. 5 und 8 GewStG, § 9 Nr. 2 und 2a GewStG), von Ergebnisbeiträgen ausländischer Betriebsstätten (§ 9 Nr. 3 GewStG) und von betrieblichem Grundbesitz (§ 9 Nr. 1 GewStG) eingegangen.

A) FINANZIERUNGSAUFWENDUNGEN

§ 8 Nr. 1 GewStG verlangt die teilweise Hinzurechnung bestimmter, gewinnmindernd berücksichtigter **Finanzierungsaufwendungen**. Nach dieser Vorschrift werden der Ausgangsgröße 25% der um einen Freibetrag von 100.000 € verminderten, im Gewerbebetrieb angefallenen Finanzierungsaufwendungen hinzugerechnet. Der Freibetrag bewirkt, dass Unternehmen mit jährlichen Finanzierungsaufwendungen von nicht mehr als 100.000 € von der Hinzurechnungsvorschrift des § 8 Nr. 1 GewStG faktisch nicht betroffen sind.

BEISPIEL | Der nach § 7 Satz 1 GewStG ermittelte Gewinn aus Gewerbebetrieb des Einzelunternehmers E beträgt im Jahr 2018 750.000 €. Es sei angenommen, dass der Gewinn 200.000 € Finanzierungsaufwendungen im Sinne von § 8 Nr. 1 Buchstabe a bis f GewStG beinhaltet. Wie hoch ist der Hinzurechnungsbetrag nach § 8 Nr. 1 GewStG?

Dem einkommensteuerlichen Gewinn 2018 von 750.000 € ist nach § 8 Nr. 1 GewStG ein Betrag von 25.000 € hinzuzurechnen [0,25 * (200.000 € Finanzierungsaufwand - 100.000 € Freibetrag für Finanzierungsaufwand)].

In § 8 Nr. 1 Buchstabe a bis f GewStG ist festgelegt, welche Aufwendungen für Zwecke der GewSt als Finanzierungsaufwendungen anzusehen sind. Im Einzelnen gehören hierzu

- 100% der Entgelte für Schulden, z.B. Darlehenszinsen (§ 8 Nr. 1 a GewStG);

- 100% der Aufwendungen für Renten und dauernde Lasten, ausgenommen Renten aus unmittelbaren Versorgungszusagen eines Arbeitgebers an seine Arbeitnehmer (§ 8 Nr. 1 b GewStG);

- 100% der Gewinnanteile eines typisch stillen Gesellschafters im Sinne von § 230 ff. HGB (§ 8 Nr. 1 c GewStG);

- 20% der Miet- und Pachtzinsen bzw. Leasingraten für im Eigentum eines anderen stehende, bewegliche Wirtschaftsgüter des Anlagevermögens (§ 8 Nr. 1 d GewStG);

- 50% der Miet- und Pachtzinsen bzw. Leasingraten für im Eigentum eines anderen stehende, unbewegliche Wirtschaftsgüter des Anlagevermögens (§ 8 Nr. 1 e GewStG);

- 25% der Aufwendungen für die zeitlich befristete Überlassung von Rechten, etwa Lizenzaufwendungen (§ 8 Nr. 1 f GewStG).

BEISPIEL | Der nach § 7 Satz 1 GewStG ermittelte Gewinn aus Gewerbebetrieb des Einzelunternehmers E beträgt im Jahr 2018 800.000 €. Es sei angenommen, dass der Gewinn jeweils 50.000 €

Aufwendungen im Sinne von § 8 Nr. 1 Buchstabe a bis f GewStG beinhaltet. Im Betrieb des E sind somit jeweils 50.000 € Aufwand für Schuldzinsen, für eine Rente an den Vorbesitzer des Betriebs, für den Gewinnanteil eines lt. § 230 ff. HGB am Handelsgewerbe des E still beteiligten Gesellschafters, für geleaste Firmenfahrzeuge, für die Anmietung von Geschäftsräumen und für Lizenzgebühren angefallen. Wie hoch ist der Hinzurechnungsbetrag nach § 8 Nr. 1 GewStG?

Der hinzuzurechnende Betrag wird wie folgt berechnet:

Schuldzinsen, 100% (§ 8 Nr. 1 a GewStG)	50.000 €
Rentenaufwand, 100% (§ 8 Nr. 1 b GewStG)	+50.000 €
Aufwand für den stillen Gesellschafter, 100% (§ 8 Nr. 1 c GewStG)	+50.000 €
Mietaufwand für bewegliches Anlagevermögen, 20% (§ 8 Nr. 1 d GewStG)	+10.000 €
Mietaufwand für unbewegliches Anlagevermögen, 50% (§ 8 Nr. 1 e GewStG)	+25.000 €
Aufwand für Lizenzgebühren, 25% (§ 8 Nr. 1 f GewStG)	+12.500 €
gesamter Finanzierungsaufwand	197.500 €
Freibetrag	-100.000 €
verminderter Finanzierungsaufwand	97.500 €
Hinzurechnung lt. § 8 Nr. 1 GewStG: 25% von 97.500 €	**24.375 €**

Der Gewinn aus Gewerbebetrieb 2018 (800.000 €) wird für Zwecke der GewSt gemäß § 8 Nr. 1 GewStG um 24.375 € erhöht.

Hinzurechnungen sind gemäß § 8 Satz 1 GewStG nur insoweit vorzunehmen, als die hinzuzurechnenden Beträge die Ausgangsgröße gemindert haben. Dies ist insbesondere bei der Besteuerung von Mitunternehmerschaften zu beachten, da schuldrechtliche Vergütungen einer Personengesellschaft an ihre Gesellschafter bereits im Rahmen der einkommensteuerlichen Gewinnermittlung gemäß § 15 Abs. 1 Nr. 2 EStG in den Gewinn einbezogen werden und insoweit die gewerbesteuerliche Ausgangsgröße nicht mehr gemindert ist. In diesen Fällen ist kein Raum mehr für eine gewerbesteuerliche Hinzurechnung.

 BEISPIEL | Der Steuerbilanzgewinn 2018 der AB OHG beträgt 700.000 €. Der Steuerbilanzgewinn beinhaltet 50.000 € GewSt-Aufwand. A hat seiner Gesellschaft ein Darlehen gewährt und hierfür in 2018 von der OHG 200.000 € Zinsen erhalten. Die Zinsen wurden von der Gesellschaft als Zinsaufwand verbucht. Weitere Finanzierungsaufwendungen hatte die Gesellschaft in 2018 nicht. Inwieweit ist der von der OHG verbuchte Zinsaufwand im Rahmen der Hinzurechnungen nach § 8 Nr. 1 GewStG zu berücksichtigen?

Für die Hinzurechnungen lt. § 8 GewStG kommt es auf die Behandlung des Sachverhalts in der gewerbesteuerlichen Ausgangsgröße an (Gewinn aus Gewerbebetrieb). Bei Mitunternehmerschaften umfasst die Ausgangsgröße sämtliche laufenden gewerblichen Einkünfte der Mitunternehmer. Vor diesem Hintergrund ergibt sich für das Jahr 2018 Folgendes:

Steuerbilanzgewinn der OHG	700.000 €
außerbilanzielle Korrekturen	
- GewSt-Aufwand (§ 4 Abs. 5b EStG)	+50.000 €
steuerlicher Gewinn der Gesellschaft	750.000 €
Zins-Vergütung an A (§ 15 Abs. 1 Nr. 2 EStG)	+200.000 €
Gewinn aus Gewerbebetrieb (§ 7 GewStG)	**950.000 €**

Da die Ausgangsgröße für die Ermittlung des Gewerbeertrags der OHG nicht mehr um den Zinsaufwand in Höhe von 200.000 € gemindert ist, darf keine Hinzurechnung von Finanzierungskosten erfolgen. § 8 Nr. 1 GewStG ist im Bsp. nicht relevant, da lt. Sachverhalt mit Ausnahme der an A gezahlten Zinsen bei der OHG keine weiteren Finanzierungsaufwendungen angefallen sind.

Erhält der Gesellschafter einer Kapitalgesellschaft von seiner Gesellschaft eine Gesellschaftervergütung, so mindert diese Vergütung (soweit sie angemessen ist) den steuerlichen Gewinn der Gesellschaft und damit auch die gewerbesteuerlich relevante Ausgangsgröße. Dies wiederum ist im Rahmen der gewerbesteuerlichen Hinzurechnungen zu beachten.

BEISPIEL | Wenn man in Bsp. 3 anstelle einer OHG eine verlustfreie GmbH unterstellt und darüber hinaus annimmt, dass die an den Gesellschafter A gezahlten Zinsen in ihrer Höhe nicht unangemessen hoch sind, entspricht der steuerliche Gewinn der Gesellschaft (750.000 €) der gewerbesteuerlichen Ausgangsgröße. Da die an A gezahlten Zinsen bei der GmbH abzugsfähige Betriebsausgaben darstellen, ist der Gewinn der Gesellschaft um 200.000 € Zinsaufwand gemindert. Dies erfordert bei der GmbH

eine gewerbesteuerliche Hinzurechnung gemäß § 8 Nr. 1 GewStG.
Zur Höhe der Hinzurechnung vgl. die Werte in Bsp. 1.

B) GEWINN- UND VERLUSTANTEILE AUS BETEILIGUNGSBESITZ

Ist ein gewerbliches Unternehmen an einer Mitunternehmerschaft beteiligt, z.B. an einer Personengesellschaft, wird ihm als Mitunternehmer im Rahmen der Besteuerung der Mitunternehmerschaft ein steuerlicher Gewinn- bzw. Verlustanteil aus der Beteiligung zugerechnet. Für die Einkommensbesteuerung des Beteiligungsinhabers ist ausschließlich dieser steuerliche Gewinn- bzw. Verlustanteil relevant; wie der Beteiligungsinhaber die **Beteiligungsergebnisse aus Mitunternehmerschaften** buchhalterisch erfasst, spielt keine Rolle. Dies gilt unabhängig von der Rechtsform des Beteiligungsinhabers.

Der nach den Vorschriften des EStG bzw. KStG für den Beteiligungsinhaber ermittelte Gewinn bzw. Verlust, der auch die steuerlichen Beteiligungsergebnisse aus Mitunternehmerschaften umfasst, wird gemäß § 7 GewStG als Ausgangsgröße für die Ermittlung des Gewerbeertrags des Beteiligungsinhabers verwendet.

Die in der gewerbesteuerlichen Ausgangsgröße des Beteiligungsinhabers enthaltenen Ergebnisanteile aus Mitunternehmerschaften resultieren aber im Grunde aus der Aktivität fremder Unternehmen und nicht aus der Ertragskraft des Betriebs des Beteiligungsinhabers. Überdies werden diese fremden Unternehmen, zumindest im Fall inländischer Unternehmen, selbst zur GewSt herangezogen, so dass insoweit die Gefahr einer gewerbesteuerlichen „Mehrfach-Erfassung" von Gewinnen bzw. Verlusten besteht. Aus diesen Gründen sind die Ergebnisanteile aus Beteiligungen an Mitunternehmerschaften bei der Ermittlung des Gewerbeertrags des Beteiligungsinhabers herauszurechnen. In der gewerbesteuerlichen Ausgangsgröße des Beteiligungsinhabers enthaltene steuerliche Gewinnanteile aus inländischen und ausländischen Mitunternehmerschaften werden gemäß § 9 Nr. 2 GewStG gekürzt, in der Ausgangsgröße enthaltene steuerliche Verlustanteile aus inländischen und ausländischen Mitunternehmerschaften gemäß § 8 Nr. 8 GewStG hinzugerechnet.

BEISPIEL | Der Handelsbilanzgewinn 2018 (= Steuerbilanzgewinn 2018) des gewerblichen Einzelunternehmers E beträgt 400.000 €. Darin ertragswirksam enthalten ist der (handelsrechtliche) Gewinnanteil in Höhe von 60.000 € aus einer zum Betriebsvermögen des E gehörenden Beteiligung an einer inländischen OHG. Im Rahmen der steuerlichen Gewinnfeststellung der OHG wurde dem E für 2018 ein steuerlicher Gewinnanteil in Höhe von 63.000 € zugerechnet. Inwieweit ist der Gewinnanteil aus der OHG für die Besteuerung 2018 des Einzelunternehmens relevant?

Für Zwecke der einkommensteuerlichen Gewinnermittlung 2018 wird der handelsrechtliche OHG-Gewinnanteil außerbilanziell durch den steuerlich relevanten Gewinnanteil ersetzt. Hierdurch erhöht sich der einkommensteuerliche Gewinn des Einzelunternehmers E auf 403.000 € (400.000 € - 60.000 € + 63.000 €). Die gewerbesteuerliche Ausgangsgröße in Höhe von 403.000 € enthält allerdings einen „fremden" Ertrag in Höhe von 63.000 €. Im Rahmen der Ermittlung des Gewerbeertrags des Einzelunternehmens wird dieser fremde Ertrag gemäß § 9 Nr. 2 GewStG gekürzt. Der durch den Betrieb des Einzelunternehmens selbst erwirtschaftete steuerliche Ertrag liegt bei 340.000 € (403.000 € - 63.000 €).

Die Absicht des Gesetzgebers, lediglich den „eigenen" Ertrag eines gewerblichen Unternehmens der GewSt zu unterwerfen und in diesem Zusammenhang fremde Ergebnisse herauszurechnen, soweit sie in der gewerbesteuerlichen Ausgangsgröße des Unternehmens enthalten sind, lässt sich auch bei der gewerbesteuerlichen Behandlung von **Gewinnanteilen aus Kapitalgesellschafts-Beteiligungen** (Dividenden) erkennen. Allerdings werden in der gewerbesteuerlichen Ausgangsgröße enthaltene Dividendenerträge aus in- und ausländischen Kapitalgesellschafts-Beteiligungen nur insoweit gekürzt, als die ihnen zugrunde liegenden Beteiligungen bestimmte Voraussetzungen erfüllen (Mindestbeteiligung von 15% zu Beginn des betreffenden Kalenderjahres, bei ausländischen Beteiligungen zusätzliche Bedingungen). Erfüllt eine Beteiligung die für eine gewerbesteuerliche Kürzung notwendigen Voraussetzungen nicht, werden die aus dieser Beteiligung stammenden Dividendenerträge in vollem Umfang zur GewSt herangezogen. Soweit die ausschüttende Kapitalgesellschaft mit ihrem erzielten Gewinn selbst schon der GewSt unterworfen wurde, kommt es hinsichtlich der ausgeschütteten Gewinne aus „kleinen" Beteiligungen zu einer Mehrfachbesteuerung mit GewSt.

Die gewerbesteuerliche Verarbeitung von Dividendenerträgen wird als besonders schwierig empfunden. Dies resultiert daraus, dass die gewerbesteuerlichen

Hinzurechnungen und Kürzungen stets in Verbindung mit der nach den Vorschriften des EStG bzw. KStG ermittelten Ausgangsgröße betrachtet werden müssen; sie sind unmittelbar von der Ausgangsgröße abhängig. Für den Fall der betrieblichen Dividendenerträge hängt die Ausgangsgröße vom Dividendenempfänger ab: Bei Dividendeneinkünften natürlicher Personen ist das Teileinkünfteverfahren zu beachten (§ 3 Nr. 40 d EStG, § 3c Abs. 2 EStG), während bei Dividendeneinkünften von Kapitalgesellschaften die spezielle körperschaftsteuerliche Vorschrift des § 8b Abs. 1 und 5 KStG anzuwenden ist; dabei sind die Einschränkungen des § 8b Abs. 4 KStG zu beachten.

Dividendeneinkünfte von Mitunternehmerschaften werden steuerlich anteilig den beteiligten Mitunternehmern zugerechnet und entsprechend deren Vorschriften zur Einkommensbesteuerung verarbeitet. Damit ist auch für die gewerbesteuerliche Ausgangsgröße von Mitunternehmerschaften letztlich das Teileinkünfteverfahren bzw. § 8b KStG zu beachten.

Gemäß § 9 Nr. 2a GewStG werden Gewinnanteile aus inländischen Kapitalgesellschafts-Beteiligungen insoweit von der Ausgangsgröße abgezogen, als sie in der Ausgangsgröße enthalten sind. Dies gilt allerdings nur für Dividenden aus Beteiligungen von mindestens 15% (sog. **Schachtelbeteiligungen**), wobei hinsichtlich der Beteiligungshöhe auf die Verhältnisse zu Beginn des Kalenderjahres abgestellt wird. Die Kürzung von Dividenden aus ausländischen Schachtelbeteiligungen (§ 9 Nr. 7 GewStG) hängt von zusätzlichen Bedingungen ab, welche nachfolgend allerdings nicht weiter behandelt werden.

Erfüllt eine inländische oder ausländische Kapital-gesellschafts-Beteiligung nicht die in § 9 Nr. 2a GewStG bzw. § 9 Nr. 7 GewStG genannten Voraussetzungen, liegt also insbesondere keine Schachtelbeteiligung vor, erfolgt eine gewerbesteuerliche „Vollbesteuerung" der aus dieser Beteiligung stammenden Dividendenerträge. Die Konsequenzen der „Vollbesteuerung" (voller Ansatz der Dividendenerträge, dafür aber auch voller Abzug eventueller beteiligungsbezogener Aufwendungen) sind aus der Hinzurechnungsvorschrift des § 8 Nr. 5 GewStG ersichtlich.

BEISPIEL | Der Handelsbilanzgewinn 2018 (= Steuerbilanzgewinn 2018) des gewerblichen Einzelunternehmers E beträgt 700.000 €. Der Gewinn beinhaltet 100.000 € Dividende aus der Beteiligung an einer inländischen Kapitalgesellschaft. Wie hoch ist der Gewerbeertrag 2018 des Einzelunternehmens, wenn E zu Beginn des Jahres 2018 mindestens 15% (alternativ weniger als 15%) der Anteile an der Kapitalgesellschaft besitzt?

Ausgangsgröße für die Ermittlung des Gewerbeertrags des Einzelunternehmens ist, unabhängig von der Beteiligungshöhe, der einkommensteuerliche Gewinn des E. Da es sich bei E um eine natürliche Person handelt, ist bei der steuerlichen Gewinnermittlung hinsichtlich der Dividende einkommensteuerlich das Teileinkünfteverfahren zu berücksichtigen. Die im Steuerbilanzgewinn enthaltene Dividende ist lt. § 3 Nr. 40 d EStG zu 40% steuerfrei. Die Ausgangsgröße für den Gewerbeertrag, der gemäß EStG ermittelte Gewinn aus Gewerbebetrieb, beträgt in beiden Fallvarianten 660.000 € (700.000 € Steuerbilanzgewinn - 40.000 € steuerfreier Teil der Dividende). Für die gewerbesteuerlichen Hinzurechnungen bzw. Kürzungen ist die Höhe der Beteiligung zu Beginn des Jahres bedeutsam. Für die beiden Fallvarianten ergibt sich Folgendes:

Variante 1: Beteiligung zum 1.1.2018 mindestens 15%

Ausgangsgröße (§ 7 GewStG)	660.000 €
Kürzung „restliche" Dividende	
(§ 9 Nr. 2a GewStG)	-60.000 €
Gewerbeertrag des Einzelunternehmens	**600.000 €**

Variante 2: Beteiligung zum 1.1.2018 unter 15%

Ausgangsgröße (§ 7 GewStG)	660.000 €
Hinzurechnung in Höhe des nach § 3 Nr. 40	
EStG steuerfreien Teils der Dividende	
(§ 8 Nr. 5 GewStG)	+40.000 €
Gewerbeertrag des Einzelunternehmens	**700.000 €**

In der ersten Variante ist die Dividende letztlich vollständig von der GewSt befreit, während in der zweiten Variante die Dividende in vollem Umfang zur GewSt herangezogen wird.

BEISPIEL | Der Handelsbilanzgewinn 2018 (= Steuerbilanzgewinn 2018) der X GmbH beträgt 700.000 €. Der Gewinn beinhaltet 100.000 € Dividende aus der Beteiligung an einer inländischen Kapitalgesellschaft. Wie hoch ist der Gewerbeertrag 2018 der X GmbH, wenn sie zu Beginn des Jahres 2018 mindestens 15% (alternativ weniger als 15%, aber mindestens 10%) der Anteile an der Kapitalgesellschaft besitzt?

Ausgangsgröße für die Ermittlung des Gewerbeertrags der X GmbH ist der körperschaftsteuerliche Gewinn der X GmbH. Da es sich bei der GmbH um eine Kapitalgesellschaft handelt, ist bei der steuerlichen Gewinnermittlung hinsichtlich der Dividende § 8b KStG zu berücksichtigen. Im vorliegenden Beispiel bleibt die im Steuerbilanzgewinn enthaltene Dividende bei der Ermittlung des Einkommens außer Ansatz (§ 8b Abs. 1 KStG); allerdings werden der X GmbH pauschal nichtabziehbare Betriebsausgaben in Höhe von 5% der Dividende zugerechnet (§ 8b Abs. 5 KStG). Die Ausgangsgröße für den Gewerbeertrag, der gemäß KStG ermittelte Gewinn aus Gewerbebetrieb, beträgt in beiden Fallvarianten 605.000 € (700.000 € Steuerbilanzgewinn - 100.000 € steuerfreie Dividende + 5.000 € nichtabziehbare Betriebsausgaben). Für die gewerbesteuerlichen Hinzurechnungen bzw. Kürzungen ist die Höhe der Beteiligung zu Beginn des Jahres bedeutsam. Für die beiden Fallvarianten ergibt sich Folgendes:

<u>Variante 1: Beteiligung zum 1.1.2018 mindestens 15%</u>

Ausgangsgröße (§ 7 GewStG)	605.000 €
eine Kürzung nach § 9 Nr. 2a GewStG entfällt, da in der Ausgangsgröße kein Dividendenertrag mehr enthalten ist und die nichtabziehbaren Betriebsausgaben gemäß § 9 Nr. 2a Satz 4 GewStG nicht kürzungsfähig sind	0 €
Gewerbeertrag der X GmbH	**605.000 €**

<u>Variante 2: Beteiligung zum 1.1.2018 unter 15%, aber mindestens 10%</u>

Ausgangsgröße (§ 7 GewStG)	605.000 €
Hinzurechnung der steuerfreien Dividende nach Saldierung mit den nichtabziehbaren Betriebsausgaben im Sinne von § 8b Abs. 5 KStG (§ 8 Nr. 5 GewStG)	+95.000 €
Gewerbeertrag der X GmbH	**700.000 €**

In der ersten Variante ist die Dividende letztlich nicht vollständig von der GewSt befreit, da die nichtabziehbaren Betriebsausgaben nach dem Gesetz nicht kürzungsfähig sind. In der zweiten Variante hingegen unterliegt die Dividende in vollem Umfang der GewSt. In den Fällen des § 8b Abs. 4 KStG (Beteiligung geringer als 10%, Streubesitz-Dividende) kommt § 8 Nr. 5 GewStG nicht zur Anwendung, da die Dividende bereits in voller Höhe in der Ausgangsgröße enthalten ist.

C) ERGEBNISBEITRÄGE AUSLÄNDISCHER BETRIEBSSTÄTTEN

Stehende Gewerbebetriebe unterliegen nur insoweit der GewSt, als sie durch eine inländische Betriebsstätte betrieben werden (§ 2 Abs. 1 Satz 1 GewStG). Vor diesem Hintergrund bestimmt § 9 Nr. 3 GewStG, dass die Summe des Gewinns und der Hinzurechnungen um den Teil des Gewerbeertrags zu kürzen ist, der auf eine ausländische Betriebsstätte entfällt. Eine Kürzung macht dem Wortlaut nach nur Sinn, sofern der von einer ausländischen Betriebsstätte erzielte Gewerbeertrag positiv ist; ist er negativ, müsste eigentlich eine Hinzurechnung erfolgen. Eine eigene Hinzurechnungsvorschrift für ausländische Betriebsstättenverluste existiert allerdings nicht; eine Hinzurechnung erfolgt in diesen Fällen durch eine entsprechende Auslegung von § 9 Nr. 3 GewStG (vgl. hierzu H 9.4 GewStH).

BEISPIEL | Der Gewerbeertrag der Y GmbH beträgt (inklusive des Ergebnisanteils einer ausländischen Betriebsstätte) in den Jahren 2018 und 2019 jeweils 800.000 €. Der Teil des Gewerbeertrags, der durch die ausländische Betriebsstätte erwirtschaftet wurde, liegt in 2018 bei 100.000 € (anteiliger positiver Gewerbeertrag der ausländischen Betriebsstätte) und in 2019 bei -200.000 € (Gewerbeverlust der ausländischen Betriebsstätte). Wie hoch ist der im Inland erzielte Gewerbeertrag der Y GmbH in 2018 bzw. 2019?

Für 2018 ergibt sich ein inländischer Gewerbeertrag der Y GmbH in Höhe von 700.000 €; dabei wurde der durch die ausländische Betriebsstätte erwirtschaftete Teil des Gewerbeertrags (100.000 €) gemäß § 9 Nr. 3 GewStG gekürzt. Der inländische Gewerbeertrag 2019 der Y GmbH beträgt 1 Mio. €; der ausländische Betriebsstättenverlust (200.000 €) wurde dabei in entsprechender Anwendung von § 9 Nr. 3 GewStG hinzugerechnet.

D) BETRIEBLICHER GRUNDBESITZ

Zur Vermeidung einer Doppelbelastung von betrieblichem Grundbesitz mit Grundsteuer und GewSt wird im Rahmen der Ermittlung des Gewerbeertrags gemäß § 9 Nr. 1 GewStG eine Kürzung vorgenommen. Ob es ohne diese Kürzung aber tatsächlich zu einer steuerlichen Doppelbelastung kommen würde, ist für die Inanspruchnahme der Vorschrift unerheblich. § 9 Nr. 1 GewStG betrifft Grundbesitz, der nicht von der Grundsteuer befreit ist und zu Beginn des Kalenderjahres zum Betriebsvermögen eines Einzelunternehmers, einer Mitunternehmerschaft bzw. einer Kapitalgesellschaft gehört (§ 20 Abs. 1 GewStDV). Die Kürzung beträgt grundsätzlich 1,2% des – gemäß § 121a Bewertungsgesetz (BewG) um 40% erhöhten – Einheitswertes der Betriebsgrundstücke (§ 9 Nr. 1 Satz 1 GewStG). Einheitswerte für Grundbesitz werden nach den Vorschriften des BewG ermittelt. Die zuletzt festgestellten Grundbesitz-Einheitswerte beruhen auf den Wertverhältnissen zum 1.1.1964. Bei sog. Grundstücksunternehmen kommt auf Antrag eine erweiterte Kürzung gemäß § 9 Nr. 1 Satz 2 ff. GewStG in Betracht. Auf die Wertermittlung von Grundbesitz sowie auf die erweiterte Kürzungsmöglichkeit nach § 9 Nr. 1 Satz 2 ff. GewStG wird nicht weiter eingegangen.

BEISPIEL | Zum Betriebsvermögen des Einzelunternehmers E gehört seit mehreren Jahren ein betrieblich genutztes Grundstück. Der auf den Wertverhältnissen zum 1.1.1964 beruhende Einheitswert des Betriebsgrundstücks wurde mit 100.000 € festgestellt. Wie hoch ist der Gewerbeertrag 2018 des Betriebs, wenn der einkommensteuerliche Gewinn aus Gewerbebetrieb 2018 400.000 € beträgt und zusätzliche gewerbesteuerliche Hinzurechnungen bzw. Kürzungen nicht relevant sind?

Zur Ermittlung des Gewerbeertrags 2018 des Einzelunternehmens ist die gewerbesteuerliche Ausgangsgröße im Sinne von § 7 GewStG (400.000 €) gemäß § 9 Nr. 1 Satz 1 GewStG um 1,2% des lt. § 121a BewG um 40% erhöhten Grundstücks-Einheitswertes zu kürzen (0,012 * 1,4 * 100.000 € = 1.680 €). Der sich unter Berücksichtigung von § 9 Nr. 1 Satz 1 GewStG ergebende Gewerbeertrag 2018 des Einzelunternehmens beträgt somit 398.320 €.

Ausgangsgröße, Hinzurechnungen, Kürzungen, Finanzierungsaufwendungen, Beteiligungsergebnisse aus Mitunternehmerschaften, Gewinnanteile aus Kapitalgesellschafts-Beteiligungen, Schachtelbeteiligungen, Streubesitz-Dividende

Übersicht 12: Ermittlung der GewSt

STEUERTARIF UND STEUERERHEBUNG

Der nach den Vorschriften der §§ 7 bis 9 GewStG ermittelte maßgebende Gewerbeertrag, vermindert um einen eventuellen Gewerbeverlust aus Vorjahren, ist lt. § 11 Abs. 1 Satz 3 GewStG auf volle 100 € abzurunden. Bei Einzelunternehmen sowie bei Personengesellschaften ist zusätzlich ein Freibetrag von 24.500 €, maximal in Höhe des abgerundeten Gewerbeertrags, abzuziehen. Der abgerundete und eventuell um einen Freibetrag verminderte Gewerbeertrag (**endgültiger Gewerbeertrag**) wird mit einer GewSt-Messzahl multipliziert, woraus sich der sog. **GewSt-Messbetrag** ergibt (§ 11 Abs. 1 Satz 1 und 2 GewStG). Die GewSt-Messzahl beträgt für alle Unternehmen einheitlich 3,5% (§ 11 Abs. 2 GewStG).

Gewerbliche Unternehmen werden in derjenigen inländischen Gemeinde zur GewSt herangezogen, in der sich eine Betriebsstätte des Unternehmens befindet (§ 4 Abs. 1 GewStG). Die festzusetzende und zu erhebende GewSt ergibt sich durch Anwendung eines von der hebeberechtigten Gemeinde festgelegten **GewSt-Hebesatzes** auf den GewSt-Messbetrag (§ 16 Abs. 1 GewStG). Der Hebesatz ist für alle Unternehmen der betreffenden Gemeinde gleich hoch; er muss mindestens 200% betragen (§ 16 Abs. 4 GewStG). Die in der BRD vorzufindenden GewSt-Hebesätze liegen meist im Bereich zwischen 400% und 500%. Unterstellt man einen durchschnittlichen GewSt-Hebesatz von 440%, ergibt sich für die Unternehmen eine GewSt-Belastung in Höhe von 15,4% ihres endgültigen Gewerbeertrags (endgültiger Gewerbeertrag * 0,035 * 4,4).

Befinden sich Betriebsstätten eines Unternehmens in mehreren Gemeinden oder erstreckt sich eine Betriebsstätte des Unternehmens über mehrere Gemeinden, sind mehrere Gemeinden hebeberechtigt (§ 4 Abs. 1 GewStG). In diesen Fällen wird der GewSt-Messbetrag auf die berechtigten Gemeinden aufgeteilt (**Zerlegung des GewSt-Messbetrags**, § 28 GewStG). Als **Zerlegungsmaßstab** werden regelmäßig die in einer Gemeinde gezahlten Arbeitslöhne herangezogen (§ 29 GewStG). Je größer der relative Anteil der in einer Gemeinde gezahlten Arbeitslöhne im Verhältnis zu den gesamten Arbeitslöhnen des Unternehmens ausfällt, desto größer ist der auf diese Gemeinde entfallende Anteil am GewSt-Messbetrag. In den §§ 28 ff. GewStG sind etliche Details des Zerlegungsverfahrens geregelt.

Die Festsetzung des GewSt-Messbetrags und der GewSt erfolgt für den sog. **Erhebungszeitraum**, welcher mit dem Kalenderjahr übereinstimmt (§ 14 GewStG).

Im Rahmen des GewSt-Erhebungsverfahrens haben gewerbesteuerliche Unternehmer beim zuständigen Finanzamt nach Ablauf des Kalenderjahres eine GewSt-Jahreserklärung und, soweit relevant, auch eine Zerlegungserklärung für den Gewerbebetrieb abzugeben (§ 14a GewStG). Das Finanzamt erlässt auf der Grundlage der eingereichten Steuererklärung(en) einen GewSt-Messbescheid, in welchem der GewSt-Messbetrag hergeleitet und festgesetzt wird, sowie gegebenenfalls auch einen Zerlegungsbescheid, der die auf die hebeberechtigten Gemeinden entfallenden Anteile am GewSt-Messbetrag beinhaltet. Die GewSt-Festsetzung wird von den jeweils hebeberechtigten Gemeinden auf der Basis des (anteiligen) GewSt-Messbetrags vorgenommen. Gewerbliche Unternehmen erhalten für ein Kalenderjahr jeweils nur einen GewSt-Messbescheid (gegebenenfalls in Verbindung mit einem Zerlegungsbescheid), aber unter Umständen mehrere

GewSt-Bescheide. Im Rahmen der GewSt-Festsetzung werden unterjährig geleistete GewSt-Vorauszahlungen (§ 19 GewStG) auf die GewSt-Jahresschuld angerechnet (§ 20 Abs. 1 GewStG). Letztlich ergibt sich gegenüber den hebeberechtigten Gemeinden aus Sicht des Unternehmens für ein Kalenderjahr regelmäßig eine GewSt-Nachzahlungsverpflichtung bzw. ein GewSt-Erstattungsanspruch.

BEISPIEL | Der maßgebende Gewerbeertrag 2018 der AB OHG beträgt 600.180 €. GewSt-Verluste aus Vorjahren bestehen nicht. Die AB OHG hat zwei inländische Betriebsstätten, die sich in der Gemeinde 1 und der Gemeinde 2 befinden. Die bei der AB OHG in 2018 verbuchten Arbeitslöhne in Höhe von insgesamt 1 Mio. € entfallen mit 650.000 € auf die Betriebsstätte in Gemeinde 1 und mit 350.000 € auf die Betriebsstätte in Gemeinde 2. Der GewSt-Hebesatz 2018 beträgt 400% in der Gemeinde 1 und 500% in der Gemeinde 2. Die von der AB OHG in 2018 geleisteten GewSt-Vorauszahlungen an die Gemeinde 1 betragen 60.000 €. Die Gemeinde 2 hat von der OHG für 2018 keine GewSt-Vorauszahlungen verlangt. Wie hoch sind die an die Gemeinden 1 und 2 für 2018 zu leistenden GewSt-Nachzahlungen bzw. zu erwartenden GewSt-Erstattungen?

Die GewSt-Nachzahlungen 2018 bzw. GewSt-Erstattungen 2018 der AB OHG werden wie folgt ermittelt:

maßgebender Gewerbeertrag (§§ 7 bis 9, 10 GewStG)	600.180 €
Gewerbeverluste aus Vorjahren (§ 10a GewStG)	0 €
Gewerbeertrag	600.180 €

Abrundung (§ 11 Abs. 1 GewStG)   600.100 €
Freibetrag (§ 11 Abs. 1 GewStG)   -24.500 €
endgültiger Gewerbeertrag   575.600 €
GewSt-Messbetrag (§ 11 Abs. 1 und 2 GewStG)
0,035 * 575.600 €   20.146 €

Aufteilung des GewSt-Messbetrags (§ 28 ff. GewStG)

Anteil Gemeinde 1: 65% (650.000 € / 1 Mio. €)   13.095 €
Anteil Gemeinde 2: 35% (350.000 € / 1 Mio. €)   7.051 €

Gemeinde 1

GewSt (13.095 € * 4)   52.380 €
GewSt-Vorauszahlungen   -60.000 €
GewSt-Erstattung 2018 (-)   **-7.620 €**

Gemeinde 2

GewSt (7.051 € * 5)   35.255 €
GewSt-Vorauszahlungen   0 €
GewSt-Nachzahlung 2018   **35.255 €**

Die AB OHG erhält für 2018 von der Gemeinde 1 eine GewSt-Erstattung in Höhe von 7.620 €. An die Gemeinde 2 hingegen ist für 2018 noch eine GewSt-Nachzahlung in Höhe von 35.255 € zu leisten.

**Endgültiger Gewerbeertrag, GewSt-Messbetrag, Erhebungs-
zeitraum, GewSt-Hebesatz, Zerlegung des GewSt-Messbetrags, Zerlegungsmaßstab**

Übersicht 12: Ermittlung der GewSt

ABZUG VON GEWERBEVERLUSTEN

Der nach den §§ 7 bis 9 GewStG ermittelte maßgebende Gewerbeertrag kann positiv oder negativ sein. Ein negativer Gewerbeertrag wird auch als Gewerbeverlust bezeichnet.

Gewerbeverluste werden gemäß § 10a GewStG mit positiven Gewerbeerträgen der nachfolgenden Jahre verrechnet (**Verlustvortrag**); ein Verlustrücktrag wie im Einkommensteuerrecht bzw. Körperschaftsteuerrecht ist im GewStG nicht vorgesehen. Der (positive) maßgebende Gewerbeertrag eines Jahres wird nach § 10a Satz 1 und 2 GewStG um Gewerbeverluste aus vorangegangenen Jahren gekürzt, maximal jedoch in Höhe von 1 Mio. € zuzüglich 60% des darüber hinausgehenden maßgebenden Gewerbeertrags des Abzugsjahres. Der Bestand und die Entwicklung vortragsfähiger Gewerbeverluste werden in jährlich ergehenden Verlustfeststellungsbescheiden dokumentiert. Die Verlustverrechnung gemäß § 10a GewStG ist zeitlich unbegrenzt möglich. Allerdings bestehen keinerlei Wahlrechte hinsichtlich der Abzugsjahre bzw. der Höhe des abzuziehenden Verlustbetrags.

BEISPIEL | Die X GmbH hat in 2017 und 2018 Gewerbeverluste in Höhe von jeweils 600.000 € erlitten. In 2019 erzielt die GmbH einen maßgebenden Gewerbeertrag in Höhe von 1.300.080 €. Wie hoch ist der endgültige Gewerbeertrag 2019 der X GmbH und wie hoch der zum 31.12.2019 festgestellte vortragsfähige Gewerbeverlust?

Zum Ende des Jahres 2017 wird ein vortragsfähiger Gewerbeverlust in Höhe von 600.000 € festgestellt, welcher sich zum Jahresende 2018 um weitere 600.000 € auf insgesamt 1.200.000 € erhöht. Der maßgebende Gewerbeertrag 2019 wird durch den zum 31.12.2018 auf 1.200.000 € festgestellten Verlustvortrag um 1.180.048 € gemindert (1 Mio. € + 0,6 * 300.080 €). Auf Grund der in § 10a Satz 1 und 2 GewStG genannten Höchstgrenze der Verlustverrechnung kann der bestehende Verlustvortrag in 2019 nicht in voller Höhe geltend gemacht werden, obwohl der maßgebende Gewerbeertrag hierfür ausreichen würde. Der endgültige Gewerbeertrag 2019 der X GmbH beträgt 120.000 € (1.300.080 € maßgebender Gewerbeertrag - 1.180.048 € Verlustabzug = 120.032 € Gewerbeertrag; Abrundung auf volle 100 € lt. § 11 Abs. 1 GewStG). Der Verlustfeststellungsbescheid zum 31.12.2019 weist einen vortragsfähigen Gewerbeverlust von 19.952 € aus (1.200.000 € Verlustvortrag zum 31.12.2018 - 1.180.048 € Verlustabzug in 2019). Dieser „Restverlust" ist in den Jahren ab 2020 zu verrechnen, soweit die maßgebenden Gewerbeerträge der Folgejahre einen Verlustabzug zulassen.

In R 10a.1 Abs. 3 GewStR werden einige Voraussetzungen für den gewerbesteuerlichen **Verlustabzug bei Einzelunternehmen und bei Personengesellschaften** genannt. Danach ist ein Verlustabzug nur möglich, wenn der im Abzugsjahr bestehende Gewerbebetrieb noch mit dem Betrieb identisch ist, der den abzuziehenden Verlust erlitten hat (**Unternehmensidentität**); überdies muss der Unternehmer, der einen Gewerbeverlust abziehen möchte, den Verlust in eigener Person erlitten haben (**Unternehmeridentität**).

So gilt z.B. die Übertragung eines Einzelunternehmens auf einen anderen Unternehmer als Einstellung des Gewerbebetriebs durch den bisherigen Betriebsinhaber mit der Folge, dass die bis zur Übertragung angefallenen

gewerbesteuerlichen Verluste des Einzelunternehmens
weder vom bisherigen Betriebsinhaber (Grund: Fehlende
Unternehmensidentität) noch vom neuen Betriebsinhaber
(Grund: Fehlende Unternehmeridentität) geltend gemacht
werden können (§ 10a Satz 8 GewStG, § 2 Abs. 5 GewStG).
Gewerbeverluste, die bis zum Zeitpunkt der Betriebs-
übertragung entstanden sind, können somit nicht mehr
abgezogen werden.

BEISPIEL | E verkauft zum 1.1.2019 sein gewerbliches Einzelun-
ternehmen an Z, der den Betrieb des E unverändert fortführt. Für
das Unternehmen des E ist auf den 31.12.2018 ein vortragsfähiger
Gewerbeverlust in Höhe von 1 Mio. € festgestellt worden.

Der zum 31.12.2018 bestehende Gewerbeverlust in Höhe
von 1 Mio. € kann weder von E (fehlende Unternehmensidentität)
noch von Z (fehlende Unternehmeridentität) abgezogen werde. Der
Gewerbeverlust entfällt in vollem Umfang.

Gewerbeverluste von Personengesellschaften werden
nach dem allgemeinen Gewinnverteilungsschlüssel anteilig denjenigen Gesellschaftern „zugeordnet", die
im Zeitraum der Verlustentstehung an der Gesellschaft
beteiligt sind (§ 10a Satz 4 GewStG). Das Ausscheiden
eines Gesellschafters führt dazu, dass die dem aus-
scheidenden Gesellschafter zugeordneten Gewerbeverluste von der Gesellschaft nicht mehr abgezogen werden
können, da insoweit die Unternehmeridentität nicht
mehr gegeben ist (§ 10a Satz 5 GewStG, R 10a.3
Abs. 3 GewStR). Ein Gesellschafterwechsel führt somit

GewSt – Abzug von Gewerbeverlusten

6
G
E
W
S
T

regelmäßig zu einem anteiligen Wegfall von zu diesem Zeitpunkt vorhandenen, vortragsfähigen Gewerbeverlusten der Gesellschaft.

BEISPIEL | Für die AB OHG ist zum 31.12.2018 ein vortragsfähiger Gewerbeverlust von 500.000 € festgestellt worden. A ist zu 80% und B zu 20% an der OHG beteiligt. Nach § 10a Satz 4 GewStG wird der Gewerbeverlust dem A mit 400.000 € und dem B mit 100.000 € zugerechnet. Zum 1.1.2019 überträgt A seinen gesamten Gesellschaftsanteil auf C. A scheidet im Zuge der Anteilsübertragung aus der OHG aus. Der maßgebende Gewerbeertrag 2019 der OHG beträgt 900.000 €. Wie hoch ist der Gewerbeertrag 2019 der AB OHG nach Verlustabzug?

Der maßgebende Gewerbeertrag 2019 der OHG wird für Zwecke der Verlustverrechnung gemäß § 10a Satz 5 GewStG dem C zu 80% (720.000 €) und dem B zu 20% (180.000 €) zugerechnet. Der vortragsfähige Gewerbeverlust der OHG in Höhe von 500.000 € darf in 2019 nur insoweit abgezogen werden, als eine Unternehmeridentität gegeben ist. Dies betrifft allein die dem B zugerechneten Verluste von 100.000 €, die von seinem anteiligen maßgebenden Gewerbeertrag 2019 (180.000 €) abzuziehen sind. Hinsichtlich des gewerbesteuerlichen Verlustanteils des ausgeschiedenen Gesellschafters A besteht keine Abzugsmöglichkeit, da im Abzugsjahr 2019 keine Unternehmeridentität mehr gegeben ist. Der dem A gemäß § 10a Satz 4 GewStG anteilig zugerechnete Gewerbeverlust aus Vorjahren (400.000 €) ist für die OHG nicht mehr nutzbar. Der Gewerbeertrag 2019 der OHG nach Verlustabzug beträgt somit 800.000 € (900.000 € maßgebender Gewerbeertrag - 100.000 € Verlustabzug).

Beim Abzug von **Gewerbeverlusten einer Kapitalgesellschaft** sind die Verlustabzugsbeschränkungen des
§ 8c KStG und eventuell auch § 8d KStG zu beachten
(§ 10a Satz 10 GewStG). Gemäß § 8c KStG sind im Fall
eines sog. schädlichen Beteiligungserwerbs die bis
zu diesem Ereignis entstandenen körperschaftsteuerlichen Verluste teilweise bzw. insgesamt nicht mehr
abziehbar. Werden z.B. innerhalb von fünf Jahren mehr
als 25%, aber nicht mehr als 50% der Anteile an einer Kapitalgesellschaft an einen Erwerber übertragen,
dürfen lt. § 8c Abs. 1 Satz 1 KStG körperschaftsteuerliche Verluste entsprechend dem veräußerten Anteil
nicht mehr geltend gemacht werden. Bei Anteilsübertragungen von mehr als 50% an einen Erwerber innerhalb der fünfjährigen Frist entfallen lt. § 8c Abs.
1 Satz 2 KStG sämtliche bis zum schädlichen Beteiligungserwerb angefallenen Verluste. § 8c KStG und § 8d
KStG enthalten einige Ausnahmen vom Abzugsverbot, auf
die an dieser Stelle aber nicht weiter eingegangen
wird. Über den Verweis in § 10a Satz 10 GewStG wird
das körperschaftsteuerliche Verlustabzugsverbot des
§ 8c KStG auch auf Gewerbeverluste ausgedehnt.

KST (7)

BEISPIEL | Für die AB GmbH ist zum 31.12.2018 ein vortragsfä-
higer Gewerbeverlust von 500.000 € festgestellt worden. A ist zu
80% und B zu 20% an der GmbH beteiligt. Zum 1.1.2019 über-
trägt A seinen gesamten Gesellschaftsanteil auf C. A scheidet im
Zuge der Anteilsübertragung aus der GmbH aus. Der maßgebende
Gewerbeertrag 2019 der GmbH beträgt 900.000 €. Ein Ausnahmefall im Sinne von § 8c Abs. 1 Satz 5 ff. KStG bzw. von § 8d KStG
liegt nicht vor. Wie hoch ist der Gewerbeertrag 2019 der AB GmbH
nach Verlustabzug?

Da innerhalb von fünf Jahren mehr als 50% der Anteile an einer Kapitalgesellschaft an einen Erwerber übertragen wercen, ist der gesamte gewerbesteuerliche Verlustvortrag der AB GmbH (500.000 €) bei der Gesellschaft grundsätzlich nicht mehr abzugsfähig. Der Gewerbeertrag 2019 der AB GmbH „nach Verlustabzug" entspricht somit dem maßgebenden Gewerbeertrag 2019 der GmbH (900.000 €).

Verlustvortrag, Verlustabzug bei Einzelunternehmen und Personengesellschaften, Unternehmensidentität, Unternehmeridentität, Gewerbeverluste von Kapitalgesellschaften, § 8c KStG

Übersicht 12: Ermittlung der GewSt

VERARBEITUNG IM JAHRESABSCHLUSS

Die GewSt gehört, wie die KSt und der SolZ, zu den betrieblich veranlassten Aufwendungen. In der handelsrechtlichen Gewinn- und Verlustrechnung wird die GewSt unter dem Posten „Steuern vom Einkommen und vom Ertrag" erfasst. Dies gilt unabhängig davon, ob es sich um unterjährige GewSt-Vorauszahlungen oder um im Rahmen der Jahresabschlusserstellung berücksichtigte Anpassungen an die voraussichtliche GewSt-Schuld des Geschäftsjahres handelt. Auch steuerbilanziell wird die GewSt erfolgswirksam verarbeitet. Allerdings darf die GewSt bei der steuerlichen Gewinnermittlung nicht gewinnmindernd abgezogen werden (§ 4 Abs. 5b EStG).

Liegt die voraussichtliche GewSt-Schuld des Geschäftsjahres über dem Betrag der während des Jahres geleisteten GewSt-Vorauszahlungen, ist in Höhe der Differenz eine entsprechende **Steuerrückstellung** zu bilden. Übersteigen die geleisteten GewSt-Vorauszahlungen die voraussichtliche GewSt-Schuld des Geschäftsjahres, wird in Höhe der Differenz ein Erstattungsanspruch (**Steuerforderung**) ausgewiesen. Im Fall mehrerer Betriebsstätten in verschiedenen Gemeinden kann es im Jahresabschluss zum gleichzeitigen Ausweis von Steuerrückstellungen und Erstattungsansprüchen kommen, soweit unterschiedliche Gemeinden betroffen sind. Der GewSt-Aufwand des Abschlussjahres kann durchaus auch Beträge beinhalten, die Zeiträume vor dem aktuellen Abschlussjahr betreffen, soweit diese Beträge in den „richtigen" Jahren nicht berücksichtigt wurden, z.B. im Rahmen einer steuerlichen Betriebsprüfung festgesetzte GewSt-Nachzahlungsbeträge für Vorjahre.

Wie bei der KSt- und beim SolZ stimmt der unter-jährig verbuchte GewSt-Aufwand regelmäßig nicht mit der Steuer überein, die bei der späteren Veranlagung für das betreffende Geschäftsjahr tatsächlich festge-setzt wird. Ausgangspunkt der GewSt-Berechnung im Jah-resabschluss ist ein hinsichtlich des GewSt-Aufwands noch **vorläufiges Jahresergebnis**, denn häufig enthält es lediglich die aufwandswirksam verbuchten, unter-jährigen GewSt-Vorauszahlungen für das Abschlussjahr.

Durch die erfolgswirksame Verbuchung sämtlicher Steuerrückstellungen bzw. Erstattungsansprüche ergibt sich das **endgültige Jahresergebnis**. Bei Einzelunter-nehmen und Personengesellschaften ist die GewSt die einzige im Jahresabschluss zu verarbeitende Ertrag-steuer. Bei Kapitalgesellschaften sind im Rahmen der Abschlusserstellung neben der GewSt auch die KSt und der SolZ zu berücksichtigen.

BEISPIEL | Der vorläufige handelsbilanzielle bzw. steuerbilanzielle
Jahresüberschuss 2018 der XY OHG beträgt 312.600 €. Sämtli-che Gesellschafter der OHG sind natürliche Personen. Im Aufwand der OHG sind unter anderem enthalten:

GewSt-Vorauszahlungen 2018	37.400 €
Geschenke an Kunden mit einem Wert von mehr als 35 € je Geschenk	5.000 €
Zinsen für langfristige Bankdarlehen	40.000 €
Zinsen für kurzfristige Bankverbindlichkeiten	80.000 €
Zinsen für ein langfristiges Darlehen, welches der Gesellschafter C der OHG gewährt hat	25.000 €

Mietaufwendungen für angemietete Geschäftsräume	160.000 €
Leasingaufwendungen für Betriebsfahrzeuge	50.000 €
Verlustanteil aus einer Beteiligung an einer anderen OHG (der steuerlich festgestellte Verlustanteil sei gleich hoch)	30.000 €

Im Ertrag der OHG sind unter anderem 300.000 € Beteiligungs-erträge (Dividenden) von einer inländischen Kapitalgesellschaft enthalten. An der Kapitalgesellschaft ist die XY OHG seit einigen Jahren zu 50% beteiligt.

Der auf den Wertverhältnissen zum 1.1.1964 beruhende Ein-heitswert (100%) eines seit mehreren Jahren zum Betriebsvermö-gen der XY OHG gehörenden Grundstücks beträgt 120.000 €. Aus Vorjahren besteht noch ein gewerbesteuerlicher Verlustvortrag in Höhe von 13.000 €. Der für die XY OHG relevante GewSt-Hebe-satz beträgt 440%.

Fragen: Wie hoch ist die GewSt-Rückstellung 2018 bzw. der GewSt-Erstattungsanspruch 2018 der XY OHG und wie hoch ist das endgültige Jahresergebnis 2018?

Lösung:

vorläufiger Jahresüberschuss	312.600 €
außerbilanzielle Korrekturen	
- GewSt-Aufwand 2018 (§ 4 Abs. 5b EStG)	+37.400 €
- Geschenke (§ 4 Abs. 5 Nr. 1 EStG)	+5.000 €
- Zinsen an C (§ 15 Abs. 1 Nr. 2 EStG)	+25.000 €
- 40% der Dividende (§ 3 Nr. 40 d EStG)	-120.000 €
Gewinn aus Gewerbebetrieb der OHG lt. EStG (= GewSt-Ausgangsgröße gemäß § 7 GewStG)	260.000 €

Hinzurechnungen:

- Finanzierungsaufwendungen (§ 8 Nr. 1 GewStG)

Bankzinsen (Nr. 1 a)	120.000 €
Zinsen an C (Nr. 1 a)	0 €
Leasing (Nr. 1 d)	+10.000 €
Raummiete (Nr. 1 e)	+80.000 €
	210.000 €

Freibetrag	-100.000 €
	110.000 €

25% von 110.000 €   +27.500 €

- steuerlicher Verlustanteil aus einer
OHG-Beteiligung (§ 8 Nr. 8 GewStG)   +30.000 €

Kürzungen:

- Betriebsgrundstück (§ 9 Nr. 1 GewStG)
120.000 € * 1,4 * 0,012   -2.016 €

- 60% der Dividende (§ 9 Nr. 2a GewStG)	-180.000 €
maßgebender Gewerbeertrag (§ 10 GewStG)	135.484 €
Verlustvortrag (§ 10a GewStG)	-13.000 €
Gewerbeertrag	122.484 €

Abrundung (§ 11 Abs. 1 GewStG)	122.400 €
Freibetrag (§ 11 Abs. 1 GewStG)	-24.500 €
endgültiger Gewerbeertrag	97.900 €
GewSt-Messbetrag (§ 11 Abs. 1 und 2 GewStG)	
97.900 € * 0,035	3.426 €

GewSt 2018 (§ 16 GewStG)	
3.426 € * 4,4	15.074 €
GewSt-Vorauszahlungen 2018 (§ 20 GewStG)	-37.400 €
GewSt-Erstattung 2018 (-)	**-22.326 €**

vorläufiger Jahresüberschuss 2018	312.600 €
Wirkung der GewSt-Erstattung	
(Ergebniserhöhung)	+22.326 €
endgültiger Jahresüberschuss 2018	**334.926 €**

Die XY OHG erhält für 2018 eine GewSt-Erstattung in Höhe von 22.326 €. Der endgültige Jahresüberschuss der Gesellschaft beträgt 334.926 €.

 Steuerrückstellung, Steuerforderung, vorläufiges Jahresergebnis, endgültiges Jahresergebnis

 Übersicht 12: Ermittlung der GewSt

ÜBERSICHTENVERZEICHNIS

PERSÖNLICHE STEUERPFLICHT BEI DER EST

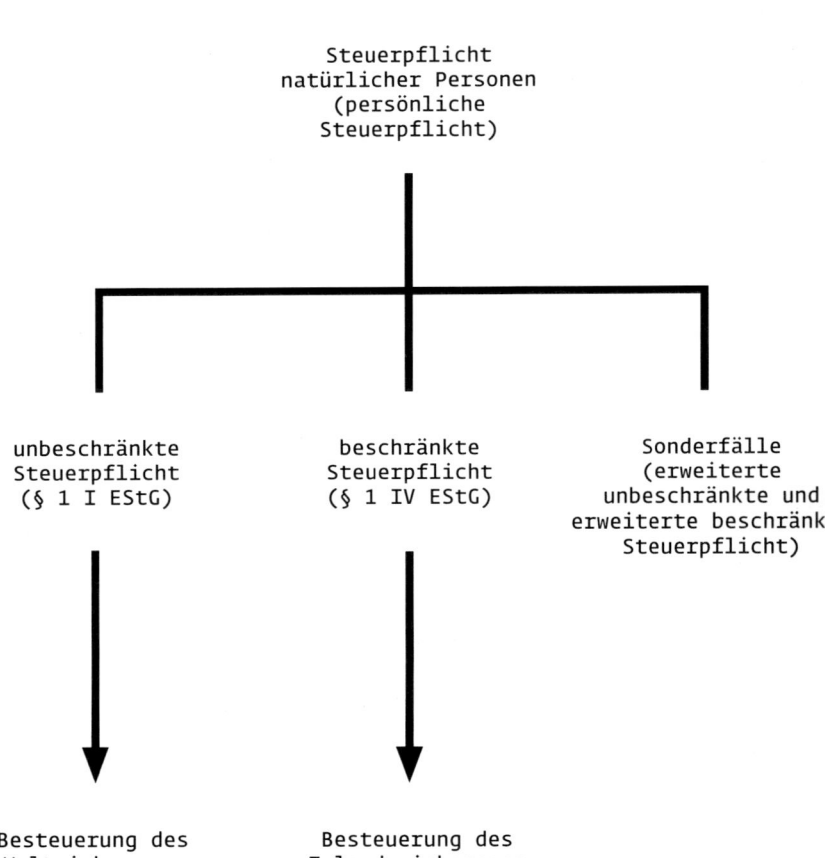

Steuerpflicht
natürlicher Personen
(persönliche
Steuerpflicht)

| unbeschränkte Steuerpflicht (§ 1 I EStG) | beschränkte Steuerpflicht (§ 1 IV EStG) | Sonderfälle (erweiterte unbeschränkte und erweiterte beschränkt Steuerpflicht) |

Besteuerung des
Welteinkommens
(§ 2 I EStG; alle
in- und ausländischen
Einkünfte)

Besteuerung des
Inlandseinkommens
(§ 2 I EStG;
inländische Einkünfte
i.S.d. § 49 EStG)

SYSTEMATIK DER EST-ERMITTLUNG

	1. Einkünfte aus Land- und Forstwirtschaft (§§ 13 – 14a EStG)
+	2. Einkünfte aus Gewerbebetrieb (§§ 15 – 17 EStG)
+	3. Einkünfte aus selbständiger Arbeit (§ 18 EStG)
+	4. Einkünfte aus nichtselbständiger Arbeit (§ 19 EStG)
+	5. Einkünfte aus Kapitalvermögen (§ 20 EStG)
+	6. Einkünfte aus Vermietung und Verpachtung (§ 21 EStG)
+	7. sonstige Einkünfte (§§ 22, 23 EStG)

=	**Summe der Einkünfte (§ 2 III EStG)**
-	Altersentlastungsbetrag (§ 24a EStG)
-	Entlastungsbetrag für Alleinerziehende (§ 24b EStG)
-	Freibetrag für Land- und Forstwirtschaft (§ 13 III EStG)

=	**Gesamtbetrag der Einkünfte (§ 2 III EStG)**
-	Verlustabzug (§ 10d EStG)
-	Sonderausgaben (§§ 10, 10a – 10c EStG)
-	außergewöhnliche Belastungen (§§ 33 – 33b EStG)

=	**Einkommen (§ 2 IV EStG)**
-	Freibeträge für Kinder (§§ 31, 32 EStG)
-	sonstige Abzüge (z.B. § 46 III EStG)

=	**zu versteuerndes Einkommen (§ 2 V EStG)**

	tarifliche ESt (§ 2 VI EStG, Tarifvorschriften)
-	Steuermäßigungen (§ 2 VI EStG, Ermäßigungsvorschriften)
+	Kindergeld (§ 2 VI EStG, Kindergeldvorschriften)
+/-	sonstige Zu- und Abrechnungen (§ 2 VI EStG)

=	**festzusetzende ESt (§ 2 VI EStG)**
-	anrechenbare Steuerbeträge (§ 36 II EStG)

=	**ESt-Abschlusszahlung oder ESt-Erstattungsbetrag**

EINKÜNFTEERMITTLUNG

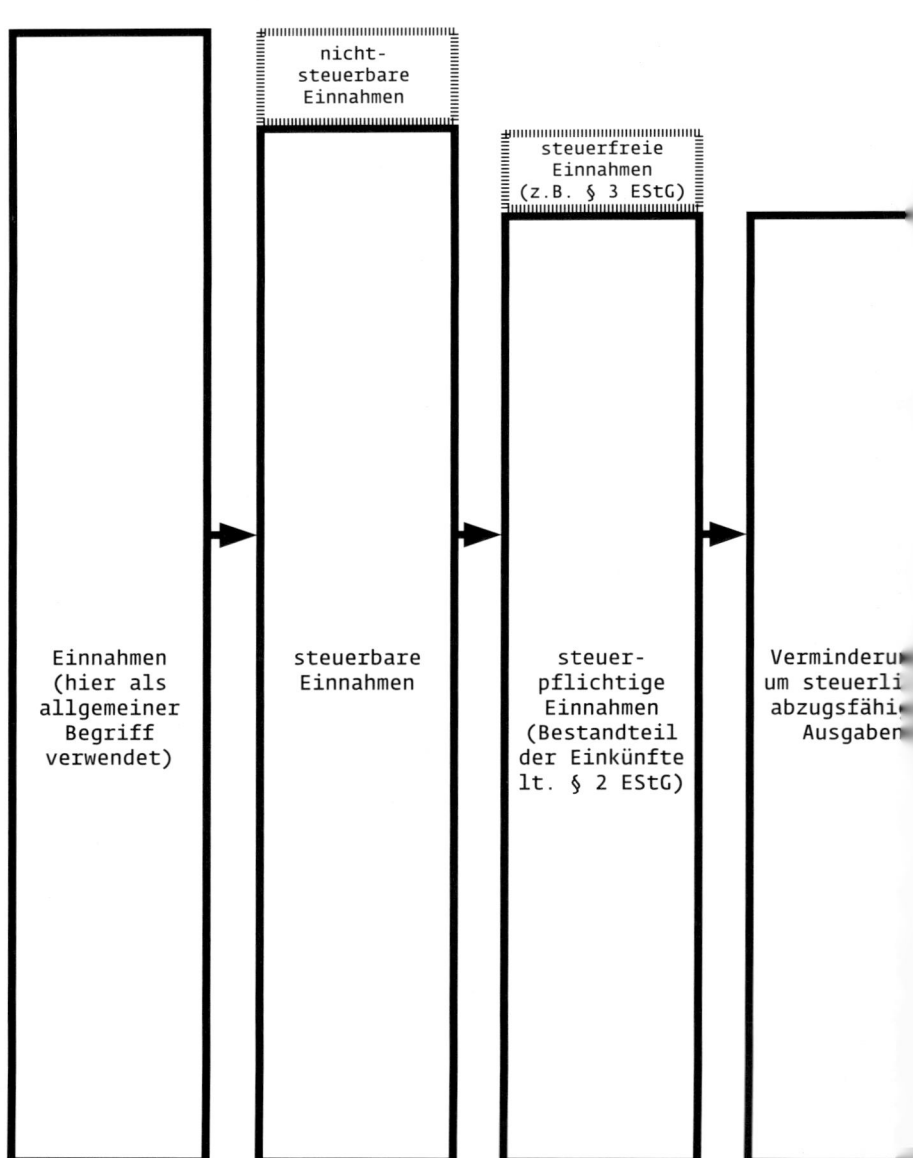

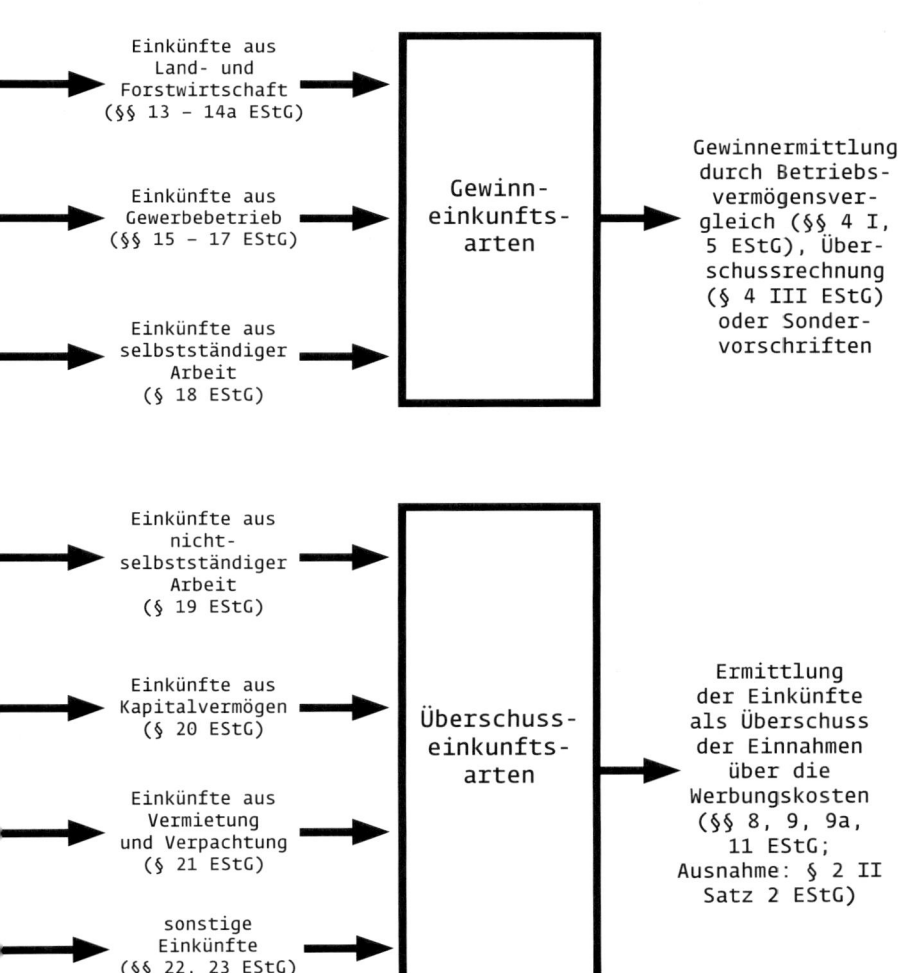

STEUERLICHE ABZUGSFÄHIGKEIT VON AUSGABEN (BETRIEBSAUSGABEN: BA, WERBUNGSKOSTEN: WK)

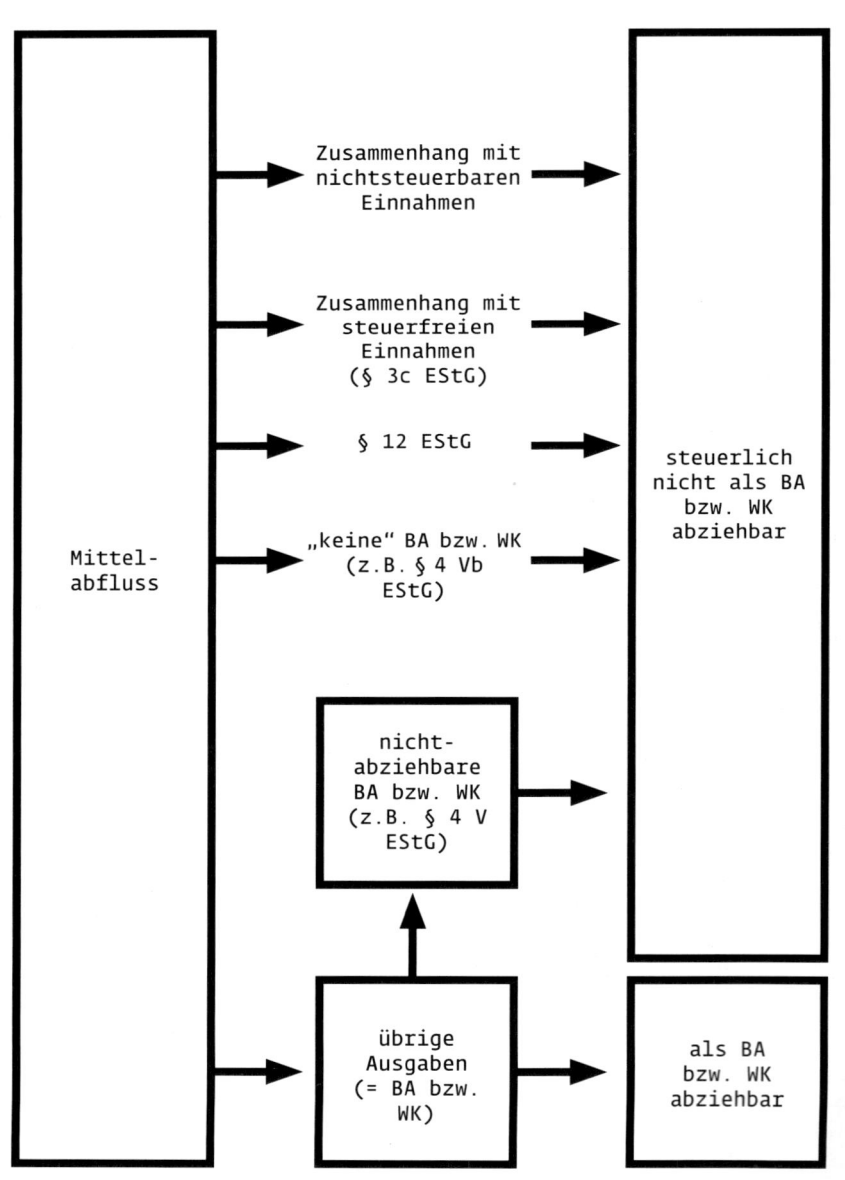

GRUNDLAGEN DER VERLUSTVERRECHNUNG IM ESTG

Verlustausgleich (§ 2 III EStG)	
horizontaler Verlustausgleich	vertikaler Verlustausgleich
Ausgleich positiver und negativer Ergebnisse innerhalb einer Einkunftsart	Ausgleich positiver und negativer Einkünfte verschiedener Einkunftsarten

Verlustabzug (§ 10d EStG i.V.m. § 2 III EStG)	
abziehbarer Verlust = negativer Gesamtbetrag der Einkünfte (GdE)	
Verlustrücktrag (§ 10d I EStG)	Verlustvortrag (§ 10d II EStG)
• Begrenzung auf 1 Jahr • maximal 1 Mio. € bzw. 2 Mio. € • Abzug <u>vor</u> Sonderausgaben etc. • auf Antrag kann auf den Verlustrücktrag ganz oder teilweise verzichtet werden	• keine zeitliche Begrenzung • bis zu 1 Mio. € bzw 2 Mio. € unbegrenzt möglich. Übersteigt der GdE die obige Grenze, so kann er nur zu 60% mit Verlusten aus Vorjahren verrechnet werden (40%-ige Mindestbesteuerung) • Abzug <u>vor</u> Sonderausgaben etc.

SONDERAUSGABEN

Sonderausgaben (§§ 10, 10a, 10b, 10c EStG)			
Vorsorgeaufwendungen			übrige Sonderausgaben
Altersvorsorge		andere Vorsorge	
„Riester- Rente"	„normale" Altersvorsorge		
§ 10a EStG	§ 10 I Nr. 2 EStG (in Verbindung mit § 10 III EStG)	§ 10 I Nr. 3 und 3a EStG (in Verbindung mit § 10 IV EStG)	§ 10 I Nr. 4 EStG § 10 I Nr. 5 EStG § 10 I Nr. 7 EStG § 10 I Nr. 9 EStG § 10 Ia Nr. 1 EStG § 10 Ia Nr. 2-4 EStG § 10b EStG
	ggf. § 10 IVa EStG (Günstigerprüfung)		ggf. § 10c EStG (Pauschale)

ERHEBUNGSFORMEN DER EST

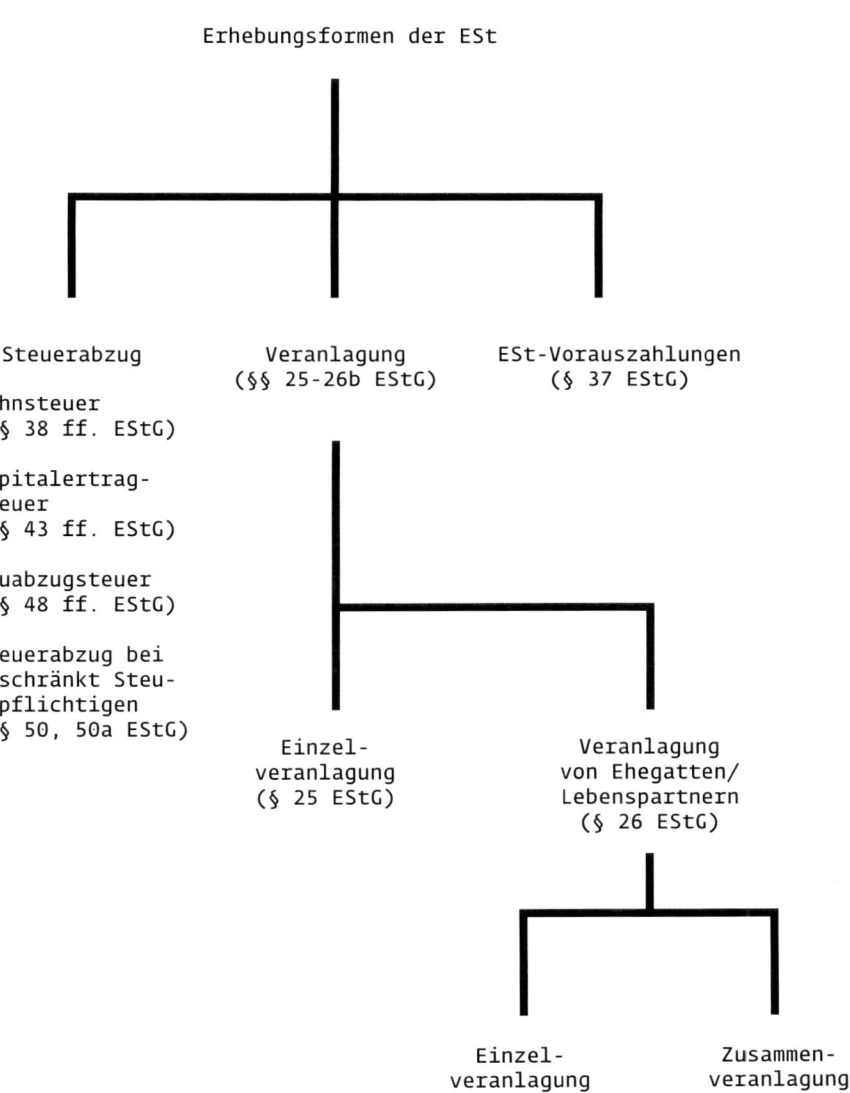

Erhebungsformen der ESt

Steuerabzug

Lohnsteuer
(§§ 38 ff. EStG)

Kapitalertrag-
steuer
(§§ 43 ff. EStG)

Bauabzugsteuer
(§§ 48 ff. EStG)

Steuerabzug bei
beschränkt Steu-
erpflichtigen
(§§ 50, 50a EStG)

Veranlagung
(§§ 25-26b EStG)

ESt-Vorauszahlungen
(§ 37 EStG)

Einzel-
veranlagung
(§ 25 EStG)

Veranlagung
von Ehegatten/
Lebenspartnern
(§ 26 EStG)

Einzel-
veranlagung
(§ 26a EStG)

Zusammen-
veranlagung
(§ 26b EStG)

BESTEUERUNG VON KAPITALERTRÄGEN IM ESTG

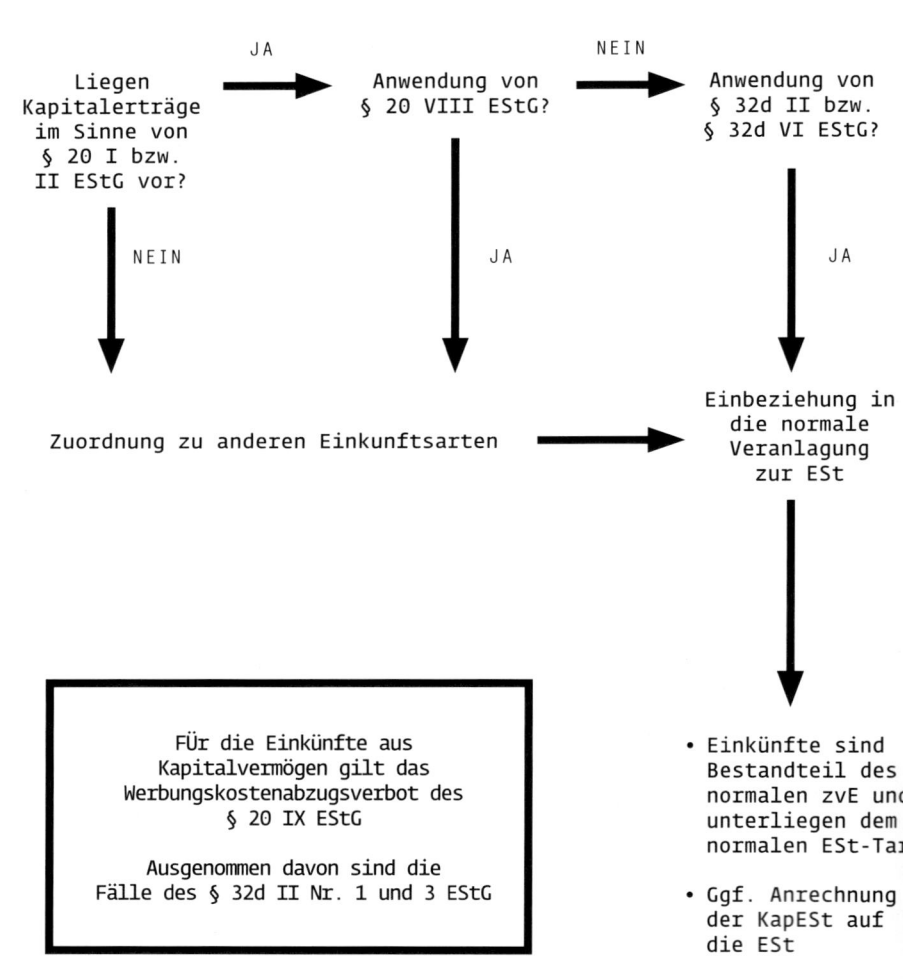

JA

Liegen
Kapitalerträge
im Sinne von
§ 20 I bzw.
II EStG vor?

NEIN

Anwendung von
§ 20 VIII EStG?

NEIN

Anwendung von
§ 32d II bzw.
§ 32d VI EStG?

NEIN

JA

JA

Zuordnung zu anderen Einkunftsarten

Einbeziehung in
die normale
Veranlagung
zur ESt

Für die Einkünfte aus
Kapitalvermögen gilt das
Werbungskostenabzugsverbot des
§ 20 IX EStG

Ausgenommen davon sind die
Fälle des § 32d II Nr. 1 und 3 EStG

• Einkünfte sind
Bestandteil des
normalen zvE und
unterliegen dem
normalen ESt-Tarif

• Ggf. Anrechnung
der KapESt auf
die ESt

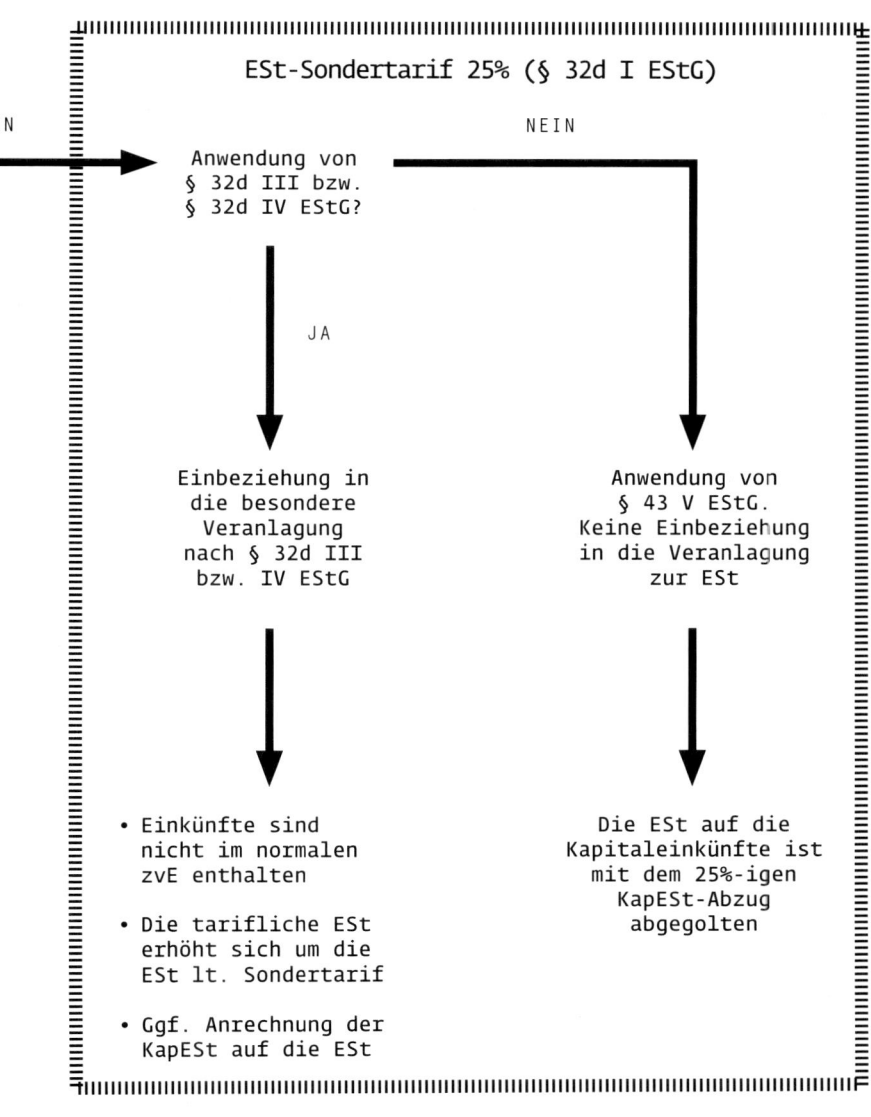

ESt-Sondertarif 25% (§ 32d I EStG)

EIN

NEIN

Anwendung von
§ 32d III bzw.
§ 32d IV EStG?

JA

Einbeziehung in
die besondere
Veranlagung
nach § 32d III
bzw. IV EStG

Anwendung von
§ 43 V EStG.
Keine Einbeziehung
in die Veranlagung
zur ESt

• Einkünfte sind
  nicht im normalen
  zvE enthalten

• Die tarifliche ESt
  erhöht sich um die
  ESt lt. Sondertarif

• Ggf. Anrechnung der
  KapESt auf die ESt

Die ESt auf die
Kapitaleinkünfte ist
mit dem 25%-igen
KapESt-Abzug
abgegolten

VERÄUSSERUNG VON BETRIEBSVERMÖGEN

Veräußerung von Betriebsvermögen (die Veräußerungsvorgänge sind steuerpflichtig und führen zu Gewinneinkünften)	
Veräußerung einzelner Wirtschaftsgüter des Betriebsvermögens	**betriebliche Veräußerungsvorgänge nach § 16 EStG** (ggf. auch §§ 14, 18 III EStG) (z.B. Veräußerung eines Betriebs, Teilbetriebs oder eines gesamten Mitunternehmeranteils)
Besteuerung als laufender Gewinn bei der Veräußerung von Anteilen an Kapitalgesellschaften Anwendung des Teileinkünfteverfahrens (§ 3 Nr. 40 a EStG, § 3c II EStG)	unter Umständen begünstigte Besteuerung durch • Gewährung eines Freibetrags (§ 16 IV EStG) • Tarifermäßigung (§ 34 I bzw. III EStG)

VERÄUSSERUNG VON PRIVATVERMÖGEN

Veräußerung von Privatvermögen (die Veräußerungsvorgänge sind nur im Ausnahmefall steuerpflichtig; es sind verschiedene Einkunftsarten relevant)		
Veräußerung von Kapitalvermögen **(nachfolgend beschränkt auf Anteile an Kapitalgesellschaften)**		**private Veräußerungsgeschäfte** **(§ 23 EStG)**
Einkünfte aus Gewerbebetrieb **(§ 17 EStG)**	**Einkünfte aus Kapitalvermögen** **(§ 20 II Nr. 1 EStG)**	• nachrangig gegenüber §§ 17, 20 EStG (§ 23 II EStG)
• Teileinkünfte-verfahren (§ 3 Nr. 40 c EStG, § 3c II EStG) • normaler ESt-Tarif	• nachrangig gegen-über § 17 EStG (§ 20 VIII EStG) • Abgeltungsteuer von 25% (§§ 32d I, 43, 43a EStG)	• Beachtung von Behaltensfristen (§ 23 I Nr. 1 und 2 EStG) • Beachtung einer Freigrenze (§ 23 III Satz 5 EStG)

ERMITTLUNG DES ZU VERSTEUERNDEN EINKOMMENS VON KAPITALGESELLSCHAFTEN (VERKÜRZTE DARSTELLUNG)

Jahresergebnis lt. Handelsbilanz

+/- bilanzsteuerliche Ergebniskorrekturen

= **Jahresergebnis lt. Steuerbilanz**

  <u>außerbilanzielle Korrekturen</u>
  <u>(keine abschließende Aufzählung):</u>

+ nichtabziehbare Betriebsausgaben gemäß EStG
  (z.B. § 4 V EStG)

+ nichtabziehbare Betriebsausgaben gemäß KStG
  (ohne § 8b KStG, z.B. § 10 KStG)

- steuerfreie Erträge
  (ohne § 8b KStG, z.B. lt. DBA steuerfreie ausländische
  Einkünfte)

+/- beteiligungsbezogene Zu- und Abrechnungen
  (§ 8b KStG)

+ verdeckte Gewinnausschüttungen
  (§ 8 III KStG, R 8.5 KStR)

- offene bzw. verdeckte Gesellschaftereinlagen
  (§ 4 I EStG, § 8 III KStG, R 8.9 KStR)

= **steuerlicher Gewinn bzw. Verlust der Gesellschaft**
  (Gesamtbetrag der Einkünfte i.S.d. § 10d EStG)

- Verlustabzug (§ 10d EStG)

= **Einkommen, zu versteuerndes Einkommen**

ERMITTLUNG DER GEWST

	Ausgangsgröße: Gewinn bzw. Verlust aus Gewerbebetrieb lt. EStG bzw. KStG (§ 7 GewStG)
+	Hinzurechnungen (§ 8 GewStG)
-	Kürzungen (§ 9 GewStG)
=	maßgebender Gewerbeertrag (§ 10 GewStG)
-	Gewerbeverluste aus Vorjahren (§ 10a GewStG)
=	Gewerbeertrag (abzurunden auf volle 100 €; § 11 I Satz 3 GewStG)
-	Freibetrag von 24.500 € für natürliche Personen bzw. Personengesellschaften (§ 11 I Satz 3 GewStG)
=	endgültiger Gewerbeertrag
*	Steuermesszahl in Höhe von 3,5% (§ 11 I Satz 2 und II GewStG)
=	Steuermessbetrag (§ 11 I Satz 1 und 2 GewStG)
*	Hebesatz der Gemeinde (§ 16 GewStG)
=	für das Kalenderjahr festgesetzte GewSt (§§ 16, 18 GewStG)

ABKÜRZUNGSVERZEICHNIS

Abs.	Absatz
AG	Aktiengesellschaft
AO	Abgabenordnung
AStG	Außensteuergesetz
BA	Betriebsausgaben
BewG	Bewertungsgesetz
BRD	Bundesrepublik Deutschland
Bsp.	Beispiel
BV	Besloten Vennootschap
	(niederländische Kapitalgesellschaft)
bzw.	beziehungsweise
ca.	circa
DBA	Doppelbesteuerungsabkommen
d.h.	das heißt
ESt	Einkommensteuer
EStDV	Einkommensteuer-
	Durchführungsverordnung
EStG	Einkommensteuergesetz
EStH	Einkommensteuer-Hinweise
EStR	Einkommensteuer-Richtlinien
etc.	et cetera
f.	folgende
ff.	fortfolgende
GbR	Gesellschaft bürgerlichen Rechts
GdE	Gesamtbetrag der Einkünfte
GewSt	Gewerbesteuer
GewStDV	Gewerbesteuer-Durchführungsverordnung
GewStG	Gewerbesteuergesetz
GewStH	Gewerbesteuer-Hinweise
GewStR	Gewerbesteuer-Richtlinien
ggf.	gegebenenfalls
GmbH	Gesellschaft mit beschränkter Haftung

GWG	geringwertiges Wirtschaftsgut
H	Hinweis
HGB	Handelsgesetzbuch
i.S.d.	im Sinne des
i.V.m.	in Verbindung mit
KapESt	Kapitalertragsteuer
Kfz	Kraftfahrzeug
km	Kilometer
KSt	Körperschaftsteuer
KStDV	Körperschaftsteuer-Durchführungsverordnung
KStH	Körperschaftsteuer-Hinweise
KStR	Körperschaftsteuer-Richtlinien
LSt	Lohnsteuer
LStDV	Lohnsteuer-Durchführungsverordnung
lt.	laut
Mio.	Million(en)
Mrd.	Milliarde(n)
Nr.	Nummer
R	Richtlinie
sog.	sogenannte(n)
SolZ	Solidaritätszuschlag
SolZG	Solidaritätszuschlaggesetz
vGA	verdeckte Gewinnausschüttung
vgl.	vergleiche
WK	Werbungskosten
z.B.	zum Beispiel
zvE	zu versteuerndes Einkommen

LITERATURHINWEISE

Breithecker, V.,
Einführung in die Betriebswirtschaftliche
Steuerlehre, 17. Auflage 2016

Djanani, C./Brähler, G./Lösel, C.,
Ertragsteuern, 5. Auflage 2012

Falterbaum H./Bolk, W./Reiß, W./Kirchner, T.,
Buchführung und Bilanz, 22. Auflage 2015

Grefe, C.,
Unternehmenssteuern, 20. Auflage 2017

Hidien, J./Pohl, C./Schnitter, G.,
Gewerbesteuer, 15. Auflage 2014

Jäger, B./Lang, F./Künze, M.,
Körperschaftsteuer, 19. Auflage 2016

Niehus, U./Wilke, H.,
Die Besteuerung der Kapitalgesellschaften,
5. Auflage 2017

Rose, G./Watrin, C.,
Ertragsteuern, 21. Auflage 2017

Schmidt, L.,
EStG Einkommensteuergesetz Kommentar,
36. Auflage 2017

Stobbe, T.,
Steuern kompakt, 15. Auflage 2017

SACHVERZEICHNIS